2021年度国家检察官学院科研基金资助项目"轻罪治理与刑事检察制度完善"成果
（项目编号GJY2021C04）

首都轻罪检察的实践与探索

SHOUDU QINGZUI JIANCHA DE
SHIJIAN YU TANSUO

张朝霞　马天博　吴春妹 / 编著

中国检察出版社

图书在版编目（CIP）数据

首都轻罪检察的实践与探索 / 张朝霞，马天博，吴春妹编著． —北京：中国检察出版社，2021.12
 ISBN 978 – 7 – 5102 – 2704 – 2

Ⅰ.①首… Ⅱ.①张…②马…③吴… Ⅲ.①刑事诉讼 – 研究 – 中国 Ⅳ.①D925.204

中国版本图书馆 CIP 数据核字(2022)第 004621 号

首都轻罪检察的实践与探索
张朝霞　马天博　吴春妹　编著

责任编辑：杜英琴
技术编辑：王英英
美术编辑：棋　锋

出版发行	中国检察出版社
社　　址	北京市石景山区香山南路 109 号（100144）
网　　址	中国检察出版社 www.zgjccbs.com
编辑电话	（010）86423704
发行电话	（010）86423726　86423727　86423728
	（010）86423730　86423732
经　　销	新华书店
印　　刷	北京宝昌彩色印刷有限公司
开　　本	710 mm × 960 mm　16 开
印　　张	17.75
字　　数	323 千字
版　　次	2021 年 12 月第一版　2021 年 12 月第一次印刷
书　　号	ISBN 978 – 7 – 5102 – 2704 – 2
定　　价	60.00 元

检察版图书，版权所有，侵权必究
如遇图书印装质量问题本社负责调换

《首都轻罪检察的实践与探索》
编委会

执行主编：胡　静

执行编辑：贾晓文　许　宁　阳雄剑
　　　　　刘　淼

目 录

理论探索编

创新"轻罪检察"模式 …………………………………… 张朝霞 3
认罪认罚案件相对不起诉标准研究 ………… 张朝霞 许 宁 阳雄剑 5
落实"少捕慎诉慎押"，做优刑事检察 ……… 马天博 贾晓文 阳雄剑 11
轻罪诉讼体系的构建
　　——以检察工作为视角 ………… 李继征 吴春妹 贾晓文 15
电信网络诈骗犯罪现状与惩治对策研究
　　——以北京市司法机关 2017 年以来办理的电信网络诈骗
　　案件为研究样本 ………… 北京市人民检察院第三分院课题组 26
认罪认罚从宽制度的实践经验与制度构建 ……………… 吴春妹 贾晓文 38
自助结账模式下盗窃超市商品案件中的若干问题与治理建议
　　……………………………………………………… 吴春妹 张美惠 45
侵犯公民个人信息罪疑难实务问题研究
　　…………………………… 吴春妹 胡 静 贾晓文 练虹怡 51
决定不起诉后提出检察意见工作中的若干问题 ………… 吴春妹 张美惠 59
交通肇事逃逸与交通肇事构罪之判断 …………………… 许文辉 张宝华 65
北京市大兴区人民检察院醉驾犯罪实证研究
　　………………………………… 北京市大兴区人民检察院课题组 72
认罪认罚案件精准量刑推进的实践困境与探索
　　……………………………………… 邢小兵 张 颖 张晶晶 77
新型财产转移方式下盗窃罪与诈骗罪的界限研究 ……… 胡 静 刘子璐 82
认罪认罚具结工作司法实践突出问题及应对之策
　　……………………………………………… 李峥岳阳 杨文慧 93

社会治理视野下的轻罪检察体系研究……………彭　燕　汪玥君　101
自助结账型超市盗窃案的司法实践难点与对策
　　……………………………北京市西城区人民检察院课题组　111
妨害公务类案件办理情况分析………………吕晓华　李敏敏　119
认罪认罚案件被告人反悔问题实证研究………齐　跃　聂　朵　124
刑事速裁程序适用情况实证研究…………………………李逍遥　132
认罪认罚后"无正当理由"上诉案件检察机关抗诉问题探究
　　……………………………………岳　阳　刘远歌　杨文慧　147
认罪认罚从宽制度中检察机关精准量刑建议的解构与说理
　　………………………………………………周　康　田培沣　153
认罪认罚案件中的检察官客观公正义务…………………李梦吒　161
论轻罪检察体系下审前羁押制度的完善………赵　磊　汪玥君　167
非法捕捞水产品罪的适用研究……………………………曹　骥　175
浅谈"多次盗窃"中次数的认定问题……………………王玉柱　183

实践案例编

赵某某、洪某某伪造国家机关证件案
　　——充分发挥自行补充侦查职能，实现案件突破，积极参与社
　　　　会治理，提升办案质效………………王　平　冯　立　191
曹某某盗窃案
　　——利用检察技术辅助办案挖出"案中案"………王蕾蕾　秦　腾　196
朱某某以危险方法危害公共安全案
　　——检律协作做好"由轻转重"案件犯罪嫌疑人认罪认罚工作
　　………………………………………………高乐奇　陈沫江　199
于某某诈骗案
　　——引导侦查深挖犯罪线索，教育感化促成认罪认罚
　　………………………………………………赵雯娜　王嘉成　203
王某某盗窃案
　　——精准适用认罪认罚从宽制度，"少捕慎诉"办好群众身份"小案"
　　………………………………………胡　静　许　宁　阳雄剑　205

目录

邢某故意伤害案
——用好认罪认罚从宽制度，积极化解社会矛盾，办好亲属间轻伤害案件
.... 胡 静 许 宁 刘 淼 208

焦某某故意伤害案
——检察履职促进矛盾化解，司法为民助力基层治理
.... 贾晓文 许 宁 阳雄剑 212

王某某、汤某、聂某某、郎某某涉嫌虚假诉讼案
——积极发挥两主作用"求极致"，全面提升办案质效"过得硬"
.... 宋迎新 216

李某袭警案
——准确适用法律规定，维护人民警察执法权威 …… 李亚威 陈玎玎 220

丛某盗窃案
——由"薅羊毛"的盗窃小案挖出敲诈勒索18万余元的大案
.... 李 刚 霍雨佳 鞠 澎 223

李某诈骗案
——深挖犯罪线索，全面收集证据，依法提出从轻建议促犯罪嫌疑人认罪认罚
.... 李 峥 魏 伟 226

穆某某等人敲诈勒索案
——积极参与社会治理，贡献检察力量 ………………………… 李忆南 228

李某某、康某盗窃案
——充分发挥精准量刑激励作用，促进认罪认罚从宽工作顺利开展
.... 崔 岚 231

龙某某、罗某某盗窃案
——不枉不纵，大数据锁定流窜犯；多方策略，促成自愿认罪认罚
.... 贺志如 项 萌 233

常某某妨害传染病防治案
——注重捕诉一体个性转化，多方协作促进认罪认罚
.... 陈丽英 孙子晶 236

石某某故意伤害案
——发挥捕诉一体办案模式优势，开展好引导侦查和教育转化工作
.... 隗立娜 240

李某甲故意伤害案
　　——充分听取犯罪嫌疑人意见，发挥主导作用促转化，提升轻
　　　罪案件认罪认罚从宽制度适用率……………吕雅迪　董　莹　245
刘某危险驾驶案
　　——做到审查、追诉、监督三效统一………………孙红枫　249
付某某诈骗、抢夺案
　　——引导补正关键瑕疵证据，准确追诉漏罪，针对繁杂电子数
　　　据探索证据开示制度，开展认罪认罚
　　　………………………………………何　晴　刘志敏　王亚坤　253
芦某某等人伪造国家机关证件案
　　——立足检察职能助力基层社会治理，精准施策提升办案质效
　　　………………………………………王　昊　官佳佳　王　菲　256
夏某甲盗窃案
　　——严把证据标准适用认罪认罚，制发检察建议促进社会综合治理
　　　…………………………………………………赵　磊　王琪璘　260
耿某甲故意伤害案
　　——充分开展羁押必要性审查，推动公开审查，促成三效合一
　　　………………………………………………………………黄　魁　265
张某某盗窃案
　　——综合运用教育转化手段，促"零口供"犯罪嫌疑人认罪退赔服判
　　　………………………………………………………………王玉柱　268
马某某故意伤害案
　　——依托检察职能化解社会矛盾，全面提升轻罪案件办理质效
　　　………………………………………………袁思朝　尤润文　271

理论探索编

创新"轻罪检察"模式

张朝霞*

"轻刑犯罪与社会治理"议题受到各方面的关注,主要源自当前刑事犯罪的基本样态发生了很大的变化。2020年全国"两会"上,最高人民检察院检察长张军向大会作报告时提出,近20年中国的犯罪基本态势是重罪下降、轻刑犯罪上升。2020年北京市朝阳区检察院对本区发生的犯罪现象进行了系统分析,发现朝阳区犯罪的基本态势也是如此。其中,轻刑犯罪中上升最快的是危险驾驶案件。来自不同地区的多位检察长也反映,基层办理的案件中醉驾案件数量占比最高。在轻罪案件数量逐年上升的基本态势下,如何以习近平法治思想为指引,落实以人民为中心的要求,充分运用宽严相济的刑事政策,用好检察权参与社会治理、促进行为人更好地回归融入社会,成为基层检察工作的重点。

朝阳区检察院作为案件办理数量较大的基层院,近年来在最高检、北京市检察院的领导下,充分发挥首创精神和基层智慧,在轻罪案件办理方式改革上不断探索,成立了轻罪案件检察部门,集中办理普通轻微刑事案件。对于轻罪案件的办理,笔者提出以下三点思考:

一是发挥检察职能作用,服务基层社会治理大局。充分发挥刑事和解的经验优势,促进基层矛盾化解,减少社会对抗,恢复受损的社会关系。朝阳区检察院办理的轻刑犯罪中绝大部分是侵财性犯罪和轻伤害案件,这类社会矛盾发生在基层,很多是由邻里、亲属纠纷引发,如何在根本上将矛盾化解,服务基层社会治理大局,直接考验着基层检察官的办案能力和政治水平。

二是用好宽严相济刑事政策,把握好打击犯罪和化解社会矛盾、加强社会治理之间的关系。朝阳区检察院办理的绝大多数案件刑期都在3年以下,不像杀人、放火等严重暴力犯罪,犯罪人定罪判刑后很长一段时间都不会在社会上出现。但是轻罪案件,行为人刑罚较轻、刑期较短,可能几个月就回到社会,

---

* 张朝霞,北京市人民检察院副检察长,二级高级检察官。

在处理这类案件时要把握好宽严相济刑事政策，避免轻易给行为人贴上犯罪标签，引导其更好地回归融入社会。

三是规范检察权运行，确保轻罪案件质效。检察改革后权力向检察官下放，如何确保不起诉裁量权规范行使，朝阳区检察院从制度机制层面进行了探索，研究制定了对23个常见罪名适用相对不起诉的规范性文件，规范和指导检察官用好相对不起诉权，确保轻罪案件办理质效。

认罪认罚案件相对不起诉标准研究

张朝霞 许 宁 阳雄剑[*]

一、认罪认罚从宽制度与相对不起诉的关系

（一）认罪认罚从宽制度扩宽了相对不起诉的适用范围

2019年10月24日,"两高三部"发布《关于适用认罪认罚从宽制度的指导意见》（以下简称《指导意见》），明确了对认罪认罚后没有争议，不需要判处刑罚的轻微刑事案件，人民检察院可以依法作出不起诉决定。一方面，在认罪认罚案件中，矛盾对立程度相对弱化的情况下，检察机关在综合考虑各方面因素后，逐步从既往的对抗性司法向协商性司法转变，通过相对不起诉让行为人能够尽快回归社会，从而弥合受损的社会关系，维护社会和谐稳定。另一方面，认罪认罚从宽制度为相对不起诉提供了法律制度支撑。《指导意见》第7条规定，认罪认罚从宽制度中的"认罚"包括了审查起诉阶段接受人民检察院拟作出的不起诉决定。认罪认罚从宽制度的适用要求行为人主动认罪、真诚悔罪，接受司法机关提出的处罚，在具体认定上通常需要具备退赃、退赔、刑事和解等法定情节，而以上情节正好为相对不起诉中"情节轻微"的认定提供了实质标准。

（二）相对不起诉丰富了认罪认罚从宽制度的内涵

一方面，认罪认罚从宽制度的要旨在于使宽严相济的刑事政策得到制度呼应，使其能够通过正式的程序机制在实践中落地，可以说这是宽严相济刑事政策在新形势下的发展。与实体从宽减轻量刑相比，相对不起诉一个重要的作用就是终止诉讼。在大幅提升刑事诉讼效率的同时，无犯罪记录留存有助于挽救当事人，也体现了刑事宽缓化处理。对于被告人选择认罪认罚的激励作用十分

---

[*] 张朝霞，北京市人民检察院副检察长，二级高级检察官；许宁，北京市朝阳区人民检察院第三检察部副主任，四级高级检察官；阳雄剑，北京市朝阳区人民检察院第三检察部检察官助理。

明显。

另一方面，认罪认罚从宽制度着眼于合理优化司法资源配置，要求实现程序分流以提升司法效率、节约司法资源。通过不起诉方式将犯罪情节轻微、危害不大，不需要判处刑罚的案件在审前过滤，能够有效避免过多轻微刑事案件进入审判环节造成诉累和司法资源浪费。

二、认罪认罚案件相对不起诉适用标准分析——以《北京市朝阳区人民检察院刑事案件相对不起诉适用规范》为例

近年来，北京市朝阳区人民检察院结合工作实际，制定了《北京市朝阳区人民检察院刑事案件相对不起诉适用规范》（以下简称《规范》）。该规范针对交通肇事罪、故意伤害罪、盗窃罪等23个常见罪名，详细列明相对不起诉的适用条件和排除条件，从正反双向规范和指导检察官用好相对不起诉权。

（一）正向指标

正向指标是对"情节轻微"认定标准的具体化，包含五类：第一类是具有法定从宽处罚情节的；第二类是犯罪嫌疑人与被害方达成和解或者调解协议，或者赔偿被害方损失，取得被害方谅解，或者自愿承担公益损害修复、赔偿责任，不具有追究刑事责任必要性的；第三类是初次、偶然实施轻微犯罪，无再犯可能性的；第四类是因生活所迫、学习、治病急需等情形而多次实施违法行为构成犯罪，案发后退赃、退赔，弥补损失，获得谅解的；第五类是其他情节轻微、危害不大的。为了避免被害人以刑事和解为筹码向犯罪嫌疑人高价索赔的现象，《规范》对此予以明确规定，犯罪嫌疑人自愿认罪并且愿意积极赔偿损失，但由于被害方赔偿请求明显不合理，未能达成和解或者调解协议，不具有追究刑事责任必要的，也可以作出相对不起诉处理。例如，在办理的王某某超市盗窃案中，被不起诉人王某某现年68岁，系企业退休人员，案发前没有前科劣迹，在超市购物自助结账时，一时贪念以少扫码少结账的方式，9次盗窃超市在售的带鱼等食品类商品，价值共计人民币244.55元。案发后王某某自愿认罪，真诚悔罪，多次到被害单位表达积极赔偿意愿，检察官多次听取被害单位意见并进行释法说理，但经多次协商双方在赔偿数额上无法达成一致。经调查取证，被不起诉人确系年龄较大，本人及配偶身患严重疾病、经济困难。检察机关综合考虑该案犯罪情节、主观恶性及社会危害性等因素，认为该案不具有追究刑事责任的必要，依法对王某某作出不起诉决定。

（二）负向指标

负向指标原则上排斥相对不起诉的适用，包含17类，是对犯罪嫌疑人人

身危险性、主观恶性、犯罪行为社会危害性的具体评价,同时兼顾案件办理的社会效果,例如第十二项指标"对于社会公众反映强烈或被害人积极要求追究犯罪嫌疑人刑事责任的"。指标要求检察官在办理案件时不仅需要考虑案结事了,更要考虑经济社会发展需要,服务基层社会治理大局。

（三）例外情形的类案裁量

随着经济社会发展衍生出的新的犯罪形式和犯罪现象,需要准确把握该类案件的犯罪特征,贯彻落实宽严相济刑事政策,办案效果兼顾法理情,赢得人民群众的真心拥护。近年来,随着信息化高速发展商超陆续推出了自助结账模式,尤其在新冠肺炎疫情防控期间因减少人员接触而深受顾客欢迎。但随着新型结账方式的推广,利用自助结账通道不结账、少结账多次盗窃商品的犯罪案件逐渐出现。新零售业态兴盛而引发的新型多次盗窃犯罪,其社会危害性和行为主体的预防必要性与传统的多次盗窃相比相对较小[①]。《规范》将多次盗窃作为负向指标,原则上应当提起公诉。但将这类案件全部纳入刑事诉讼程序进行追诉和审判,将会造成这类犯罪人员大量增加,给其个人和家庭造成难以挽回的重大影响,给社会增加不稳定因素。基于此类案件的特点,该院多次召开检察官联席会议,讨论类案捕诉和量刑标准。对于利用超市等场所的自助结账通道,不扫、少扫商品实施盗窃,盗窃次数和盗窃数额在一定范围内,且已经退赃、退赔,获得谅解的,可以作出相对不起诉处理。

三、认罪认罚案件适用相对不起诉的指导原则

（一）以宽严相济的刑事政策为指导,落实少捕慎诉的司法理念

当前刑事犯罪的基本样态已发生了很大变化,近年来重罪案件数量持续下降,轻罪案件数量呈逐年上升趋势,已占案件总量的大多数。应当说轻罪案件是认罪认罚从宽制度适用的重点,也是适用相对不起诉的主要领域。与严重犯罪相比,从犯罪性质来讲,轻刑犯罪案件的社会危害性相对较弱,多由民间矛盾偶然引起,绝大多数行为人主观恶性不深,不具有严重的人身危险性。从处罚角度来讲,轻刑犯罪案件的处罚也较轻,可以快速简化办理。基于轻刑犯罪案件的特征,检察机关在办理这类案件时应当充分考量好具体案情,落实少捕慎诉的司法理念,充分运用教育转化和释法说理引导犯罪嫌疑人自愿认罪认罚,增强接受教育矫治的自觉性,让犯罪嫌疑人更好地回归社会,最大限度地减少社会对立面。

---

① 车浩:《超市盗窃的行为人与被害人》,载《检察日报》2021年1月27日,第3版。

（二）主动延伸司法职能，积极参与基层社会治理

根据刑事诉讼法的规定，对被不起诉人不能一放了之，确有需要的，应当给予替代处罚。由此检察机关的职能和角色也相应地进行转变，从纯粹的刑事司法活动发动者向社会治理主体参与者转变。这就要求检察机关在依法作出相对不起诉后，积极向前走一步，主动延伸社会治理职能。一方面，做好刑行衔接，加强检察机关与公安机关的沟通衔接，对于相对不起诉的案件，充分运用检察意见，要求公安机关对被不起诉人予以行政处罚，惩防并举，实现系统治理。另一方面，积极开展普法宣传，引入社会参与，加强检察机关与社区、企业等的互动合作，共同营造知法守法的良好法治风气，推动诉源治理。

（三）严格法律适用，力求三个效果相统一

作出相对不起诉决定时，需要全面审查案件的事实、性质、情节，全面审查犯罪嫌疑人的犯罪动机和目的、归案后态度、个人一贯表现等，综合考量犯罪行为的社会危害性、犯罪嫌疑人的人身危险性、再犯可能性等因素。充分考虑相对不起诉是否有利于被不起诉人改过自新，是否符合公众认知和公共利益基本要求。一方面，对于危害社会公共利益，民间呼声强烈的，则严密刑事法网坚决起诉，充分发挥刑罚的威慑和矫正作用，以维护社会公平正义。另一方面，对于发生在人民群众身边的偶发矛盾，倡导当事人之间以协商方式解决矛盾纠纷，通过认罪认罚和刑事和解推动矛盾纠纷的实质性化解，达到案结事了、政和人和的效果。

四、认罪认罚案件相对不起诉标准的完善

（一）学理层面进一步厘清认罪认罚与相对不起诉的关系

《指导意见》明确提出要逐步扩大相对不起诉在认罪认罚案件中的适用，但对于如何扩大相对不起诉的适用，尤其是认罪认罚因素对相对不起诉的适用应该有何种影响并未予以明确。在学理层面上，对于认罪认罚从宽制度是具有评定犯罪情节的功能，还是认罪认罚本身就能透析出犯罪情节轻微尚存争议。一种观点认为，通过对"情节轻微"的语义分析可知，犯罪情节轻微中的"情节轻微"是在犯罪过程中产生，只是在犯罪进入刑事程序后得到评价，因此认罪认罚从宽制度是对犯罪情节的事后评定。另一种观点认为，《指导意见》第7条明确将不起诉作为认罚框架下的协商客体，即犯罪嫌疑人完成了检察机关提出的认罚负担条件，比如退赃、赔偿损失，取得谅解等条件就可对其作出不起诉决定，由此可知，认罪认罚使得行为的社会危害性、人身危险性减弱，其本身就能透析出犯罪情节轻微。

以上两种观点均具有一定的代表性，学理上的分歧加之规范层面不明确，全国各地在实践中产生了不同的做法，主要存在以下三种模式：一是优先适用模式，认罪认罚具有对案件整体的评价作用，因此认罪认罚案件优先适用相对不起诉。如《上海市人民检察院刑事案件认罪认罚从宽制度实施细则（试行）》第47条规定："人民检察院办理认罪认罚的未成年人刑事案件，犯罪嫌疑人、法定代理人及辩护人都同意适用认罪认罚从宽制度，且满足不起诉条件的，优先适用不起诉。"二是并列模式，即认罪认罚与其他多种罪前、罪中、罪后情节罗列在一起，概括性地得出一个"不需要判处刑罚"可以作出相对不起诉的结论。如《江苏省检察机关认罪认罚刑事案件办案指引（试行）》第3条规定："犯罪嫌疑人、被告人认罪认罚的案件一般应当依法从宽。对犯罪情节轻微、依照刑法规定不需要判处刑罚的，人民检察院可以作出不起诉决定。"三是附条件限制模式，即在认罪认罚案件中，需要同时达成刑事和解的要求才可以适用相对不起诉。如《深圳市人民检察院认罪认罚从宽制度实施细则（试行）》第14条规定："适用认罪认罚从宽制度的案件，在审查起诉阶段可依法适用刑事和解程序，符合不起诉条件（包括附条件不起诉）的案件，可以依法作出不起诉处理。"

笔者认为，认罪认罚从宽制度以宽严相济的刑事政策为指引，通过推动案件繁简分流提升刑事司法质效，进而优化刑事诉讼结构构建良好诉讼生态。因此，应当从制度设计的角度把握其丰富的价值内涵和重要的实践意义。应当说，相对不起诉是认罪认罚从宽制度实现其制度价值的重要手段，认罪认罚不应当局限在犯罪过程中认定，将其与自首、立功、赔偿谅解等法定情节混同，而应当延伸至整个诉讼程序中进行评价，即犯罪嫌疑人认罪认罚后社会矛盾是否得到有效化解、法律威慑作用是否得到体现、受损的社会关系是否得到修复，从而综合认定是否可以对犯罪嫌疑人作出不起诉决定。

（二）规范层面设计出具有层次性的相对不起诉标准体系

1. 标准体系应当加强量化分析，规范使用认罪认罚不起诉裁量权

标准体系应当由总则和细则两个部分组成，在总则部分应当对认罪认罚案件相对不起诉的要件进行规范分析，明确、细化适用相对不起诉的考量因素和适用条件。主要集中在以下四个方面：一是犯罪行为的社会危害性。主要考察犯罪行为侵犯的法益，对于严重危害国家安全、社会公共安全、社会经济秩序和社会公共管理秩序，或者造成了严重的危害后果、产生了恶劣的社会影响的案件，原则上应当排斥相对不起诉的适用。二是犯罪嫌疑人的人身危险性、再犯可能性。主要考察主观恶性是否强烈，研判犯罪动机、目的、手段等，是否具有自首、立功等法定从宽情节，以及前科、劣迹、案发前的一贯表现等可以

反映犯罪嫌疑人人身危险性的情形。三是犯罪情节是否轻微，不需要判处刑罚或者免除刑罚。着重考察是否具有法定从宽处罚情节，是否与当事人达成赔偿谅解、刑事和解，通过研判犯罪情节确定是否具有追究刑事责任的必要性。四是社会公共利益考量。作出不起诉决定会造成不良社会影响，犯罪结果是否超出了道德不能容忍的范畴，甚至会加大预防某一类型犯罪的成本和难度，是否有利于化解社会矛盾，促进社会和谐稳定。在细则部分应当根据地方实际，针对常见高发罪名，详细列明相对不起诉的适用条件和排除条件，从正反双向规范和指导检察官用好相对不起诉权。例如，在经济发达、金融风险高的地区，非法吸收公众存款罪和金融诈骗罪应当突出、退赔、退还违法所得在相对不起诉正向指标中的权重，以达到追赃挽损、维护社会经济稳定的目的。

2. 标准体系应当保留类案裁量空间，适应社会经济发展需要

人民群众对司法的关切和社会经济发展的现实需要，都要求认罪认罚案件相对不起诉标准体系的构建必须保留类案裁量空间。例如，在办理利用超市自助结账模式多次盗窃案件时，案件的办理应当放在社会综合治理和资源配置合理性的高度来考虑。刑法将多次盗窃入罪，主要是为了打击以偷盗为业、怙恶不悛的惯犯，而目前利用超市里的自助结账模式盗窃商品的行为人，大都是没有前科劣迹的初犯，面对无人监管的自助结账机，基于占小便宜的贪念而实施盗窃，这与立法者设立"多次盗窃"所要打击的惯犯的典型行为人有着很大的距离，因此司法机关对该类案件应当尽可能适用宽缓的刑事政策。

3. 鼓励地方制定具有差异性和特色性的标准，为出台统一适用的标准体系积累实践经验

随着认罪认罚从宽制度的建立健全，认罪认罚案件相对不起诉的适用率明显提高，但依然面临诸如传统法治理念束缚、运用动能相对不足、配套机制不够健全等现实问题的制约。要破解现实难题，不断扩大相对不起诉的适用范围、提升适用率，亟须出台司法规范，细化常见罪名在适用相对不起诉时的具体标准，以规范和保障不起诉裁量权的行使。但就目前地方实践来看，出台统一适用的标准体系的条件还不具备。我国地域广袤、幅员辽阔，地方情况千差万别，多样化的基础条件决定了地方在制定认罪认罚案件相对不起诉标准时会具有较大的差异性和明显的地方特色。因此，当前阶段，应当通过鼓励地方积极探索实践，因地制宜出台认罪认罚案件相对不起诉适用规范，在实践中充分暴露问题、总结经验、汲取有益成果，为将地方探索上升为顶层设计提供样本支撑。

落实"少捕慎诉慎押",做优刑事检察

马天博 贾晓文 阳雄剑[*]

"少捕慎诉慎押"刑事司法政策是司法机关落实以人民为中心、全面依法治国、回应经济社会发展需要的重大举措,是司法履职助推国家治理能力现代化的具体体现,有助于解决好当前审前羁押率过高与刑事犯罪结构变化、司法办案理念更新不相适应的突出矛盾和问题,通过检察履职不断提升检察工作质效,促进新时代检察事业高质量发展。

一、立足刑事犯罪新样态,以"少捕慎诉慎押"彰显良法善治

2020年最高检工作报告中提出,当前中国刑事犯罪总量虽然持续高位,但是犯罪的结构、态势等发生了重大变化。[①] 严重暴力犯罪持续下降,轻微刑事犯罪大幅攀升、占据比例不断抬高。与此同时,随着经济社会持续发展,人民群众在民主、法治、公平、正义、安全、环境等方面提出了更高的要求和期待。检察机关在追诉犯罪的同时,更要注重人权保障,通过检察履职引领社会正义价值取向,实现谦抑、审慎、善意的现代司法价值追求。然而,我国刑事犯罪的逮捕羁押普遍化、常态化等问题比较突出,主要表现为强制措施适用不平衡,过度依赖羁押强制措施;逮捕羁押案件中轻罪案件占比高,羁押后判轻刑率高;羁押时间缺少节制,"一押到底""关多久判多久"等不合理现象仍不同程度地存在。[②]

---

[*] 马天博,北京市朝阳区人民检察院检察长,二级高级检察官;贾晓文,北京市朝阳区人民检察院第三检察部主任,四级高级检察官;阳雄剑,北京市朝阳区人民检察院第三检察部检察官助理。

[①] 《最高检张军检察长央视解读:20年间刑事犯罪办案数据显著变化》,来源:江苏检察在线。报告显示:1999年至2019年,检察机关起诉严重暴力犯罪从16.2万人降至6万人,年均下降4.8%,80%以上的犯罪嫌疑人被判处的刑罚是3年以下有期徒刑,包括管制拘役等。

[②] 苗生明:《"少捕慎诉慎押"的案件适用范围》,载《人民检察》2021年第15期。

在经济社会形势和人民群众的要求都发生深刻变化的今天，"构罪即捕""构罪即诉"的司法理念已经严重落后于时代的发展需要。确立少捕慎诉慎押的刑事司法政策，严格限制逮捕羁押这一最严厉的强制措施是势所必然。面对这一新转变和新要求，检察人员必须厘清职能定位，树立治理与治罪并重理念，围绕以人民为中心的政治要求自觉担负起检察职责。一方面，秉持客观公正的立场追诉犯罪，对于人民群众呼声强烈、严重威胁人民群众生命、财产安全的犯罪行为，以检察履职维护社会公平正义，守护法律尊严。另一方面，尊重和保障人权，注重对轻微刑事犯罪案件的宽缓处置，充分发挥认罪认罚从宽、刑事和解制度效能，促进矛盾源头化解，释放司法善意。

二、依托认罪认罚从宽制度改革优势，推进审前强制措施轻缓化

长期以来，一方面受制于"重实体轻程序""重打击轻保护"的传统观念，"构罪即构捕""以捕代侦""一押到底"问题较为突出；另一方面审查逮捕阶段，犯罪嫌疑人社会危险性证据收集往往不足，社会危险性条件的审查和适用不到位，无逮捕必要不捕说理不完善，以上客观因素叠加外部压力导致逮捕措施普遍化。

为破解以上难题，检察机关需要严格落实刑事诉讼法规定的逮捕条件，依托认罪认罚从宽制度贯穿诉讼全过程的制度优势，对自愿认罪认罚的犯罪嫌疑人依法给予从宽处理，把好少捕慎诉慎押的源头关。一是积极落实少捕慎诉慎押司法理念，在审查逮捕阶段将犯罪嫌疑人认罪认罚情况作为判断其社会危险性的考虑因素，在轻微刑事案件中优先考虑适用非羁押强制措施。二是将认罪认罚、刑事和解等工作提前至审查逮捕阶段，积极主动地促进犯罪嫌疑人与被害人达成刑事和解，从根源上化解社会矛盾，减少社会对抗，提高无社会危险性不捕案件比例。三是对于捕后自愿认罪认罚的犯罪嫌疑人，应当依法及时开展羁押必要性审查，对不需要继续羁押的及时变更强制措施，以保障犯罪嫌疑人获得及时的从宽处理。四是依托检察官绩效考评机制，建立羁押必要性审查数据通报机制，将降低逮捕率和审前羁押率作为重点工作加以推进，压实检察官办案主体责任的激励和监督，从办案组织、办案机制、办案责任等多维度，科学构建考评工作体系。

三、细化不捕、不诉适用标准，保障检察职权规范行使

推动少捕慎诉慎押刑事司法政策落地生根，需要增强检察制度供给，统一法律适用标准，为检察官用足用好不捕、不诉裁量权提供制度保障。一是强化规范指引，明确细化不捕、不诉考量因素和适用标准，确保审慎适用逮捕措施

和不起诉有据可循。检察机关可以依据相关法律、司法解释的规定，结合检察实务经验，制定办理不捕不诉案件的规范指引，特别是针对常见罪名，详细列明适用条件和排除条件，既为检察官行使不起诉权提供参考和依据，又为权力行使划定边界，较好地发挥统一执法标准、指导办案决策、规范权力运行的作用。二是凝聚公检合力，共同解决少捕慎诉理念在落实落地过程中所遇到的实际问题，努力实现双赢多赢共赢。少捕慎诉慎押涉及诉讼的各个环节，需要公安机关和司法机关在优化衔接上形成合力，在办案过程中始终注重加大案件矛盾化解力度，加强刑事案件源头治理、事先会商、提前介入等基础性工作，提高公安机关执行少捕慎诉慎押的主动性。

四、完善配套制度衔接，推动少捕慎诉慎押工作提质增效

少捕慎诉慎押是一项系统性工程，一头连着政治、大局，一头连着人民群众对公平正义的实际感受。① 如何打消人民群众对于不捕、不诉可能轻纵犯罪的疑虑？需要检察机关激活、用足现有法律规定，完善配套制度衔接，确保罚当其罪。一是完善刑行衔接机制，织密社会治理法网。不捕、不诉不代表"一放了之"，对需要给予被不起诉人行政处罚、行政处分的，及时向公安机关提出检察意见，填补刑事处罚与行政处罚间的缝隙，最大限度地体现惩罚与教育相结合的刑法目的，织密治理法网，真正做到罚当其罪。二是强化公开审查机制，以公开促公正。邀请人大代表、政协委员、人民监督员、专家学者、律师参与公开审查，将不起诉权置于公开透明的外部监督下。在对案件作出相对不起诉处理前，认真听取侦查机关、被害人、诉讼代理人、犯罪嫌疑人、辩护律师的意见。在故意伤害等案件中，征求被害人意见，将赔偿被害人、被害人谅解情况作为案件审查的重要内容，有效保障被害人合法权利。三是健全文书说理机制，实现从看得见的正义到说得出的正义转变。对于无罪不捕、适用无逮捕必要不捕的案件，加强在《不批准逮捕理由说明书》中对证据、法律适用等的说理；对于不起诉的案件，同样注重在《不起诉理由说明书》中的释法说理工作，使得公安机关或者其他侦查机关以及被害人等当事人了解不批捕、不起诉的原因，增强不捕、不诉的说服力，促进民众对司法的内心认同、信服，提高不批捕、不起诉决定的可接受性。

---

① 邱春艳、史兆琨：《少捕慎诉慎押的检察实践》，载正义网，http://news.jcrb.com/jszx/202112/t20211215_2347009.html。

五、丰富企业合规不起诉制度实践，护航民营经济健康发展

最高检领导指出，为大局服务、为人民司法是司法人员的政治和业务要求[①]。检察工作应当立足经济社会发展需要，维护人民群众根本利益，以法治保障民生。一是将落实少捕慎诉慎押刑事司法政策与企业合规建设一体推进。对涉案民营企业负责人"依法能不捕的不捕、能不诉的不诉、能不判实刑的就提出适用缓刑建议"，让民营企业家收获满满的安全感与幸福感[②]。二是鼓励试点地区先行先试，为企业合规改革试点贡献基层检察智慧。在试点地区探索合规不起诉制度过程中，应当明确企业合规试点工作的企业范围、案件类型、试点形式、适用条件等规范，将企业合规试点与认罪认罚从宽制度、检察建议、适用不起诉相结合，慎用拘留、逮捕和查封、扣押、冻结等措施，对办理企业关键岗位人员涉嫌犯罪案件，主动加强与涉案企业沟通协调，在法律规定范围内合理掌握办案进度、适用办案措施，帮助涉案企业做好生产经营衔接工作。三是立足合规检察建议制度功能，帮助企业排除经营模式和管理模式中存在的法律漏洞和风险，推动企业合规建设。通过制发合规检察建议，督促企业进行合规整改，让涉案企业既为违法犯罪付出代价，又督促企业依法依规经营，维护正常经济秩序。

少捕慎诉慎押是融司法理念、刑事政策和法律制度于一身的改革实践，铺陈的是"人民至上"的底色，回溯了中华法系慎刑的优良传统，顺应了谦抑、审慎、善意的现代司法潮流。站在我国已转向高质量发展阶段的历史方位上，检察机关应当坚决贯彻落实好少捕慎诉慎押这项党和国家的刑事司法政策，不断提升社会治理成效和人民群众的满意度，做优新时代刑事检察。

[①] 孙风娟：《少捕慎诉，释放最大司法善意》，载《检察日报》2020年12月3日，第1版。

[②] 孙风娟：《少捕慎诉，释放最大司法善意》，载《检察日报》2020年12月3日，第1版。

轻罪诉讼体系的构建

——以检察工作为视角

李继征　吴春妹　贾晓文[*]

一、轻罪诉讼体系的内涵

（一）轻罪案件的内涵

从域内外的立法和实务操作来看，将犯罪划分为轻罪和重罪的不同犯罪层次是一种通行的做法，也是我国刑法理论界和实务界的主张。区分轻罪案件与重罪案件，并根据不同的案件类型，构建合适的刑事诉讼程序已经是迫在眉睫的事情。于检察机关而言，上承侦查、下接审判，其刑事诉讼中枢的作用不言而喻。因此，检察机关如何认知并看待轻罪案件，对于刑事诉讼体系的价值重大。但对轻罪和重罪如何划分，即如何区分"罪"的实质，是在研究轻罪与重罪的划分标准时必须首先明确的问题。比较罪之轻重可以有不同的视角，切入的视角、比较的内容不同，轻与重的结论自然可能就不同。关于轻罪与重罪的性质，主要分为罪名说（犯罪性质说）和罪行说两种观点。

1. 罪名说（犯罪性质说）

我国传统的刑法理论一般按照罪名和犯罪的性质区分轻罪与重罪。例如，有学者认为"我国刑法中较重罪和较轻罪的划分，是指将刑法规定的全部犯罪划分为较重罪和较轻罪，而不是对同一犯罪的罪行进行划分"[①]。决定犯罪轻重的主要因素是对社会的危害性，而在立法上的标志就是犯罪的不同罪名以及分则所表明的法定刑。法定刑重的表示犯罪性质重，法定刑轻的表示犯罪性

---

[*] 李继征，北京市丰台区人民检察院检察长，二级高级检察官；吴春妹，北京市人民检察院第三分院党组成员、副检察长，二级高级检察官；贾晓文，北京市朝阳区人民检察院第三检察部主任，四级高级检察官。

[①] 高铭暄、王作富：《中国刑法词典》，学林出版社1989年版，第410、411页。

质轻。也就是说，罪名与犯罪性质实际上是同一问题的两个侧面，即罪名是犯罪性质的表面，所以主张轻罪与重罪的划分是对罪名进行的划分，实际上也就意味着按照犯罪性质对轻重罪进行划分。换言之，可以通过犯罪行为对社会的危害程度以及行为人的主观恶性将犯罪评价为轻罪和重罪。根据这种观点，盗窃、诈骗相较于危害公共安全、国家安全、公民人身和民主权利的犯罪而言就是较轻罪；罪名所引申的法定刑为5年有期徒刑以下的也为较轻罪。

但这种观点中隐含着一种疑问，即罪名之间和犯罪性质之间是否能进行简单比较。比如，《刑法》第264条规定的盗窃罪法定刑低至管制，高到无期徒刑，而危害国家安全犯罪中也有低于5年有期徒刑刑罚的法定刑幅度。因此，以罪名或者犯罪性质来区分轻罪还是重罪是不完全恰当的。

2. 罪行说

有学者认为，用罪行可以精确地区分轻罪、重罪，"由于罪行是犯罪的最小单位，又表明特定的犯罪构成和法定刑，罪行的轻重就无疑具有可比性。因此，我国刑法中的轻罪是指轻罪行，重罪是指重罪行。轻罪与重罪的划分就是指轻罪行和重罪行的划分"[①]。

这种观点认为，如果一个罪名只有一个犯罪构成类型和一个法定刑幅度的，就是只包含一种罪行；如果一个罪名具有危害程度不同的多个犯罪构成类型和与其对应的多个法定刑幅度，就是包含多个罪行。由于罪名和犯罪性质之间不能简单比较，评价罪重与罪轻只能具体比较罪行，即某一档法定刑所对应的具体犯罪孰轻、孰重，由此得出轻罪、重罪的结论。这样的认知也与世界上大多数国家对于轻罪和重罪的划分基本一致。

诚然，罪名之间、犯罪性质之间不能进行简单的比较，甚至会陷入自我矛盾。但将罪行之间进行量的比较，也不能完全符合社会学意义上对于轻罪和重罪的划分。在我国的刑事诉讼相关法律中，规定可以适用刑事和解、附条件不起诉的罪名范围，都基本限制在刑法分则第四、五、六章。显然，从立法者角度而言，国家安全、公共安全领域的犯罪并不属于刑事法律特别宽宥的领域。实践中，对金融诈骗犯罪、国家安全犯罪、职务犯罪也有着严格区分于轻微刑事案件的办理思路。换言之，依据罪名和犯罪性质对轻罪重罪进行区分，依然具有现实的意义。

3. 实质化的轻罪案件内涵

笔者认为，从轻罪的本质而言，应当是指一种罪行最初进入刑罚的门槛，但由于其社会危害性并非特别严重，而可以获得刑法轻缓的处罚。因此，轻罪

---

① 黄开诚：《我国刑法中的轻罪与重罪若干问题研究》，载《现代法学》2006年第2期。

在实质上应当包含以下要义：

第一，社会意义上的轻罪。在大众的刑法价值观角度上，小偷小摸、非法经营的行为难以被认为是重罪，而在生态观、知识产权观、健康观日益得到认同的当今时代，销售劣药、污染环境、售卖盗版图书等法定犯罪原先可能不认为是重罪，现在可能认为是重罪。但是像杀人、放火等自然犯罪一直被认为是重罪，国家安全、职务犯罪领域的犯罪也多被认为是重罪。重罪与轻罪的划分不能违背民众的刑法价值观。

第二，处罚意义上的轻罪。我国《刑事诉讼法》第177条规定了酌定不起诉（情节轻微不起诉）的适用范围，对于犯罪情节轻微、不需要判处刑罚或者免于处罚的犯罪，可以不起诉。实践中对于酌定不起诉，主要从宣告刑意义上进行把握。宣告刑不仅要关注犯罪行为造成的社会危害（危险、结果），而且要关注犯罪构成的违法性与责任。例如，一个盗窃犯罪的刑事处罚，不仅要考虑犯罪的完成形态、结果，还要考虑犯罪行为人的年龄、是否有自首坦白、是否认罪悔罪、是否初犯偶犯等情形。从这个角度出发，刑事法律对于罪轻与罪重进行了内在的划分，但是这种划分并非语义上的划分，而是个案处遇的划分。

第三，诉讼程序意义上的轻罪。例如，一个典型的危险驾驶案件，大概率在诉讼时间上要短于、办理难度上要低于一个非法吸收公众存款案件，危险驾驶案件也绝不需要考虑行为人是否取得了被害人的谅解、附带民事诉讼、饮酒的动机等。醉酒驾驶机动车的行为，其构成要件的符合性、违法阻却理由、责任阻却理由方面的考虑也大概率比一个故意杀人的行为容易得多。轻罪案件的办理方式如果不加区分地雷同于其他案件的办理方式，不仅严重浪费司法资源，复杂化的审查过程也不利于行为人及时得到法律的稳定性评价。在程序法意义上，简化办理轻微刑事案件，提高司法效率，在较短的时间内使司法程序可以最大效率地处理轻微刑事案件，防止案件积压、程序烦琐，也符合司法公正的需求。比如，美国基层法院快速处理微罪、违警罪的程序（简化审理、缺席判决等）大大缓解了司法资源压力，提高了司法效率，具有浓厚的程序法价值。

综上所述，笔者认为，轻罪是指基于对犯罪性质和社会危害性的双重评价，司法机关基于公正与效率的平衡，可以快速简化办理的轻微刑事犯罪。以北京地区检察机关的实践经验为例，轻罪案件大致可作如下界定：除职务犯罪、经济犯罪、国家安全犯罪、未成年人犯罪外，可能判处3年有期徒刑以下刑罚的犯罪。这一区分，既充分考量了犯罪的性质、罪行，也能够兼顾公正与效率的平衡。

(二) 轻罪检察诉讼体系的内涵与应然性

1. 轻罪诉讼体系的内涵

笔者认为，轻罪诉讼体系是指包括侦查、检察、审判、执行、监管等多个环节的司法诉讼全过程，具有程序法上的体系意义。而轻罪检察诉讼体系则从检察机关的审查逮捕、审查起诉等刑事检察职能出发，要求以专业化的轻罪检察办案团队为依托，兼顾效率和公正，综合运用多种手段妥善办理轻罪案件。

2. 构建轻罪诉讼体系的应然性

在依法治国的政策大背景下，司法机关逐步成为国家和社会治理的重要环节，而刑事司法作为惩治犯罪、保障公平正义的最后一道防线，其参与治理的广度、深度和精准度直接影响着人民群众的参与感和获得感。同时，随着经济社会快速发展，严重暴力犯罪发案率呈下降趋势，而轻微犯罪的比重明显上升，且呈逐年扩大的趋势，根据2020年最高人民检察院工作报告，近年来判处3年有期徒刑以下刑罚的刑事案件占比约为80%。轻罪案件的数量之大，决定了对于此类案件要专门运行相应的轻罪诉讼体系，从而确保兼顾司法效率和公平，进而实现社会治理现代化水平的提高。

不仅面向于国家政策层面，近年来法律规范的更迭与修缮也同样催生着轻罪诉讼体系的构建。2013年年底，因以行政手段长期限制人身自由而饱受诟病的劳教制度正式废除，在肯定其积极意义的同时，也不可避免地带来了原有三层金字塔模式（即治安处罚、劳动教养、刑法处罚）的中间断层，行政与刑事处罚之间的真空地带使得原以劳动教养处置的部分行为陷于无法可依的局面，且二者自由刑长度的上下限之间也存在断层。针对这一问题，"两高"近年来以刑法修正案的形式将部分原未纳入刑法处罚的行为以处拘役或1年以下有期徒刑的轻法定刑入罪，如《刑法修正案（八）》中增设法定刑为拘役的危险驾驶罪，《刑法修正案（九）》中增设最高法定刑为拘役的使用虚假身份证件罪等；并同时以修正案和司法解释的方式对部分罪名的入罪标准予以扩充或降低，如盗窃罪、敲诈勒索罪的"50%"追诉标准，增设"入户盗窃、扒窃"等入罪情节等。随着法律规范的不断发展变化，轻微刑事犯罪的数量和比例在原有基础上必然会进一步提高。

政策或法律的制定与修缮，都无法脱离社会生活的土壤。无论是《刑法修正案（八）》中"加强民生保护，加大惩处力度"的立法目的表述，还是《刑法修正案（九）》中阐明的"进一步发挥刑法在规范社会生活方面的引领和推动作用"指导思想，都体现着刑事立法对社会关切的积极回应。轻微刑事犯罪的罪刑虽轻，但对其处置方式和效果却深刻地影响着社会生活的安定和公民道德的趋向，"蚁穴效应"和"破窗理论"均系对这一结论的形象阐释。轻微刑事案件往往发生在日常社会生活中，能否妥善办理、化解矛盾、实现犯罪预防，关系到人民群众的日常生活和基层社会单元的治理，轻罪诉讼体系的构建正是为国家和社会治理现代化筑牢基层基石。

轻罪治理之所以在国家和社会治理体系中占据重要和独特的地位，还因轻罪诉讼所具有的特性得以跳出公、检、法、律四方参与刑事案件的传统体系，广泛引入多种社会主体参与发挥作用，这又与现代化治理理论中的多元化群策群力思想相呼应。如与管制、缓刑等轻罪案件中常见的刑罚运用方式相配套的社区矫正法中即规定，具有专业知识或实践经验的社会工作者，居（村）民委员会，家庭、单位和学校都能够开展、协助社区矫正工作。社区矫正是轻罪案件扩大非监禁刑适用的重要配套措施，调动多元化社会主体的力量将社区矫正制度落地生根，不仅能够妥善处理轻罪案件，而且能够使轻罪治理的主体从司法领域走向社会生活，真正实现社会公众的自我治理。

二、轻罪诉讼体系的构建路径——以检察工作为视角

（一）逐步限制监禁措施的适用是轻罪诉讼体系的本质要求

宽严相济刑事政策既是我国现阶段的基本刑事政策，也是刑法处遇宽缓性与刑法打击严密性的结合。一方面，"宽"是指刑罚处遇的轻缓化，体现了我国刑法对于犯罪人的人道主义精神，对于犯罪人回归社会具有重要意义；另一方面，"严"是指严密刑事法网，对于该作为犯罪打击的必须作为犯罪处理，在法律制度框架下实现刑事法网的严密，让犯罪分子无处可逃。[①] 宽严相济的本质涵义是根据犯罪人的犯罪危害程度来决定对行为人适用何种刑罚。既要打击严重犯罪，也要宽大处理社会危害性不是很大的犯罪，以尽可能减轻犯罪人的负罪感，让其更好地接受教育改造，早日回归社会。近年来，刑事速裁程序、认罪认罚从宽制度等由试点逐步正式写入刑事诉讼法，也都贯彻了宽严相济这一基本的刑事政策。限制适用羁押性强制措施、轻缓化处罚轻罪行为人，对于实现宽严相济的刑事政策的目的具有重要的现实意义。这也是刑法谦抑性的具体要求。[②]

第一，刑法作为保护公民权利和社会秩序的最后一道屏障，不到万不得已时不能轻易使用刑罚，特别是适用监禁刑。对轻罪案件最大限度地进行非刑化处理，这无疑是刑法谦抑性的最好体现。而非刑化最典型的表现就是非羁押强

---

① 储槐植：《刑事一体化》，法律出版社2004年版，第213页。
② 熊永明、胡祥福：《刑法谦抑性研究》，群众出版社2007年版，第65页。

制措施的适用。

第二，刑法的功能和规制范围是有限的，对于大量轻微刑事案件适用长期的监禁措施，非但不能改造犯罪行为人，对轻罪进行犯罪标签化反而会更加滋生犯罪人的泛滥。因此，轻罪案件作为刑法中危害最小的犯罪行为，诉讼程序中尤其应该主张摒弃重刑主义思想，多适用符合人道主义精神的处遇措施，如非监禁刑、非羁押强制措施等。

第三，轻罪往往是一只脚踩进了刑法的疆域，另一只脚却可能在刑法的范围之外。监禁刑措施在刑法领域的大量使用，将刑法与其他行为如民事违法行为、行政违法行为之间的制裁性措施严重割裂。有时较为近似的行为，轻一点可能受到行政罚款、拘留的处遇，重一点则有可能要承担有期徒刑。如前所述，轻罪在实质上包括社会意义和惩罚意义上的轻罪，而这种部门法之间法律责任的断崖式、非线性操作，对于社会心理和情感的打击不可谓不大。

在刑事检察捕诉一体的背景下，检察机关应当将犯罪嫌疑人自愿认罪认罚作为是否批准逮捕的重要考量因素，可以基于犯罪嫌疑人自动认罪认罚作出不批准逮捕的决定，降低轻罪案件逮捕适用率。减少轻罪案件逮捕措施的适用率，不仅符合减少诉讼对抗的价值理念，也有利于调动犯罪嫌疑人认罪认罚的积极性。犯罪嫌疑人在选择认罪认罚之前除了考虑可以获得从宽处罚外，在诉讼过程中人身自由不被剥夺，也是犯罪嫌疑人考虑的重要因素。相较于认罪认罚的轻罪案件，对于犯罪嫌疑人不认罪认罚的轻罪案件逮捕适用率应当更高。两者在是否适用逮捕上之所以存在差异，主要是因为犯罪嫌疑人以主动认罪认罚的方式表明其社会危害性和人身危险性降低，不会实施阻碍刑事诉讼活动的行为，例如毁灭、伪造证据或者对被害人、证人进行打击报复，通过其他对犯罪嫌疑人权利影响更小的强制措施，就可以实现刑事强制措施所追求的效果。对于认罪认罚案件犯罪嫌疑人进行逮捕的，也应定期对羁押的必要性进行审查，定期作出评估，发现采取其他强制措施足以实现诉讼目的的，应立即变更强制措施。

（二）以专门化、专业化夯实轻罪检察诉讼基础

轻微犯罪是刑事犯罪的主体，而轻微犯罪案件又基本集中于基层检察机关办理。长期以来，案多人少的矛盾严重影响基层检察机关治理能力。2016年以来，北京市部分基层检察机关即开始试点轻罪案件专业化办理机制，根据案件类型、刑罚轻重、案件数量等因素，制定合理的分案规则，实行不同案件类型采用不同办案模式，将占比50%以上的轻微刑事案件相对集中办理，在审查逮捕、审查起诉环节由同一办案组办理。后又成立专门的轻罪案件办案部门，集中办理法定刑3年有期徒刑以下刑罚的轻罪案件，为推进"繁简分流、

轻重分离、快慢分道"打通渠道，为实现专门化、专业化办案，精准打击犯罪奠定基础。

在一次集中分配的基础上，轻罪案件专业化办理机构内部再根据案件性质进行二次分配，如成立涉毒品、公共安全等专门办案组织，在专门化基础上进一步实现专业化，研究总结统一类案办理标准，将工作对象和重心落脚在人民内部矛盾的正确处理、有效化解上，最大限度地减少社会不和谐因素，提升检察机关参与社会治理的能力和水平。

在办案机构专门化、办案人员专业化的基础上，轻罪案件绝对数量大、相对案情简单的特点，还使得办案环节的创新简化成为可能。如某区检察院在成立轻罪案件专业化办理部门后，将犯罪嫌疑人权利义务告知书、认罪认罚从宽制度告知书和法律帮助告知书三书合一；审查逮捕、审查起诉结案报告两书合一；针对盗窃、故意伤害、危险驾驶等常见罪名，改以往的叙述式报告模板为表格化填空式报告模板；同时，针对被告人认罪认罚的以速裁、简易程序审理案件，由轮值公诉人集中出庭支持公诉，极大提高了办理轻微刑事案件的效率，减少了案件办理的冗余环节，实现了以较少数量的员额检察官办理全院近60%的审查逮捕、审查起诉案件。

（三）以认罪认罚从宽制度全面统摄轻罪诉讼体系

1. 实体从宽：以多方参与、多层过滤实现轻罪诉讼实质化

轻罪案件办理要实现社会治理效果的最大化，需要侦查、检察、司法机关，辩护律师和当事人各方的共同参与。基于此，基层检察机关以轻罪案件办案部门为主导，实现认罪认罚从宽制度全面依法适用：对于符合认罪认罚从宽条件的犯罪嫌疑人，在审查逮捕阶段，积极适用轻缓化强制措施，降低审前羁押率；在捕后阶段，及时开展羁押必要性审查，对于不需要继续羁押的已逮捕犯罪嫌疑人及时变更强制措施；在审查起诉阶段，在与辩护律师、值班律师充分协商后提出从宽的量刑建议，对于犯罪情节轻微、依法不需要判处刑罚的敢用善用不起诉裁量权，实现轻罪案件的审前分流，有效节约裁判资源。同时，通过制定明确、细化的适用标准为不起诉权的行使划定边界，规范权力运行，有效限制不起诉权运用的恣意性和不平衡性。

适用认罪认罚从宽制度还应充分尊重和听取被害人及其诉讼代理人的意见，是否和解、赔偿、取得谅解也是从宽处罚的重要考虑因素。检察机关以往即有开展刑事和解工作的经验基础，"加害人—被害人"的和解本质上属于法律范围内的自治行为，但对于符合和解程序适用条件的公诉案件，检察机关也会在自治原则下阐明法律规定、积极促成和解，通过和解使犯罪嫌疑人和被害人双方矛盾得以消解，使被破坏的社会关系得以恢复，人民内部矛盾得以自我

修复。

自认罪认罚从宽制度试点以来，律师参与就是其中的重要内容。刑事诉讼法又进一步明确了律师作为辩护人与检察官就量刑进行协商，以及作为值班律师为犯罪嫌疑人提供有效法律帮助的诉讼地位。基层检察机关也积极与司法行政机关进行沟通，通过在检察院设立值班律师工作室、推动值班律师进入看守所提供法律帮助等方式，充分发挥律师在认罪认罚中的保障作用。

针对不起诉案件，在完善内部控制制度的同时，检察机关还引入外部监督制约机制，防止不起诉权的滥用和泛化，如邀请人大代表、政协委员、人民监督员、专家学者、律师参与公开审查，将不起诉权置于公开透明的外部监督下。

同时，在不起诉决定作出后，检察机关严格执行《刑法》第37条、《刑事诉讼法》第177条的规定，对于需要给予被不起诉人行政处罚、行政处分的，及时向公安机关等有权机关制发书面检察意见书，填补非刑事处罚与应行政处罚间的缝隙漏洞，严密"刑行衔接"机制，形成防治合力，防范被不起诉人再次违法犯罪。

2. 程序从简：以刑事速裁程序助力开通轻罪诉讼"快车道"

轻罪案件大多案情相对简单、犯罪嫌疑人自愿认罪认罚，如与重罪案件采取相同的办案时限进行诉讼，不仅是对司法资源的浪费，也是对犯罪人审前自由的长期不当剥夺。2014年，全国人大常委会授权"两高"开展刑事速裁程序试点工作，对事实清楚、证据确实充分的轻微刑事案件，被告人认罪认罚并同意适用速裁程序的，简化程序快速办理。首批试点的检察机关积极探索创设刑事速裁程序工作机制，大幅提升办案效率，开通轻微刑事案件办理"快车道"，实现刑事速裁办案"新速度"。一是创设快速送案收案机制。协调公安机关和法院开通绿色通道，减少案件流转时间。二是创设远程视频讯问机制。简化讯问流程，提高讯问效率。三是创设法律文书简化机制。将向犯罪嫌疑人告知诉讼权利类文书整合，审查逮捕与审查起诉结案报告两书合一，起诉书与量刑建议书两书合一。将危险驾驶罪、盗窃罪等常见罪名制作成表格式报告模板，合理简化报告内容，节省文书制作时间。四是创设集中出庭公诉机制。安排专职公诉人统一对大量速裁案件集中出庭支持公诉，降低出庭的时间成本。

随着刑事速裁程序于2018年正式写入刑事诉讼法，2019年"两高三部"又在《关于适用认罪认罚从宽制度的指导意见》中对速裁程序适用作出了进一步的明确规定，基层检察机关在此前的试点工作基础上，还探索建立执法办案中心和看守所"双速裁快速结案机制"，推动从侦查机关立案到法院判决"48小时全流程结案"。设立专门的办案组轮值负责办理适用"48小时全流程结案"的案件，协同公安机关和法院在公安机关执法办案中心设立案件审查区域，为检察机关审查证据提供便利条件；设立法律援助律师值班室，为犯罪嫌疑人即时提供法律帮助；设立速裁法庭即时开庭，节约在途时间。

三、轻罪诉讼体系构建中的待解之题

着眼于现行法律框架深耕轻罪检察工作体系的同时，不能回避的是，轻罪治理的发展进程中仍存在若干需要解决的重要问题。在轻罪诉讼体系的构建中，不免要在彼此间作出选择或折中，这也是法律体系不断发展完善的过程中必然要面临的课题。

（一）社会关切性与刑法谦抑性之调和

谦抑性作为刑法的基本原则，其与回应社会关切并不矛盾，但仍存在需要调和的冲突之处。因立法往往滞后于社会生活中新情况和新问题的出现，不免存在某些社会关注的热点、敏感问题在爆发后，舆论普遍认为应受到刑法处罚，但刑事立法对其尚未规范或已规范但入罪标准、法定刑期不符合大众预期。选择扩大刑事犯罪处罚范畴，是对社会民生关切的回应，也是风险社会中的现实需要，但在这一过程中，轻罪范围向下延伸，将原本不是犯罪的行为入罪或降低入罪标准，虽然大多时候能够呈现良好面相，如醉驾入刑后的正面示范效应，但仍不时面临着违背谦抑性原则"象征性立法"的质疑，如拒不支付劳动报酬罪则被部分学者认为是以刑事手段严厉介入劳动关系，取代了本应完善的行政管理职责和民事救济路径。①

（二）轻罪诉讼体系立法与现行刑事法律稳定性之平衡

从世界范围看，主要存在两种立法体例：一是分散式立法，目前在我国行政法规体系中较为常见；二是集中式立法，我国刑法等部门法多采用专章体例。二者各有利弊，而无论采取何种立法体例，要构建轻罪诉讼体系，必然会对现行实体法和程序法，甚至是组织法的运行造成冲击。传统概念中对轻罪的定义往往将社会意义、处罚意义和诉讼程序意义杂糅，而无法简单地以法定刑期长短或是否认罪而适用简易程序来确定，立法则必然要将轻罪的概念予以明确。最为重要的是，现行刑事实体法和程序法似乎并未为轻罪诉讼体系的构建留有足够的发挥空间，剥离后的重建不免对现行法律体系的运行造成冲击。

---

① 刘艳红：《当下中国刑事立法应当如何谦抑？——以恶意欠薪行为入罪为例之批判性分析》，载《环球法律评论》2012年第2期。

(三) 犯罪预防的需要与刑罚成本高企之矛盾

在风险社会中,刑事立法和司法不得不紧跟风险的脚步作出调整。刑法通过对犯罪人的严厉处罚在全社会建立起风险和守法意识,以实现其预防功能。而随着现代化治理模式的要求和司法理念的转变,以往高逮捕率、起诉率带来的诉讼、执行资源的高企已经成为制约刑事诉讼效率的掣肘。同时,审前高羁押率和短期自由刑的高适用率也使得羁押场所成为"交叉感染"的重灾区,多数轻微刑事犯罪案件本可适用取保候审或缓刑,但由于配套设施不完善、社会矛盾未化解等原因,司法者在评价社会危险性时仍需过多地考虑案件事实和证据以外的因素,执行能力、是否保证到案等因素则不免成为阻碍适用轻缓强制措施和非自由刑的桎梏。

四、轻罪诉讼体系构建的立法展望

(一) "犯罪圈"扩大的必然性

如前所述,在近年来的刑法修正案和司法解释中,已有轻罪"犯罪圈"扩大化的趋势,严密行政处罚与刑事处罚间的法网必然要求轻罪体系向下延伸,填补劳动教养制度废止后的立法空缺,这也有利于避免刑事司法将认为不应由自身处理的案件推至行政手段解决,防止变相扩大以行政手段剥夺人身自由的范畴,实现刑法保障人权的立法目的。同时,通过对轻罪的严密界定,也能够以法律底线提示公民规范自身的日常行为,从而推动社会整体道德水平的提升。但需要注意的是,当前我国的"行政处罚—刑事处罚"二元结构仍有其在处置效率和社会观感方面的有利之处,因此在"犯罪圈"的扩大过程中,应采取循序渐进的原则,在完善非自由刑等配套措施的同时,再逐步拓宽轻罪体系的范畴。

在"犯罪圈"扩大不可避免的同时,建立具有可操作性的出罪机制则势在必行。检察机关作为刑事案件进入审理程序前的最后一道关口,在以往的基层检察工作中,对于不起诉制度等出罪机制的构建积累了许多制度和经验,但随着轻罪罪名和案件的不断增加,仅靠在审查起诉环节作出不起诉决定显然不足以应对,而参照域外经验在侦查等更多环节放开出罪"过滤器",也面临着自由裁量权被恣意运用的风险。

(二) 轻缓化强制措施和非自由刑的普适性

"犯罪圈"得以扩大、轻罪诉讼体系得以构建的基本前提在于轻缓化强制措施和非自由刑的有效运用,如果更多的行为被纳入轻微刑事犯罪,但仍以现行的逮捕和起诉标准处理,很难不会造成公民的恐慌。即使是在现有法律框架下,将大量轻罪犯罪人投入监管场所也会引发次生矛盾和社会分裂,有违共治共管的现代化治理理念。

当前刑事案件羁押率高企的主要原因前已论及,根本上还是要从制度运行和技术应用两个方面加以改进。实践中,许多短期自由刑判决的作出往往基于前期逮捕强制措施的适用,如裁判者在审判阶段改变强制措施,需为其"无再犯罪风险"的判断承担责任。因此在审前阶段可以引入电子手铐等技术手段拓宽取保候审强制措施的适用范围,保障涉案犯罪嫌疑人能够及时到案,减除司法者的后顾之忧。同时,对犯罪嫌疑人适用轻缓强制措施也有助于认罪认罚从宽制度的适用和刑事和解工作的开展,督促其在诉讼进程中尽早积极认罪、悔罪,对被害人及时赔偿取得谅解,妥善化解社会矛盾。

另外,在法院宣告判处管制或适用缓刑后,还应用足用好配套的社区矫正制度和社区资源,避免非监禁矫正流于形式,损害司法公信力。随着社区矫正法的施行,制度运行中存在的矫正主体不明确、矫正方案不清晰、社会力量参与不足等问题得以解决或有所改善,从而一定程度上改良重刑主义和唯监禁论的一般社会观念,同时也减少了监禁刑带来的社会对抗,有助于轻罪案件犯罪人淡化犯罪标签,更好更早地回归社会。

(三) 前科消灭制度的可行性

我国现行刑法中的前科封存制度仅针对未成年人,且明确规定了公民的前科报告义务。而前科对于犯罪人的影响主要在于两个方面,一是再犯罪时定罪标准的可能降格和量刑基准的必然升格,二是在社会生活中面对就业等问题时的差别性对待。前者主要集中于再犯可能性的预防,而不区分刑罚轻重和适用方式的无差别前科报告制度于轻罪犯罪人而言并不利于其回归社会,就业、婚姻等压力反而会带来轻罪常习犯的社会隐患。

轻罪前科消灭制度虽与现行前科制度,甚至是现行户籍、政审、档案制度的优化改良密切相关[1],但在刑事立法层面,仍可参考域外经验中的轻刑前科消灭及复权制度相应理念[2],参照未成年人前科封存制度的立法经验,从前科消灭的基本条件(时间、刑期等)、适用范围(罪名、次数等)和实现方式(自然消灭、依申请消灭、消灭后的再恢复)等方面进行规范。

---

① 杨迪:《我国轻罪案件刑罚配置的规范化进路——以刑事裁判大数据为方法》,载《法律适用》2018年第7期。

② 何荣功:《我国轻罪立法的体系思考》,载《中外法学》2018年第5期。

电信网络诈骗犯罪现状与惩治对策研究*

——以北京市司法机关2017年以来办理的电信网络诈骗案件为研究样本

北京市人民检察院第三分院课题组**

伴随电信网络技术的应用与发展，电信网络诈骗犯罪已成为信息网络领域的主要犯罪类型之一。2021年4月，习近平总书记对打击治理电信网络诈骗犯罪工作作出重要指示，强调"以人民为中心""强化系统观念、法治思维""加强源头治理、综合治理"，坚决遏制此类犯罪多发高发态势。根据最高检的统计数据显示，2020年全国检察机关起诉涉嫌网络犯罪14.2万人，同比上升47.9%。自2017年以来，北京市人民检察院第三分院联合辖区院办理了一批在全市具有影响力的重大网络电信诈骗案件及其关联案件，涉及3个网络电信诈骗犯罪组织（其中境外团伙1个），犯罪人员65人（其中台湾籍犯罪人员9人），诈骗金额累计高达6605万余元；犯罪类型既有传统的通过拨打电话冒充国家工作人员实施的电信诈骗，也有利用互联网实施的"理财型"虚拟平台投资诈骗，还有专门针对贫困地区实施的民族资产解冻类诈骗。上述犯罪行为严重威胁人民群众的财产安全，扰乱了健康的网络秩序，也对国家机关的公信力造成了损害。北京市人民检察院第三分院充分履行检察职能，准确对网络电信诈骗案件及其关联案件加强引导侦查和审查力度，提起公诉的网络电信诈骗案件全部获得法院的有罪判决，有力地打击了网络电信诈骗犯罪分子的嚣张气焰，维护了人民群众的财产权益。本文通过实证分析和理论研究，总结此类犯罪的基本态势，揭示其主要特征，并对当前惩治电信网络诈骗犯罪面临的

---

* 本文系北京市人民检察院2021年度检察理论研究课题"电信网络诈骗犯罪现状与惩治对策研究"的阶段性研究成果。

** 课题主持人：吴春妹，北京市人民检察院第三分院党组成员、副检察长，二级高级检察官；课题组成员：刘晶、黎涛、庞一然、沈曦、苏鸿靖、赵瑞鹏。

难题和对策进行研究。

一、北京市司法机关办理的网络电信诈骗案件实证分析

（一）样本总体情况

本次调研课题组挑选了北京市各级法院自2017年以来的38件电信网络犯罪的判决书（其中包括本院办理的4件案件）作为样本分析，犯罪主体呈现出学历低、年龄低的特点，但诈骗金额多，被判处刑罚高；被害人多以老年人和大学生为主。

1. 犯罪嫌疑人年龄

选取的38件典型案例中的311名犯罪人员涉及各个年龄段，年龄构成相对完整，犯罪主体具备社会化的表现特征。具体的犯罪人员年龄分布详见下图：

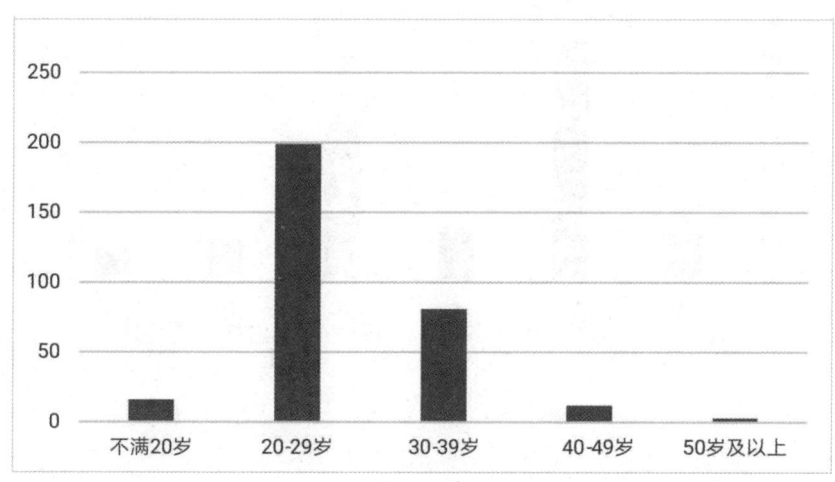

不同年龄段犯罪人数分布

可以发现，相对而言，网络电信诈骗犯罪人员主要集中在20—29岁、30—39岁两个年龄段，其中20—29岁年龄段占犯罪总人数的64%，30—39岁年龄段占犯罪总人数的26%。此外，有16名不满20岁的犯罪人员经蛊惑加入网络电信诈骗犯罪集团，最年轻的一名犯罪人员出生于1999年，犯罪时未满18周岁。年纪最大的犯罪人员为民族资产诈骗的主犯范某某，犯罪时71岁。从犯罪层级上分析，网络电信诈骗的首要分子、主犯年龄主要集中在30—39岁、40—49岁两个年龄段，而具体从事拨打电话和虚假宣传的犯罪人员以及帮助取现的"车手"的年龄主要集中在20—29岁、30—39岁两个年龄

段。不少年轻的犯罪人员在供述中表示,因为毕业后找不到工作,在犯罪集团高薪的诱惑下走上了犯罪道路。

2. 犯罪嫌疑人文化程度

从学历上看,87%的犯罪人员文化程度在高中文化以下,初中文化程度以下占比为50%,只有不到13%的人员具备大专及以上学历。不可忽视的是,虽然不少网络电信诈骗案的主犯和技术人员的学历并不高,但是在犯罪过程中所起的作用却很大。如在范某某诈骗案中,操纵范某某实施诈骗的主犯杜某某、甘某某、滕某某都只有小学文化程度。此外,不少具备专业知识的高学历人员,为犯罪人员提供了技术支持,如杨某某等人诈骗案中,姜某某作为具有大学文化、掌握计算机网络知识的技术人员,作为公司的技术总监,为"秒盈"平台的运行提供技术支持。犯罪人员的文化程度分布如下图所示:

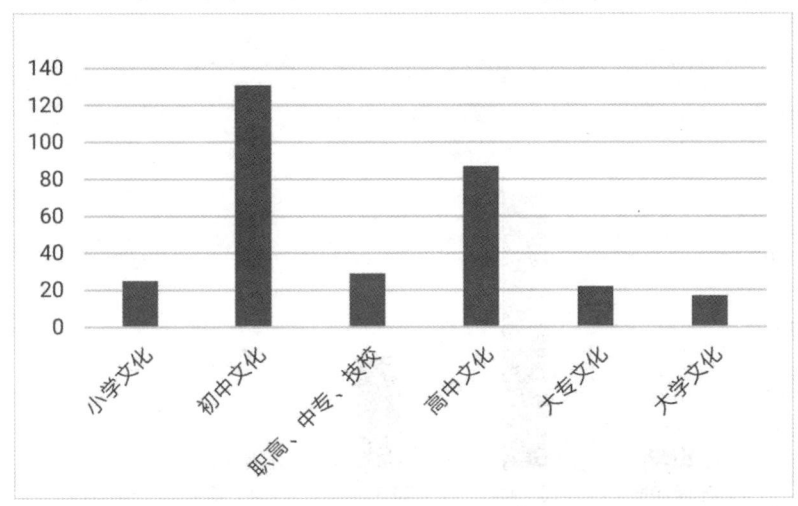

不同学历犯罪人数

3. 量刑

从犯罪人员被判处的刑罚来看,绝大多数犯罪人员都受到了较为严厉的刑罚处罚,这与国家对网络电信诈骗实施从严打击的刑事政策有关,对犯罪组织的首要分子、主犯基本都判处了10年以上有期徒刑,对"秒盈"平台诈骗案的主犯杨某某则适用了无期徒刑。相对来说,犯罪集团的从犯和帮助信息网络犯罪活动罪的人员的刑期相对较低。具体情况如下图所示:

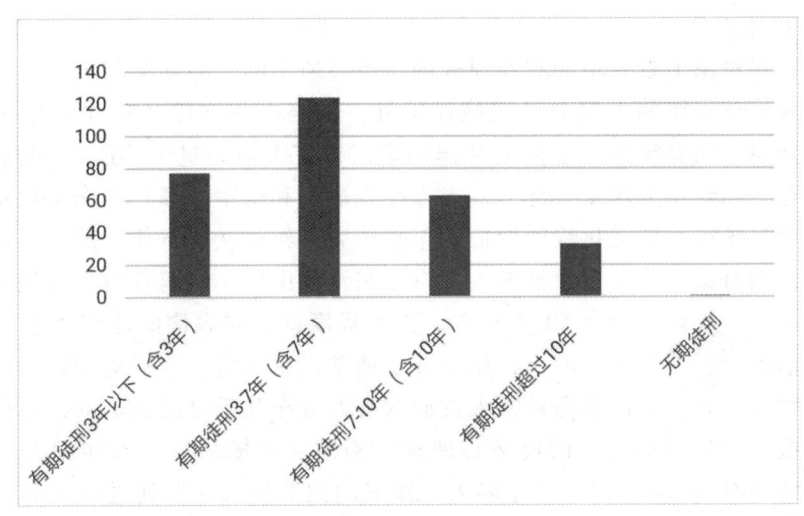

犯罪人员适用刑罚分布

4. 犯罪金额

从诈骗金额上看，有3起案件认定的诈骗金额在2000万元以上，杨某某等人利用网络平台诈骗案的诈骗金额在1300万元左右，而犯罪人员"单兵作战"的案例认定的犯罪金额相对较少，认定犯罪金额相对较大的主要都是被大规模打击的境外电信网络犯罪集团，部分犯罪金额较大的犯罪集团的具体犯罪金额如下图所示：

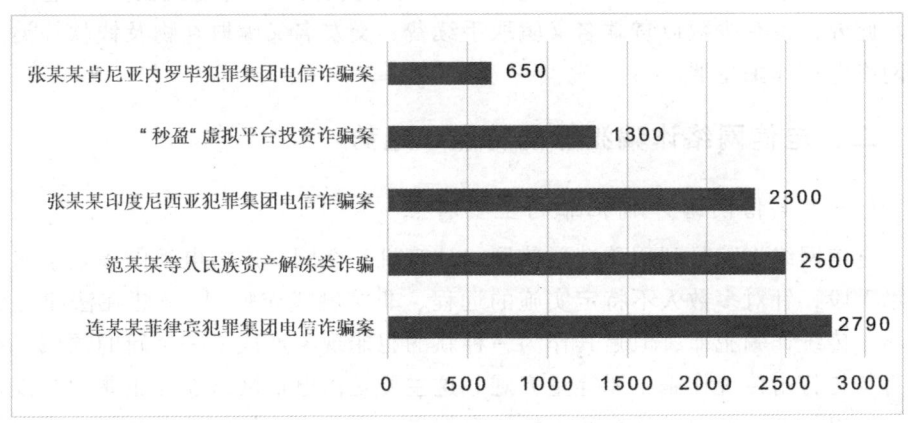

犯罪金额（万元）

5. 犯罪对象

从犯罪对象上看，不同犯罪模式的特点有所不同。除连某某等台湾籍人员主要针对境外居留的中国公民实施诈骗外，网络电信诈骗的犯罪对象相对泛化，涉众犯罪问题突出，如范某某诈骗案，被害人数超过12万人。该案被害人中年轻人和老年人居多，部分被害人存在逐利和侥幸心理。在诈骗对象选择上，犯罪分子往往把文化程度较低、年龄较大、经济状况不佳、缺乏识别能力者作为诈骗对象，绝大多数被害人来自山东沂蒙山区、河南省内乡等偏远山区或贫困地区，年龄在40—50岁左右，文化程度低，对虚构的能够领取巨额扶贫款深信不疑。在诈骗金额上，犯罪分子通常以手续费、资料费的名义要求被害人缴纳几十元，却许诺为被害人发放数百万甚至几千万的扶贫款，造成被害人往往抱有"以小博大"的侥幸心理落入陷阱。而杨某某等人诈骗案中的被害人有约40%是30岁左右的年轻人，该案的犯罪模式主要通过伪装异性聊天博取被害人好感，后以投资期货、比特币等名义骗取被害人向虚拟平台投资，不少年轻人缺乏投资理财经验，同时经不起诱惑向"秒盈"平台投资理财导致财产损失。

（二）电信网络诈骗犯罪的主要诈骗手法

通过分析选取的38个案件，发现网络电信诈骗犯罪主要有以下几种模式：一是境外冒充公、检、法等国家工作人员的多环节电信诈骗；二是架设虚拟平台引诱被害人投资的"理财型"网络诈骗；三是冒用"精准扶贫"政策实施的民族资产解冻类诈骗；四是冒充被害人领导实施的"猜猜我是谁"电信诈骗。此外，也有少数以贷款名义骗取手续费、交友名义骗取礼物及钱款等类型的网络电信诈骗犯罪。

二、电信网络诈骗犯罪的特点和趋势

（一）电信网络诈骗犯罪的主要特点

电信网络诈骗是利用移动通信网、计算机互联网、广播电视网等电信网络技术手段，针对多数人不特定实施的远程、非接触式诈骗。[①] 虽然在法律性质上属于传统诈骗犯罪，但是其作为一种新的犯罪现象形成了一个新的领域，不能将其与打击传统诈骗犯罪等量齐观。这主要是由电信网络诈骗犯罪的非接触性、有组织性和突出的社会危害性三个特点决定的。非接触性一方面表现在行

---

① 参见2018年11月9日最高检《检察机关办理电信网络诈骗案件指引》（高检发侦监字〔2018〕12号），对电信网络诈骗犯罪进行了定义。

为人与被害人之间，电信网络技术突破了信息传递的空间限制，同时信息源的可识别性降低，使得信息在传播空间和效率上获得提升的同时，信息本身的真伪更加难以被甄别，这就使得电信网络技术与诈骗行为有了天然的结合点，电信网络更容易被诈骗行为所利用；另一方面，非接触性也表现在犯罪团伙内部，电信网络诈骗犯罪一般存在分工协作，各环节往往独立操作，处于不同环节的犯罪嫌疑人之间可能互不相识，共犯人之间的相互指证更加困难。有组织性一方面表现在电信网络诈骗通常为团伙作案，需要犯罪团伙内部分工协作才能实现；另一方面也表现在与电信网络诈骗行为相关的上下游关联违法行为较为普遍，具有产业化的特征，电信网络诈骗行为需要与这些上下游关联违法犯罪行为相结合。突出的社会危害性则是前两个特征的当然结果，特别是信息化时代电信网络的普遍性，电信网络诈骗犯罪针对不特定多数人实施，具有明显的涉众性。

（二）当前电信网络诈骗犯罪呈现的主要趋势

近年来，电信网络诈骗犯罪活动持续高发，滋生了上下游犯罪的黑灰产业链条，出现了为信息网络犯罪提供帮助的"卡商""线路商"，形成了从事电信网络诈骗活动的职业群体，电信网络诈骗手段不断翻新，严重侵害了人民群众的财产安全和其他合法权益，破坏了社会诚信，影响了人民群众安全感和社会和谐稳定。

1. 关联的违法犯罪活动朝着产业化方向发展

关联的违法犯罪活动主要包括侵犯公民个人信息、提供用于诈骗的网络应用程序、用于透传或者改号的通信设备和服务、用于洗钱活动的银行卡和跑分平台洗钱程序等。例如，在曾某甲、曾某乙等电信网络诈骗案件中，在案人员证明有专人负责联系"车手集团"，由"车手集团"向被害人提供汇款账户、转移资金，资金流向也表明在被害人将钱款转入对方指定账户后，涉案款项在短时间内就被转入多个二级账户，符合专业洗钱集团的操作模式。

2. 诈骗团伙朝着职业化方向发展

在投资理财类的电信网络诈骗活动中，从物色被害人到做亏被害人投入资金的整个诈骗活动周期较长，需要针对各个被害人制定个性化方案，其犯罪团伙规模异常庞大，往往采取公司化的层级管理模式，设置财务、人事、技术、市场等部门，并通过底薪、提成、奖励等薪酬激励制度来提高犯罪活动的规模效益。选取的案例中，有 8 件案例被追诉的犯罪人员人数超过 30 人，被认定为专业电信网络诈骗犯罪集团；另有 13 件案例被追诉的犯罪人员人数超过 10 人。

如在杨某某等电信网络诈骗案中，杨某某等人以中滇投资管理集团有限公司、中滇（北京）互联网科技有限公司等公司的名义组建犯罪团伙，大量吸收普通求职人员，团伙规模维持在 160 人左右，由具有一定"从业"经验并掌握"客户"资源的骨干担任中层管理人员，制定了业务培训、绩效考核、职务晋升等一系列的公司管理规范和薪酬制度。在组织结构、业务培训、绩效考核上均有详细管理规范。

3. 诈骗手段朝着专业化方向发展

电信网络诈骗犯罪是利用信息网络技术实施的远程、非接触式诈骗，行为人通常会采购专业通信设备、招募专业技术人员。在曾某甲、曾某乙等冒充公安人员进行电信网络诈骗案件中，侦查人员起获了 12 个 VOIP 网关。在通过拨打电话接触被害人的诈骗活动中，行为人所使用的通信手段一般都是利用 VOIP 技术实现的，该技术主要用于连接移动通信网与计算机互联网，行为人通过部署 GOIP（无线语音网关）、SIMPOOL（卡池）等 VOIP 专用设备，实现了机卡分离、远程换卡、自动群呼等功能，并且在设备与窝点之间形成了空间隔离，犯罪行为更加隐蔽。在杨某某等电信网络诈骗犯罪中，杨某某招募了在程序源代码开发、数据服务支持、程序外观设计等方面拥有专长的技术人员，从而不断改进和完善"秒盈"诈骗网络应用程序，在将交易价格数据从外部市场实时接入"秒盈交易平台"的前提下，实现了人为调控交易价格涨跌结算数据的技术应用。杨某某等人还将业务人员进行了业务分工，让业务人员在诱导被害人投资"秒盈交易平台"的过程中扮演不同角色，如专门负责添加好友、沟通联络感情、推荐"秒盈"平台的"网友"，专门引导被害人投资、提供交易内幕信息的"老师"，以及与被害人共同参与投资的"客户"。在行为人将网络应用程序运用到诈骗手段中以后，被害人往往难以察觉被骗过程，大多将实际损失归于投资风险。诈骗手段与专业设备、专业技术的结合，使电信网络诈骗犯罪发现难、侦破难的问题更为突出。

4. 诈骗对象朝着精准化方向发展

近年来，行为人冒充电商、快递客服、网贷平台、班级老师等身份实施精准诈骗的案件越来越多。电信网络诈骗犯罪的源头问题是公民个人信息的泄露。行为人在通过不法渠道获得电话号码、出行住宿、网络购物、就学就医等公民个人信息后，便会针对具体对象实施"量身订制"式的精准诈骗。在徐某某被电信诈骗案中，徐某某曾接到过教育部门发放助学金的通知，行为人便以提供助学金为由诈骗了其大学学费。在曾某甲、曾某乙等电信网络诈骗案中，侦查人员在该案的犯罪窝点起获了若干大陆公民公安信息网中的常住人口信息查询界面照片，行为人专门以在境外上学、生活的中国公民为目标，以调查快递包裹、洗钱线索等名义实施诈骗。在杨某某等电信网络诈骗案中，业务人员在冒充富贵人员身份添加被害人为好友后,通过微信聊天、朋友圈进一步了解诈骗对象的投资偏好、财力情况等详细信息,并据此设计诱导诈骗的剧本。在精准实施的诈骗活动中,行为人通常利用掌握的准确信息对被害人进行话术铺垫,轻易地取得被害人的信任,打消了被害人的顾虑。行为人掌握的公民个人信息越具体,就越容易针对被害人设计个性化的骗局。除了提高个人防范意识以外,更为重要的是堵住公民个人信息泄露的漏洞。

三、电信网络诈骗犯罪的惩治对策

基于上述特征,电信网络诈骗犯罪不可避免地呈现出两个治理难点:一是刑事打击难度较大,在案件侦破、诉讼管辖、证据收集与证明、法律适用、追赃挽损等方面均存在新的难点;[①] 二是迫切需要综合施策,实现综合治理,对与电信网络诈骗犯罪密切相关的关联行业、领域进行整治,去除容易滋生电信网络诈骗犯罪的土壤。围绕刑事治理方面,"两高一部"于2016年发布司法指导性文件《关于办理电信网络诈骗等刑事案件适用法律若干问题的意见》,最高检于2018年出台《检察机关办理电信网络诈骗案件指引》,对管辖、证据审查认定、此罪彼罪、犯罪形态、关联犯罪、共同犯罪、涉案财物等方面进行了系统性规定,2021年"两高一部"又发布了《关于办理电信网络诈骗等刑事案件适用法律若干问题的意见(二)》着重围绕对电信网络诈骗犯罪的上下游关联犯罪实行全链条、全方位打击的问题进行了补充规定。关于综合治理,2019年起公安部集中开展的"断卡"行动,对净化电信网络空间、消除电信网络诈骗外部条件具有积极意义。虽然针对电信网络诈骗犯罪迄今已采取一系列的措施,取得了一定的积极效果,但是从前述案件办理实际情况来看,当前电信网络诈骗犯罪治理仍然突出地面临以下主要问题:

(一)电信网络诈骗犯罪刑事治理

1. 加强关联犯罪打击力度

当前,信息网络犯罪活动中存在大量的"卡商""线路商""水房"以及诈骗App开发等黑灰产业体系,这些违法犯罪活动对电信网络诈骗犯罪的发展起到了推波助澜的作用。从侦破的电信网络诈骗案件来看,在具体个案中往往难以查明上下游关联的违法犯罪活动,表现在:一是由于电信网络诈骗犯罪的跨地域性特点,犯罪团伙的组织者、管理者通常与具体实施拨打电话等电信诈骗行为的一线人员存在空间隔离,在这些主犯不能到案的情况下,便无法深

---

① 吴晓敏:《电信网络诈骗案件办理实践问题初探》,载《人民检察》2021年第14期。

入调查诈骗团伙获取公民个人信息的途径、用于转移资金的银行账户的来源等关联犯罪线索,这种情况在跨境实施的电信网络诈骗犯罪活动中尤为明显。二是关联违法犯罪活动在产业化的过程,形成了相当细化的分工合作和利益分配,出现了提供、转卖手机卡、银行卡和公民个人信息的各类代理、中介,而这些手机卡、银行卡和公民个人信息可能经过多次转卖才流入诈骗团伙手中,为全链条打击带来困难。三是虽然在电信网络诈骗犯罪中存在大量的电子数据、多层级的银行账户等客观性证据,但是对于上下游关联犯罪的调查而言,通常只能从中获取到手机卡、银行卡等卡号信息,为了查明手机卡、银行卡的来源,就必须从开卡开户信息着手进行摸查,这就意味着需要将上下游关联犯罪线索作为全新的案件进行调查和侦破,而在电信网络诈骗案件侦破以后侦查人员继续调查关联犯罪的动力明显不足。

可见,对上下游关联犯罪打击的瓶颈仍然主要是侦破环节存在较大难度。对此,笔者提出以下几点建议:

第一,加大对上下游关联违法犯罪活动的刑事打击力度。为了有效遏制电信网络诈骗犯罪的发展蔓延,必须严厉打击对上下游关联犯罪,彻底铲除滋生电信网络诈骗犯罪的环境和土壤。一是坚持全链条打击理念,提高侦查人员的主体主责意识,深挖上下游关联违法犯罪活动线索,提高相关线索串并侦查效率,全面提升信息网络犯罪侦查能力和水平。二是持续深入开展"断卡"行动,严厉打击整治非法买卖、提供电话卡、银行卡等违法犯罪活动,斩断电信网络诈骗犯罪的根基。三是建立信息情报大数据平台,充分利用大数据信息资源整合优势,通过对信息数据流向的分析研判,将调查工作前移,变被动侦查为主动出击。

第二,检察机关要履行诉前主导职责,强化提前介入引导侦查,提升办案质效。电信网络诈骗犯罪呈现职业化、专业化等有组织犯罪的特点,犯罪环节多,链条长,上下游关联犯罪高发,加之电子数据等新型证据运用较多,案件对证据的审查提出了较高的要求,因此,不论从案件侦查范围和深度来看,还是从取证质量来看,检察机关积极履行审前主导职责,通过提前介入,及时审查证据,在汇集分析全案信息的基础上,研判案件走向,引导公安机关侦查取证的方向,提升侦查取证的质效。检察机关通过引导侦查,实现深挖犯罪、可以显著提高办案效率,保障案件快速、准确、高质量地纵深推进,既保障了全面完善证据,提升了取证质效,也为审查起诉后期多数犯罪嫌疑人转变认罪态度提供了坚实的基础。

第三,要运用好认罪认罚从宽制度,贯彻宽严相济刑事政策。对于犯罪团伙或犯罪集团实施的电信网络诈骗案件,犯罪嫌疑人人数众多,而且因为犯罪窝点流动性很大，很多人尽管住在一起，但对相互工作情况并不了解，查明每个犯罪嫌疑人具体的犯罪行为难度较大。检察机关在办理该类案件时，应当注意合理区分犯罪组织内部的不同层次，做好犯罪组织成员的分类分档，这样既可以为准确确定各犯罪嫌疑人的刑事责任，实现个案中罪责刑相适应，也有利于展开认罪认罚工作，实现对犯罪组织的分化瓦解。对于低层级的业务员，具有法定或酌定量刑情节，犯罪行为不严重，认罪认罚且主动退赃退赔的，符合犯罪情节轻微，不需要判处刑罚情形的，可以适用酌定不起诉制度，体现宽严相济的刑事政策。

2. 树立技术与规范融合的办案理念

首先，技术规则涉及对事实的判断，如某一验真的技术在多大程度上能够保证对象的同一性，对某一案件事实的判断在逻辑上是否符合技术规则的大前提等，这些都属于事实认定层面。例如，电信诈骗犯罪中，犯罪嫌疑人往往借助网络IP技术通过语音群呼拨打诈骗电话，侦查机关采取电子证据远程勘验，调取IP地址、MAC地址、通话记录等作为案件的核心证据。其中，IP地址、MAC地址一方面可以与现实地址之间有唯一对应关系，另一方面与网络电话的通话记录之间也有唯一的对应关系。检察人员只有充分了解相关技术规则，才能够充分运用电子数据证明案件事实。

其次，在规范层面，技术规则本身融入于规范之中，或者规范的内容需要运用技术规则作为补充。例如，技术是中性的，但技术的本身会带来一定的风险，技术所容许的合理风险应当为规范所容忍，避免扩大对共犯的认定范围。这时技术规则被用来解释合理风险的范围，起到弥补法律规范的作用，有利用明确法律规范适用的边界。因此，在电信网络诈骗案件中，检察人员应当具有法律规范和技术规则相融合的办案思维，对技术规则的审查和判断同样重要，必要时可引入专家辅助人制度，加强对意见证据的审查与运用，同时对法律规范问题的判断也要注意结合相关技术规则，作为对规范解释的必要补充。

3. 推动个人信息保护刑事附带民事公益诉讼

《个人信息保护法》第70条明确赋予检察机关对侵犯公民个人信息的行为提起公益诉讼的权利。检察机关可以对电信网络诈骗犯罪相关的侵犯公民个人信息等犯罪提起刑事附带民事公益诉讼。从实践操作方式来看，对未履行信息安全保护义务的个人或单位，如违规处理公民个人信息，或者非法泄露、出卖公民个人信息的侵权人等，比照现行法律规定的民事公益诉讼的诉讼请求，检察机关可以提出停止侵害、排除妨碍、消除危险等预防性请求，以及赔礼道歉等抚慰性请求。

(二) 电信网络诈骗犯罪的社会治理

对于电信网络诈骗犯罪的治理,不能仅将眼光局限于刑事治理视野,而应当从社会治理的层面进行考量。司法打击固然重要,但仅仅是最终保障或最后一道防线,如果电信网络诈骗犯罪高发态势得不到有效抑制,仅凭有限的司法资源很难完全遏制电信网络诈骗犯罪活动。通过综合施策,完善社会治理,不断压缩电信网络诈骗行为的生存空间,铲除其赖以存在的基础条件,才是治本之道。在防控体系建设上,按照先后顺序,信息安全部门、电信运营商、银行、被害人、司法机关可以构成电信网络诈骗防控的五道防线,对电信网络诈骗形成围剿之势。①

1. 进一步开展有针对性的反电诈宣传

一是宣传内容上下功夫。一方面紧跟法规政策最新发展,如结合"两高一部"《关于办理电信网络诈骗等刑事案件适用法律若干问题的意见(二)》的规定,提醒广大群众,在面对不法分子提出收购手机卡、信用卡等的要求时,一定要保持清醒,明辨是非,不为所动,千万不要因贪图蝇头小利而以身试法,付出无可挽回的惨痛代价。另一方面,结合最新诈骗手法和被害人心理特点进行分析,针对不同类别易受害群体开展针对性宣传,如针对出国人员、境外居住的中国公民开展反电诈宣传;针对偏远山区或贫困地区文化程度较低群众的民族资产解冻类诈骗;针对老年人冒充公、检、法工作人员,利用老年人担心影响儿女或保住其养老钱的心理实施诈骗;针对在校大学生,结合校园贷进行的电信网络诈骗等,均需面向特定的受众群体开展针对性的宣传。

二是宣传形式上下功夫。一方面,在借鉴分院与基层院"两级共话"微信宣传经验的基础上,建议由市院牵头,以"三级共话"形式开展反电诈宣传,第一时间推送北京市发生的电信网络诈骗犯罪案例,以案释法,向群众传递最新反电诈知识。另一方面,建议由市院牵头联合正义网等媒体,依托分院、基层院办案优势,开发内容生动、易于被人民群众接受的反电诈检察宣传产品,打造北京检察反电诈宣传品牌。

三是联系人民群众上下功夫。一方面积极开展检察进学校、进社区、进企业活动,在开展反电诈法治宣传的同时,增进与人民群众面对面交流的机会,让人民群众有机会切身感受检察官的工作内容、性质和主要工作方法,消除人民群众对司法机关的陌生感、畏惧感,有利于降低面对假冒公、检、法人员进

---

① 田野:《惩治电信网络诈骗:严管胜于严惩——访北京大学法学院教授梁根林》,载《人民检察》2016年第21期。

行电信网络诈骗时的盲从心理。另一方面，积极运用移动互联网技术，打通检察机关与人民群众直联的"最后一公里"，如广泛开展政务微信，人民群众可以添加检察机关微信，接受微信朋友圈宣传信息的同时，也可以在遇到电诈问题时及时咨询、对话检察机关，消除疑虑。

2. 进一步将企业合规试点改革引向深入

进一步将企业合规试点改革引向深入，加强对市场主体保护公民个人信息的监督、引导力度。随着《个人信息保护法》的出台，我国已经建立起较为完备的公民个人信息保护法律体系，法律的落实是下一步工作的重点。市场各类经营主体是收集、处理公民个人信息的主要力量。为强化源头治理，提高合规遵从度，检察机关应当积极开展以公民个人信息保护合规为重点的企业合规工作，引导各类市场主体，特别是互联网平台、汽车房产销售企业、培训机构等公民个人信息泄露风险较高的主体，积极落实公民个人信息保护法律法规的要求，促进公民个人信息保护社会治理水平和治理能力的提升。

3. 进一步发挥检察建议优势

进一步发挥检察建议优势，促进行业监管全覆盖。主要包括两个方面：一是加强电信网络领域监管，进一步严格落实实名制，加强对电信虚拟运营商管理，提升电信网络监管部门、运营机构对电信网络诈骗犯罪的技术反制能力。二是加强反洗钱监管，扩大反洗钱义务主体，确保全覆盖，完善对个人支付账户、第四方支付等新兴支付平台的管理，同时推动以实质化反洗钱合规代替形式化反洗钱合规，压实各类主体的反洗钱义务和责任。在充分开展调查核实的基础上，制发检察建议精准开展法律监督，促进行政主管部门严格执法，共同推进电信网络诈骗犯罪的综合整治。

四、结语

电信网络诈骗犯罪是进入信息化时代后出现的新的犯罪现象，其社会波及面广、社会危害性大，已经超出了传统诈骗犯罪的影响，成为一个独立的领域，对刑事诉讼活动的组织提出新的要求，并迫切需要加强综合治理。检察机关作为国家的法律监督机关，在办理电信网络诈骗犯罪案件时，应当充分履行主导责任，发挥审查引导侦查作用，特别是要对关联犯罪加强法律监督，提高引导侦查力度。同时，也需要检察机关通过案件积极参与电信网络领域的社会治理，发挥好法律监督职能作用，实现对电信网络诈骗犯罪的综合治理。

认罪认罚从宽制度的实践经验与制度构建

吴春妹　贾晓文[*]

党的十八届四中全会作出全面推进依法治国的重大决策和战略部署，在《中共中央关于全面推进依法治国若干重大问题的决定》中明确提出要"完善刑事诉讼中认罪认罚从宽制度"。2014年6月，全国人大常委会作出《关于授权最高人民法院、最高人民检察院在部分地区开展刑事案件速裁程序试点工作的决定》，是构建多层次的诉讼程序体系、实现公正与效率统一的初步探索。2016年9月，全国人大常委会作出《关于授权最高人民法院、最高人民检察院在部分地区开展刑事案件认罪认罚从宽制度试点工作的决定》，在前期刑事速裁程序试点的基础上，把认罪认罚从宽制度作为推动刑事诉讼繁简分流的重要举措，在更高层次上贯彻落实党的十八届四中全会的决定、推动宽严相济刑事政策具体化制度化和推进以审判为中心的诉讼制度改革。

一、认罪认罚从宽制度的实践探索

北京市朝阳区人民检察院是全国最早开始轻微刑事案件快速审理机制改革的检察院之一，早在2007年就创设了"轻刑快审"案件办理机制，仅2012年至2014年适用该机制办理的案件就已达千余件，积累了宝贵的实证研究的基础数据和经验总结。在被确定为刑事速裁及认罪认罚从宽制度的试点单位后，朝阳区人民检察院充分总结"轻刑快审"的先进经验，打造认罪认罚的"一三三"朝阳模式。

（一）一体化布局，建立认罪认罚从宽大格局

1. 落脚繁简分流，全面开展轻微刑事案件认罪认罚从宽制度。随着刑事速裁程序由原来的1年有期徒刑以下刑罚案件扩展到3年有期徒刑以下，认罪认罚从宽制度借助刑事速裁程序得以在全部轻罪案件中适用。在司法改革中，

---

[*] 吴春妹，北京市人民检察院第三分院党组成员、副检察长，二级高级检察官；贾晓文，北京市朝阳区人民检察院第三检察部主任，四级高级检察官。

北京市朝阳区人民检察院为实现繁简分流,解决案多人少的办案压力,成立了专门办理轻微刑事案件的轻罪案件检察部。该部紧紧围绕捕诉一体的职能,充分发挥逮捕与起诉之间的线性关系,积极谋划刑事速裁和认罪认罚从宽制度在轻微刑事案件中的适用,广泛运用不捕、不诉等手段,扩大认罪认罚从宽制度的适用,切实提升诉讼效率。

2. 立足区域实际,积极探索非法集资类犯罪认罪认罚从宽。近年来,北京市朝阳区的非法集资犯罪数量激增,犯罪人员众多,案件办理与矛盾化解矛盾突出。为最大限度地追赃挽损,弥补投资人损失,也为分化瓦解犯罪分子,发挥刑事司法的精准打击功能,实现办案法律效果和社会效果的统一,辖区检察院积极探索非法集资类案件适用认罪认罚从宽制度,区分在犯罪活动中的地位、作用和退赃退赔情况,依法、审慎地在辩护人参与下开展逮捕必要性、羁押必要性、起诉必要性审查,采取变更羁押措施、不捕、不诉、提出从轻处罚量刑建议等措施。

3. 以行贿案件为突破口,积极拓展职务犯罪领域认罪认罚从宽制度。积极扩大范围,拓展在职务犯罪领域开展认罪认罚从宽。转隶前反贪、公诉部门互相配合,形成合力,以办案促运用,为认罪认罚从宽制度在职务犯罪领域的适用创造条件。随着监察委的成立,今后将以职务犯罪检察部为平台,与监察委进行有效对接,在辖区内重大、敏感职务犯罪案件中试行认罪认罚从宽制度,进一步探索认罪认罚从宽制度在职务犯罪领域的适用。

(二)三流程简化,打造认罪认罚从宽快通道

从宽处理包括实体从宽和程序从简。程序从简指程序运行的迅速、简化。在办案实践中,朝阳区人民检察院着力加强调查研究,充分发挥创新活力,全过程简化诉讼流程与文书,助力全流程提速。

1. 统筹安排,简化讯问流程。一是简化讯问环节。经向市院请示批准,对于认定没有疑问的批捕案件取消讯问,只听取犯罪嫌疑人意见。二是建立远程视频讯问机制。充分利用远程视频讯问系统,减少承办人往返看守所的时间,提升诉讼效率。

2. 简化法律文书制作流程。一是犯罪嫌疑人权利义务告知书、认罪认罚告知书和法律帮助告知书三书合一。统一制作三个文书,在告知时仅需签署一份文书即可,节约告知环节。二是审查逮捕与审查起诉结案报告两书合一。统一审查逮捕与审查起诉的结案报告为捕诉一体案件审查报告,并改变通常的叙述性结案报告的格式,把盗窃罪、故意伤害罪、危险驾驶罪等五个常见罪名制作表格填空式报告模板,承办人根据案件仅需填写不同证明对象下的证据列表即可。对于证据没有发生变化的案件,在审查起诉阶段可以重复使用,无须单

独制作。三是起诉书与量刑建议书两书合一。针对适用速裁程序的案件，把量刑建议添加进起诉书，不再单独制作量刑建议，起诉书中也简化证据罗列，提高制作效率。四是简化相对不起诉的上会报告。在上会报告中通过画"√"的方式将法定和酌定量刑情节进行标注。

3. 多方协调，建立案件集中审理机制。沿用刑事速裁程序形成的良好机制，继续实行认罪认罚案件的集中办理。

（三）三方面从宽，构筑立体化从宽层次

从宽处理包括程序从简和实体从宽，实体从宽一般包括强制措施的轻缓、量刑建议的减让及不起诉。朝阳区人民检察院在落实认罪认罚从宽机制的过程中，除了在程序上从简之外，拓展了从宽的外延，根据认罪认罚的时间节点，把从宽扩展到强制措施适用、起诉必要性、精确化量刑等多个层次，体现了从宽形式的丰富性和层级的差异性。

1. 积极扩大轻缓化强制措施的适用。积极探索轻微刑事案件逮捕必要性，提高非监禁刑的适用比例，解决羁押率偏高的问题。针对捕后犯罪嫌疑人认罪认罚的案件，及时开展羁押必要性审查。2017年第一季度，朝阳区人民检察院轻罪不捕率由23.05%提升至27.7%。

2. 扩大相对不起诉比例。充分利用不起诉裁量权，对于犯罪情节轻微且认罪认罚的，扩大相对不起诉适用。2017年第一季度，朝阳区人民检察轻罪部相对不起诉率由5.79%提升至8.95%。

3. 聚焦精确量刑。按照量刑规范意见将涉案罪名的量刑情节按照刑事责任年龄、犯罪完成情况、共同犯罪中的地位和作用等一般情节和相应犯罪的具体数额、伤害后果等个案情节梳理成条目，制作成"量刑菜单"，告知犯罪嫌疑人，充分保障其知情权，为达成"认罪认罚"提供基础。同时尽量缩小量刑建议区间，提高量刑建议的精准性。

二、认罪认罚从宽制度探索实践中存在的问题

在认罪量刑协商探索过程中，尤其是在全国人大常委会的授权和"两高三部"《关于在部分地区开展刑事案件认罪认罚从宽制度试点工作的办法》发布以后，认罪认罚从宽制度在试行中存在一些困难和困惑需要得到进一步解决。

（一）认罪认罚从宽制度与现有从宽处理制度、量刑情节的关系

全国人大常委会在授权中规定，对犯罪嫌疑人、刑事被告人自愿如实供述自己的罪行，对指控的犯罪事实没有异议，同意人民检察院量刑建议并签署具

结书的案件，可以依法从宽处理。在我国刑法中，自首、坦白均属于法定从宽处罚情节，当事人和解也可以获得从宽处理。最高人民检察院法律政策研究室时任主任万春在答记者问中也提到从宽"必须适用刑法对于各个具体罪名的规定，是在法律规定的幅度内进行从宽"。"认罪认罚从宽处理"与现有法定从宽处理制度、情节之间是相互独立还是对现有从宽制度、情节的统一整合？认罪认罚之后从宽处理的合法性依据来源于制度本身还是来源于自首、坦白、刑事和解？"认罪认罚从宽"是否具有独立的量刑地位？

（二）认罪、认罚与从宽处理的关系

根据相关规定的语境，"认罚"是指犯罪嫌疑人认可检察机关的量刑建议。按照这样的逻辑，犯罪嫌疑人认可检察机关的量刑建议是获得从宽处理的前提和条件。这会导致两个问题：一是量刑建议与从宽处理之间的逻辑错位。检察机关为了争取犯罪嫌疑人的具结，会预设犯罪嫌疑人的从宽处理结果从而据此提出一个较低的量刑建议，但实际上认罚应该是从宽的前提和条件。同时，根据刑事案件速裁程序试点工作中推行认罪量刑协商的经验，在那些可能判处1年有期徒刑以下刑罚的案件中，被告人很容易同时接受检察机关的量刑建议，比较容易形成共识。但是，认罪认罚从宽制度一旦适用到更大范围，说服犯罪嫌疑人和辩护人认可量刑建议就不是那么容易了。二是认罚或不认罚对于从宽的区别。根据全国人大常委会授权，认罪认罚可以获得从宽处理，但是根据现行法律规定自首、坦白、刑事和解等固有的认罪情节也会获得从宽处理结果。在认罚与不认罚之间，从宽的幅度是否会有所区别。

（三）从宽处理的方式和幅度

1. 关于不起诉权。相关研究通常认为，从宽处理包括实体从宽和程序从简。实体从宽一般是指量刑减让和不起诉，程序从简则指程序运行的迅速、简化，主要是指简易程序、速裁程序。在全国人大常委会的授权规定中，从宽处理的前提除了认罪之外，还要认可检察机关的量刑建议。从规定表面进一步衍生，只有当检察机关决定提起公诉的时候才会提出量刑建议。如此理解，是否意味着此次全国人大常委会授权的实体从宽只包括量刑减让，而把检察机关的不起诉裁量权排除在外？如果包括不起诉裁量权，检察机关是否可以针对大量的认罪认罚的轻微刑事案件适用相对不起诉？

2. 关于从宽幅度。在《刑事案件速裁程序试点工作座谈会纪要（二）》中为体现量刑激励，对同意适用速裁程序的，可以减少10%—30%的基准刑。朝阳区人民检察院在认罪量刑协商的试行中规定了10%—20%保守基准刑减让。以上幅度减让的前提均是基于刑事速裁程序本身所要求的1年有期徒刑以下的案件范围。当认罪认罚从宽制度扩大到所有的符合条件的案件时，10%—30%的基准刑减让是否可以进一步扩大，是否可以在缺乏法定减轻处罚情节时在法定刑以下量刑？认罪认罚从宽制度的目标价值之一是为了节约诉讼资源，那么在刑事诉讼不同阶段作出认罪、认罚表示，并不同程度的节约诉讼资源的，是否可以给予不同的从宽幅度？

（四）被害人参与

刑事速裁程序中仅仅对赔偿、道歉等事项中规定了被害人在程序选择中的相关角色地位，在认罪认罚从宽制度中要求要强化被害人参与，要充分考虑被害人的意见。是否意味着认罪认罚之后的从宽处理要征求被害人的意见？如果被害人不同意从宽应当如何处理？被害人借机索要高额赔偿数额的是否应当支持？

三、认罪认罚从宽的制度构建

（一）建立健全多方认可、辩护律师参与下的认罪、量刑协商体系

认罪认罚从宽制度涉及犯罪嫌疑人（被告人）认罪的自愿性、量刑建议的协商一致、从宽处理的选择等内容，其间既牵涉刑事诉讼各方参与主体，又需维护刑事诉讼本身的价值与功能，必须建立健全辩护律师参与下的认罪、量刑协商体系。

1. 明确参与主体，合理界分各方权利义务。主要有以下六方主体的权利义务、权限责任：

（1）犯罪嫌疑人（被告人）。犯罪嫌疑人（被告人）认罪认罚应当出于理性、自愿。一是作出认罪认罚有罪供述系出于自愿，不得受到胁迫、引诱、欺诈或者其他强制行为；选择认罪认罚从宽处理制度及相关诉讼程序系出于自愿。二是犯罪嫌疑人（被告人）的自愿选择是出于理性，包括具有理解并选择认罪认罚的能力，明确知晓选择认罪认罚的后果，能够获得辩护律师的帮助等。

（2）侦查机关。侦查是刑事诉讼程序的第一道工序，也是收集、固定证据的关键环节，在侦查阶段以为起诉、审判提供证据为要求，全面、规范收集证据是构建以审判为中心诉讼制度的关键所在。侦查阶段，侦查机关应当以全面客观收集、固定证据为主业，在侦查初期应当避免启动认罪认罚从宽，以防关键证据因急于收集导致诉讼后期程序回转后的处理困境。侦查后期，在全面收集证据的基础上，可以适当启动。

（3）检察机关。检察官在受理案件后，通过审阅卷宗对证据进行充分理

解，在讯问过程中了解犯罪嫌疑人是否有认罪认罚的意向，告知其选择认罪认罚的法律后果，通过详细解释让犯罪嫌疑人对认罪认罚的影响有明确认知。经过协商后与犯罪嫌疑人就认罪认罚事项达成协议。

（4）辩护律师。在认罪认罚制度中，辩护律师的参与不可或缺。一方面辩护律师需提供法律咨询，说明选择认罪认罚对其案件的影响，保证其选择认罪认罚的明智性。另一方面，在认罪认罚协商的过程中为犯罪嫌疑人争取最大限度的从宽处理。

（5）被害人。被害人的意见应当得到充分尊重。在认罪认罚从宽制度中，被害人由于遭受到人身或者财产损失，犯罪嫌疑人的认罚除了包括接受量刑建议和庭审审判之外，也应当包含对被害人的民事赔偿和赔礼道歉等内容。被害人获得民事赔偿后可以对犯罪嫌疑人表达谅解。

（6）法院。未经审判不得定罪，是刑事诉讼设置审判程序的根本目的和核心价值所在，法官作为裁判者对适用认罪认罚制度处理的案件享有最终审查权，符合司法活动属性的本质要求。在审理认罪认罚案件过程中，法官需对被告人选择认罪认罚程序的自愿性、明智性，认罪认罚协议的合理性，案件是否具有禁止适用情形，以及是否准许被告人主张撤回认罪认罚供述或者检察院主张撤回认罪认罚协议等进行审查。

2. 规范从宽方式和幅度的设置，保障被追诉人获得与之相符的从宽处理结果。一是规范从宽处理的层级性。根据不同案件类型、认罪认罚的时间节点、具体方式来设置认罪认罚的从宽幅度，体现从宽层级的差异性。比如，在侦查阶段就表示认罪认罚的，由于其及时认罪认罚使得侦查资源的使用相对经济节约，在从宽幅度上应该明显大于在检察环节才认罪认罚的。二是确定从宽方式的多元性。认罪认罚从宽作为一种激励机制，不仅可以体现在量刑上的减让，还可以通过强制措施的变更、及时终结诉讼的分流、缩短诉讼周期等方式，体现从宽方式的多元性。侦查、批捕阶段签署认罪认罚具结书的，尽量减少羁押性强制措施的适用；审查起诉阶段签署认罪认罚具结书的，可以判断其是否满足不起诉条件；进入审判程序的，充分运用速裁程序、简易程序等减轻庭审压力。三是提升从宽幅度的可预期性。根据刑事诉讼的规律，最终的量刑取决于审判活动，因此检察机关的量刑建议应具有一定幅度。但是，认罪认罚协商的过程中，相对精确的量刑区间有助于提高被追诉人对从宽处理结果的可预期性，提升被追诉人认罪认罚的积极性。可以适当缩小量刑区间，例如量刑建议在 1 年有期徒刑以下的，可以探索提出精准的量刑建议，3 年有期徒刑以下的不超过 3 个月等。

(二) 健全认罪认罚从宽的程序回转

1. 达成认罪认罚协议的,应当允许被追诉人反悔。犯罪嫌疑人、被告人同意量刑协议,意味着法庭审理的简化或者放弃当庭质证、辩论的诉讼权利,可能侵害其诉讼权益,因此应当赋予其反悔的权利。反悔后,其在认罪协商中的认罪答辩归于无效,但其在侦查阶段所做有罪供述仍可作为证据使用。

2. 规范被追诉人反悔回转程序。犯罪嫌疑人、被告人撤回认罪认罚承诺一般不应设置限制条件,但要求在一审法院作出裁决之前。对于犯罪嫌疑人、被告人而言,撤回认罪认罚承诺属于其诉讼权利,不能因其反悔而对其从重处罚;但撤回承诺不应再享受从宽处罚的权利,包括非羁押强制措施、量刑减让等。对于检察机关而言,应当重新审查公诉证据材料,并有权申请补充侦查等。

3. 检察机关撤回认罪认罚协议应受到严格限制。仅在发现新事实、新证据足以改变案件处理结果时允许检察机关撤回认罪认罚协议。例如,实际罪名与承认罪名不一致,发现被告人无罪、罪轻的证据等。

(三) 明确当事人上诉权的适当限制

经过认罪认罚的案件,被告人在作出认罪认罚承诺之前,已经对案件事实、量刑情节、从宽处罚幅度有了充分的认知,对诉讼后果有了清楚的预期,通过法律援助、书面具结、当庭讯问、最后陈述等形式,充分保障了被告人的程序选择权,一审判决前的程序流转也保障了其反悔的诉讼权益。此时被告人再上诉明显有悖诚信原则,容易造成司法资源的浪费。另外,受上诉不加刑原则限制,二审无法撤销从宽判决,有失公平。因此,对于认罪认罚从宽的案件,应当对被告人的上诉权进行必要限制,例如仅允许被告人以认罪认罚"违背意愿"为由提起上诉;对于以该理由提出上诉的,改变二审"全面审查原则"为"部分审查原则",仅对被告人的上诉理由进行审查,经审查不存在上诉理由情况的,不进行实体审查。在限制上诉权的同时,司法机关应当加强被告人认罪认罚的程序保障,如认罪认罚承诺前是否全面了解控方证据情况、是否真正了解认罪认罚的法律后果等。

自助结账模式下盗窃超市商品案件中的若干问题与治理建议

吴春妹　张美惠[*]

随着零售业态的不断创新和移动支付技术的发展，国内各大连锁超市陆续推出了"自助结账"模式，即在顾客选购商品后，不再通过传统的人工结账柜台由收银员扫码付款，而是由顾客到指定的区域内通过机器自行扫描条形码后，使用移动支付 App 完成付款结账。与传统结账模式相比，自助结账能够在购物全流程中无需工作人员介入，既为顾客带来了便利，也节约了超市的人力成本，在疫情防控进入常态化的背景下也更符合各方的实际需求。

但在自助结账模式为消费者和经营者带来便利的同时，其中的监管漏洞和安全隐患也为不法行为人提供了可乘之机，在选购物品后，通过利用自助结账机故意漏扫码、不扫码、扫码后又删除等方式，未付款即窃得超市商品。2019年以来，北京地区此类利用自助结账模式盗窃超市商品案件频发，且有逐年渐趋高发的态势。

一、自助结账模式下盗窃犯罪案件的特点

（一）盗窃对象金额相对较低，盗窃手段趋同

自助结账模式下的盗窃行为，针对的对象主要是价值相对较低的食品、日用品，单次盗窃金额一般达不到盗窃罪的追诉标准。即使对多次盗窃的金额进行累计计算后，有相当一部分案件的涉案金额仍未超过追诉标准，部分达到追诉标准的，相较传统盗窃案件的涉案金额也相对偏低。

行为人利用自助结账机窃取商品的主要手段包括：将货架上小件商品装入自己随身携带的包袋后，装作未购买物品或不扫码装作已结账后离开；在选购多件物品后，故意只扫码价值低的物品却不扫码价值高的物品，统一装袋后夹

---

[*] 吴春妹，北京市人民检察院第三分院党组成员、副检察长，二级高级检察官；张美惠，北京市朝阳区人民检察院第三检察部一级检察官。

带离开；将选购的多件物品均扫码以逃避监控，后又在自助结账机上将部分物品删除，支付少量价款后将全部物品带走。

（二）盗窃次数多，时间跨度长，地点相对固定

自助结账模式下的盗窃行为入罪主要是基于《刑法》第264条规定的"多次盗窃"形态，即2年内盗窃3次以上①，因此即便盗窃物品金额不大，但也因频繁盗窃而应受到刑事追诉。同时，因此类案件中存在超市监管不严等问题，行为人往往在较长的时间跨度内，在同一地点多次实施盗窃行为后才被发现。如顾某某盗窃案中，行为人在近4个月的时间里，频繁到居住地附近的同一间便利超市内以不扫码的方式盗窃食品，被抓获后结合其供述梳理以往订单记录和监控录像，查实该人已经在此处盗窃40余次。

（三）盗窃主体多元化，以家庭为单位盗窃时有发生

与传统盗窃犯罪主体以无业人员、常习犯为主不同，利用自助结账设备盗窃案件的行为人往往有稳定的工作和收入来源，有较高学历或系大学在读学生，也是在超市进行消费的主要群体，实施盗窃行为或因法律意识淡薄，认为被发现后只要补付货款就可以解决问题；或出于侥幸心理，认为不会被超市工作人员发现，如在郑某某盗窃案中，行为人系某名校法律专业硕士毕业生，某知名律师事务所律师助理，虽接受过法律教育，明知自己的行为属于盗窃，仍基于"有便宜就占"和"拿了也不会被发现"的心理，直至盗窃10余次后被当场抓获。同时，以夫妻二人或父母子女等家庭为单位分工互相配合实施盗窃的现象也较为常见，如梁某某、马某某盗窃案中，二人带着未成年子女在超市多次行窃，在行为人故意将已扫、未扫商品混放带出超市后，其子女也效仿这一行为，将商品不经扫码后直接装袋带走。

（四）案发后以高额赔偿换取谅解书，买赔协商制度不完善

此类盗窃超市商品案件中，因涉案金额不大，在侦查阶段，公安机关一般均允许行为人或其家属与被盗超市协商赔偿损失并争取谅解，因是否赔偿并取得被害单位的谅解在此后的诉讼阶段直接影响到对行为人非监禁强制措施的适用，是否可以酌定不起诉，以及适用缓刑执行方式等切实关系到人身自由和犯罪记录的重要问题，且这一协商行为一般由双方自行开展，故此行为人为获取被盗超市的谅解，往往在协商过程中无条件接受超市提出的赔偿要求，进行数倍以至近百倍于被盗物品价值的金钱赔偿。在某些案件中，超市工作人员不当

---

① 参见最高人民法院、最高人民检察院《关于办理盗窃刑事案件适用法律若干问题的解释》（法释〔2013〕8号）第3条。

的索赔行为甚至演变为敲诈勒索犯罪。如在成某某敲诈勒索案中，其在抓到多次在其超市行窃的行为人张某后，经盘点发现张某窃取的物品共价值200余元，但盗窃次数较多，同时店内最近经常丢失商品以致经营亏损，故其向张某提出，如果支付1万元赔偿款就可以不报警私下解决，后张某主动报警，二人均被抓获。

二、自助结账模式下盗窃犯罪案件高发原因之剖析

（一）行为人违法犯罪动机之剖析

1. 出于贪占便宜和侥幸心理实施盗窃。通过对北京市朝阳区检察院办理的此类盗窃案件中行为人供述的犯罪动机进行剖析，真正因家庭极度困难、衣食无着而在超市内实施盗窃的案件几乎不存在，绝大多数是在第一次故意或不经意间未扫码后发现结账漏洞，或看到、听说其他人这样操作后没有工作人员前来制止，认为有机可乘，出于贪占小便宜和认为不会被发现的侥幸心理，才多次"故技重施"，直至被当场抓获或查获。

2. 出于炫耀攀比心理实施盗窃。这一心理主要体现在年轻行为人中，以在校大学生为主，因未树立正确的道德观和消费观，以互相攀比和炫耀为乐。如在李某某盗窃案中，犯罪嫌疑人系在校大学生，因看到同学在学校附近的超市内购物时以故意漏扫码的方式带走商品，由同学传授不劳而获的"经验"后，才陆续实施盗窃10余次，甚至还和同学分享每次的盗窃经历，认为盗窃得手很有成就感。

3. 心理失衡后实施盗窃以发泄不满和报复情绪。部分案件中，行为人开始实施盗窃或选择特定的盗窃地点是由于生活中出现变故或特定事件，诱发行为人心理失衡。如在张某某盗窃案中，行为人供述系因向某网络借贷平台投资数十万元后，该平台因涉嫌非法集资犯罪被立案侦查，但资金已经无法回本，因此心理失衡，才陆续多次在多家超市内实施盗窃行为。又如刘某某盗窃案中，行为人供述系因认为之前在被盗超市内购买称量物品时被多称了斤数，但又没有证据，出于报复心理，才在这家超市内多次实施盗窃。

（二）超市监管与处置隐患之剖析

1. 事前警示和预防工作不到位。在部分案件的办理过程中，经走访被盗超市，经常发现其在自助结账设备区域未设置监管人员进行人工检查和监督，该区域的监控设备不完善，也未设置防盗警示宣传标语。此外，在结账设备至超市大门的区域内也未设置安全门等未扫码报警装置。如在办理韩某某盗窃案中发现，被盗超市的自助结账设备附近既无人值守，也没有设置报警装置，且

有电梯直通地下停车场，行为人欲驾车离开时才被赶来的超市工作人员抓获。

2. 事中及时发现违法犯罪行为和收集证据存在难度。此类案件发案一般有两种形式：一是被盗超市通过盘点发现不正常损耗后，通过回放监控录像锁定可能多次盗窃的可疑人员，在其再次前来行窃时将其抓获；二是在当场发现行为人盗窃商品时将其抓获，再回放梳理一段时间内的监控，确定其多次盗窃的行为和次数。二者均存在违法犯罪行为实施与发现之间的时间间隔较长的问题，从而不仅无法及时发现并制止违法行为转化为犯罪，而且因被盗赃物均系容易灭失的食品、日用品，也为准确认定被盗物品类别及其价值带来较大难度。

三、自助结账模式下盗窃案件立法与司法层面的若干问题与思考

（一）"多次盗窃"的立法沿革及思考

经梳理盗窃罪的立法沿革，在1997年《刑法》中，即将"多次盗窃"与"盗窃数额较大"同时作为盗窃罪的入罪标准，但对于"多次"如何把握，1998年最高人民法院《关于审理盗窃案件具体应用法律若干问题的解释》（已失效）中又将其限缩在"一年内入户盗窃或者扒窃三次以上"的范围内。而后2011年《刑法修正案（八）》将"多次盗窃"与"入户盗窃""扒窃"并列，实质肯定了多次盗窃的范围并不仅限于前列两种情形，直至2013年最高人民法院、最高人民检察院《关于办理盗窃刑事案件适用法律若干问题的解释》方对此作出规定，即2年内盗窃3次以上的，应当认定为"多次盗窃"。

由此可见，我国对于盗窃罪采取的是混合定罪模式，即通过"定性+定量"的方式将普通盗窃和多次盗窃入罪，同时通过"定性"的方式将入户盗窃等三种特殊类型盗窃入罪。不可否认，多次盗窃规制的主要是多次实施的轻微盗窃行为，因其有特殊预防的必要性而纳入刑事范畴予以评价。但无论以何种方式入罪，均存在着在轻微盗窃行为中《刑事诉讼法》第16条"情节显著轻微、危害不大，不认为是犯罪的"条款如何适用的问题。

以本文中重点论述的盗窃超市案件为例，很难判断一行为人虽3次行窃超市商品，但总金额仅几十元，这一行为是否比普通盗窃中窃取价值接近"数额较大"的社会危害性和应受刑法处罚性更高。后者因未达到刑法处罚的"定量标准"而仅能处以治安处罚，而如果仅以现行法律条文的规定评价前者的行为，则除以"情节显著轻微、危害不大"将其排除出犯罪以外，只能对其以刑法处罚加以规制。

（二）多次轻微盗窃行为的司法处理模式演变与思考

通过分析立法沿革可见，将"定量模式"同时纳入"多次盗窃"是否应

当入罪的评价标准,是解决多次盗窃总金额不大的超市商品等轻微盗窃行为大量进入刑法处罚范畴这一问题的可行之道。但现行法律规定也系因应我国特定的社会和经济背景而制定,对于大量此类案件,司法机关无法自行确定这一"定量标准"而贸然以"情节显著轻微、危害不大,不认为是犯罪的"条款将之出罪,但均将其纳入刑事诉讼程序进行追诉、审判,一方面不利于司法资源的有效运用,另一方面犯罪人的大量增加也不符合现代化社会治理模式下在刑事司法领域弥合和化解矛盾的必然要求。

同时,在少捕慎诉的司法理念引领下,以往的"够罪即捕""凡捕必诉"显然已经不能适应当前的司法办案工作需要。因此,对于此类轻罪案件应当在取证工作完成后,尽量在审前适用轻缓化的非监禁强制措施,同时充分发挥检察机关的审前分流作用,对于犯罪情节轻微、依法不需要判处刑罚的案件敢用善用不起诉裁量权。如部分基层检察机关目前针对盗窃超市商品案件,综合考虑犯罪嫌疑人盗窃次数、盗窃对象、盗窃总金额、赔偿被害单位并取得谅解、认罪认罚态度等情况,由承办检察官提出处理意见,并依托检察官联席会讨论后作出决定,以在一定区域范围内统一适用酌定不起诉的标准,有效限制不起诉权运用的恣意性和不平衡性。此外,在不起诉决定作出后,严格执行《刑法》第37条和《刑事诉讼法》第177条的规定,对于需要对被不起诉人行政处罚、行政处分的,及时向公安机关等有权机关制发书面《检察意见书》,填补非刑事处罚与应行政处罚间的缝隙漏洞,严密"刑行衔接"机制,形成防治合力,防范被不起诉人再次违法犯罪。

四、轻罪治理现代化趋势下应以各方合力应对自助结账模式下盗窃案件

当下国家治理体系和治理能力现代化已提升至战略高度,刑事司法是现代化治理中的重要组成部分,其中轻微刑事犯罪的罪刑虽轻,但对其的处置方式和效果却深刻地影响着社会生活的安定和公民道德的趋向,"蚁穴效应"和"破窗理论"均系对这一结论的形象阐释。轻微刑事案件往往发生在日常社会生活中,能否妥善办理、化解矛盾、实现犯罪预防,关系到人民群众的日常生活和基层社会单元的治理,轻罪治理的现代化正是为国家和社会治理的现代化筑牢基层基石。

轻微刑事犯罪治理之所以在国家和社会治理体系中占据重要和独特的地位,因其自身所具有的特性得以跳出公、检、法、律四方参与刑事案件的传统体系,广泛引入多种社会主体参与发挥作用,这又与现代化治理理论中的多元化群策群力思想相呼应。调动多元化社会主体的力量不仅能够妥善处理轻罪案

件，而且能够使轻罪治理的主体从司法领域走向社会生活，真正实现社会公众的自我治理。针对自助结账模式下盗窃案件高发的态势，也应以司法机关、涉事商超企业及消费者个人各方形成合力共同应对。

就司法机关妥善办理此类案件而言，以检察机关为例，一是统一处理标准以期为立法提供实践经验。虽然在司法实践中，对于如何掌握适用非监禁强制措施、适用相对不起诉处理的标准存在一定程度上的分歧意见，但在同一区域、同一部门内也应当能够基本实现同类案件的平衡处理。通过对类案办理的经验总结，也能够促进立法的不断完善。二是在办理案件的同时向涉事商超企业制发刑事合规检察建议书。针对此类案件高发、频发的商超企业和相应门店，以实地走访和座谈相结合等方式，就企业事前、事中和事后的妥善应对处理方式提出书面检察建议，并要求相应企业针对建议书中列出的问题实际制定整改措施予以书面回复，以期发挥检察建议参与社会治理的刚性。三是对类案处理标准和部分拟不起诉案件开展公开审查和公开听证。邀请人大代表、政协委员、人民监督员、专家学者多方参与建言献策，听取各方当事人意见，以期促进化解社会矛盾，为妥善办理案件提供广泛的智力支持。四是就此类案件积极向社会公众开展法治和德治教育。综合运用新闻媒体、报刊杂志、两微一端等多种宣传方式，以案释法开展宣传教育工作，以督促社会公众在日常购物行为中知法守法。

就涉事商超企业加强管理和合规而言，一是应在事前做好预防和警示工作，包括在商超运营中优化管理系统以实时监控并分析盘亏，及时发现异常和可疑交易；在现场管理中增派监管人员防范并及时发现盗窃违法犯罪行为；在自助结账区域实现多角度监控覆盖，并设置防盗警示标语。二是应在发现违法犯罪行为时及时报警处理，配合司法机关留存并根据办理案件需要提供监控录像、购物发票、进货单据等相应证据。三是在企业内部建立统一的盗损赔偿办法、赔偿比例和应急处理机制，并对员工开展法律和合规培训，杜绝未经公安机关处理任意协商赔偿，以防损业绩为提成依据，以高额赔偿换取谅解书等乱象持续发生。四是规范赔偿款入账制度和谅解书出具责任制度，避免引发次生廉洁风险和其他犯罪。

侵犯公民个人信息罪疑难实务问题研究[*]

吴春妹　胡　静　贾晓文　练虹怡[**]

随着大数据时代的迅猛发展，公民个人信息的重要性也更加凸显，随之而来的对公民个人信息的滥用与强化信息保护的矛盾也日益突出。大数据时代为公民提供了许多新型信息形式，也为司法实践提供了一个新的思考探索空间。

一、公民个人信息权的法律定位

（一）"法益"与"权利"之争

2020年5月28日，党的十三届全国人大三次会议表决通过了《中华人民共和国民法典》（以下简称《民法典》）。《民法典》诞生之前，对于公民个人信息的法律定位已经存在一定争议，比如张明楷教授认为，公民个人信息属于公民的隐私权范畴，该罪侵犯的法益是民主权利中的名誉隐私权，公民个人信息也因此限于包括公民姓名、年龄等能够识别公民个人身份或者涉及公民个人隐私的信息、数据资料。[①] 而陈兴良教授则认为，侵犯公民个人信息罪所侵犯的法益是自由、安全和隐私权[②]，这一观点在隐私权的基础上提出了包括其他权益的概念。也有学者认为公民个人信息所代表的是公民的个人生活安宁[③]。除此之外，黎宏教授则提出了公民个人信息权益的独立性，认为侵犯公民个人信息罪所保护的法益是"公民的个人信息权"，内涵包括个人隐私不受侵犯的

---

[*] 本文系北京市人民检察院2020年度重点课题"侵犯公民个人信息罪疑难实务问题研究"部分成果。

[**] 吴春妹，北京市人民检察院第三分院党组成员、副检察长，二级高级检察官；胡静，北京市朝阳区人民检察院副检察长，三级高级检察官；贾晓文，北京市朝阳区人民检察院第三检察部主任，四级高级检察官；练虹怡，北京市朝阳区人民检察院第一检察部副主任，一级检察官。

① 张明楷：《刑法学》（第五版），法律出版社2016年版，第921页。
② 陈兴良：《刑法学》（第三版），复旦大学出版社2016年版，第256页。
③ 胡胜：《侵犯公民个人信息罪的犯罪对象》，载《人民司法》2015年第7期。

权利，也包括限制他人非法收集、转让和出售他人信息的权利。① 这一观点相对于传统上将个人信息认定为隐私权的观点而言，将个人信息权作为一种独立的权益来保护，在学界也受到较多认可。

总体而言，上述观点是将保护法益认定为个人法益，即犯罪侵犯的是公民个人的法益。但除此之外，还有另一种代表观点，即将侵犯公民个人信息罪所保护的法益认定为超个人法益，即公民个人信息并非仅关系到公民个人信息安全或个人生活，更关系到社会公共利益、国家安全乃至信息主权。② 比如，曲新久教授就持这种观点。

对于公民个人信息的界定，如前所述，刑法学界存在较大争议，而民法学界与刑法学界的认识分歧更不可忽视。因相关概念存在争议，立法机关对自然人的个人信息问题仅表述为"自然人的个人信息受法律保护"（《民法典》第111条、第1034条第1款），但没有采取"自然人的个人信息权"这样的表述。因此，对于自然人的个人信息究竟是何种权利属性，其实仍然存在争议。比如，程啸教授认为个人信息权属于人格权，但与隐私权系并列关系。程啸教授认为"《民法典》将个人信息保护的具体内容放在人格权编中，与隐私权在同一章加以规定，明确了自然人的个人信息权益属于人格权益。"③ 而由于《民法典》"人格权"编中的第六章以"隐私权和个人信息保护"作为章名，且相关内容也有区分规定，因此程啸教授认为"已经明确区分了隐私权与个人信息"。④ 而刘艳红教授则认为，在《民法典》编纂的背景下，根据刑民一体化视野及法秩序同一原理，既然民法总则是将个人信息权作为不同于隐私权的权益加以规定的，那么刑法侵犯公民个人信息罪的保护法益也不宜确立为隐私权。⑤ 在此基础上，刘艳红教授指出，刑法在分析侵犯公民个人信息罪的保护法益时，应该跳出传统思维，抛弃诸如隐私权说、人格权说等种种根植于民

---

① 黎宏：《刑法学各论》（第二版），法律出版社2016年版，第269页。
② 曲新久：《论侵犯公民个人信息犯罪的超个人法益属性》，载《人民检察》2015年第11期。
③ 程啸：《我国〈民法典〉个人信息保护制度的创新与发展》，载《财经法学》2020年第4期。
④ 程啸：《我国〈民法典〉个人信息保护制度的创新与发展》，载《财经法学》2020年第4期。
⑤ 刘艳红：《民法编纂背景下侵犯公民个人信息罪的保护法益：信息自决权——以刑民一体化及〈民法总则〉第111条为视角》，载《浙江工商大学学报》2019年第6期。

法传统权利的法益学说,将个人信息作为一种独立的权利来对待。①

可以说,民法学界与刑法学界关于个人信息及侵犯公民个人信息罪的法益的争议始终存在,尤其在《民法典》出台后,对信息权的研究更为深入,上述争议随着不断丰富"信息权"的内涵也发生了变化,将部分争议点从"公民个人信息究竟是隐私权还是生活安宁权"等推进了更深层次、更具体的问题之上,即"公民个人信息是否为一种独立的权益""个人信息权与隐私权等传统民事权益的关系"等。虽然上述问题并不是非此即彼的存在,而是互相交织、互相补充,但这些争议与分歧观点的变化仍然清晰地体现出公民个人信息的独特性与对其保护的重要性。

笔者认为,学界对于公民个人信息的权利性质的争论,某种程度上并不完全影响侵犯公民个人信息的认定,因为该罪的认定需要判断公民个人信息的类型,但并不需要明确个人信息的法律属性或法律定位。但是,在某些情况下,对个人信息的法律定位的认定,却容易影响罪与非罪的认定,即部分学者提出的侵犯公民个人信息罪的保护法益是"信息自决权",如果认可这一观点,那么当自然人对个人信息的处理是知情且同意的,如在网络上公开自己的个人信息,当他人对已公开的信息有收集、利用等行为时(如网络爬虫),由于已公开信息的收集、利用并未侵犯公民的信息自决权,或者未达到值得处罚的法益侵害程度,因为"当事人授权公开""源头行为合法、下游行为也不应入罪""自愿公开行为阻却爬虫行为的违法性"②,但显然这样的观点并不完全准确。对公民自愿授权公开个人信息的行为,虽然应当遵从公民对个人信息的处理权利,但对于信息的获取或利用方式,仍然应当有所限制,否则将导致所有获取公民公开信息的行为都是合法行为,这显然大大超出了公民在信息自决权中的意思自由。这也是学者们围绕个人信息权展开讨论的根源之一。对此,有观点认为,基于刑法谦抑的理念和法秩序统一原理,应当承认信息主体同意具有刑法上的效力。③ 即参考"被害人同意"这一阻却事由,将公民对个人信息法益自由处分的行为,在符合刑法被害人同意的要件前提下,承认其出罪效果。

---

① 刘艳红:《民法编纂背景下侵犯公民个人信息罪的保护法益:信息自决权——以刑民一体化及〈民法总则〉第111条为视角》,载《浙江工商大学学报》2019年第6期。

② 刘艳红:《民法编纂背景下侵犯公民个人信息罪的保护法益:信息自决权——以刑民一体化及〈民法总则〉第111条为视角》,载《浙江工商大学学报》2019年第6期;转引自张忆然:《大数据时代"个人信息"的权利变迁与刑法保护的教义学限缩——以"数据财产权"与"信息自决权"的二分为视角》,载《政治与法律》2020年第6期。

③ 张忆然:《大数据时代"个人信息"的权利变迁与刑法保护的教义学限缩——以"数据财产权"与"信息自决权"的二分为视角》,载《政治与法律》2020年第6期。

从侵犯公民个人信息罪的保护法益来看，这一方向包含着两个内容。第一，公民个人信息作为与公民身份紧密关联的资料，本身具备权益属性。第二，公民对于自己权益的处分，在何种情况下有效。因此，回到上述争议本身，在讨论侵犯公民个人信息罪时，除了信息的权益属性之外，还应当关注公民对信息的处分权限及范围。换言之，尽管公民个人信息的法律属性不完全影响信息类型的认定，但讨论信息属性的意义在于明确信息权利人的权利边界，进而明确是否存在阻却事由。

结合上述学者观点，笔者认为，既然《民法典》对个人信息的规定已有明确表述，可以确定的是，对个人信息的处分本身是一种权利。这种权利与隐私权密切相关，也属于人格权规定之下。虽然此前"隐私权说"在学术界占据主流，但《民法典》颁布后，对人格权和相关民事权利进行了重新梳理与规定，因此不妨在新构建的民事权利框架内认识个人信息权限。从《民法典》的结构来看，似乎确实未将个人信息与隐私权归为一类，反而是并列关系。但个人信息天然地带有隐私权的权益属性，因此对个人信息权益性质的讨论并不应当局限于是否为隐私权范畴，而可以在隐私权基础之上讨论是否独立成为一个新的权利，进而讨论公民在何种程度、何种范围内对于这样的权利处分是有效的，第三人基于何种授权范围能够合法获得或使用这些信息。但即便是在隐私权的范畴内，权利人仍然能够基于意思自治原则，在不损害国家、社会或其他公民利益的范围内放弃自己的相关权利，或者将权利让渡给其他人员或机构来行使。因此，对公民个人信息的关注，更宜放在权利行使的范围上，而不是权利是否独立这一问题本身。

综上所述，笔者认为，对公民个人信息及相关信息权的思考，可以从人格权的角度切入，但不必局限于权利属性本身。对于公民个人信息的处分权利，即个人信息权，并不必然要独立成为一种新型的权利。作为人格权的一种，个人信息权天然地带有隐私权的属性，因此在权利属性上，笔者仍然主张采取传统"隐私权说"，一方面能够保持逻辑上的一致性，另一方面隐私权权属本身并不影响个人信息的保护与认定，没有必要将个人信息权从隐私权的大范畴内拆分出而强调其权利的特殊性。同时，需要指出的是，对于部分学者所持的将自然人对个人信息的处分权参照被害人承诺的阻却事由来对待，从而使行为人获得出罪的理由的观点，笔者并不完全反对，但对于这样的同意或承诺的范围究竟有多大，能及于第几手信息获取或使用人，则是另一个问题。

（二）公民个人信息的落脚点

从民事法律角度来看，对于个人信息的属性研究关系到权利的展开，但从刑事法律角度而言，公民个人信息的属性虽然不影响侵犯公民个人信息罪的认定，但对于个人信息的准确把握却关系到刑事附带民事公益诉讼的程序适用。另一方面，对公民个人信息的流转使用，应当与公共数据资源的共享使用等相区分，对疑似个人信息是否属于公开信息与可共享信息应当进行谨慎审查，防止将所有个人信息都作为符合《刑法》第253条之一保护的对象，从而错误地扩大了打击面。公民个人信息的落脚点应当是公民个人权益的保护点，也是公民个人权益与公共利益的区分点。只有准确把握个人信息的法律定位与关键界限，才能确保侵犯公民个人信息罪的办理与认定是准确的。

在准确把握犯罪认定的基础上，笔者结合相关案件情况，对侵犯公民个人信息罪的办理情况及存在的问题进行简要梳理。

二、侵犯公民个人信息罪的实务视角

（一）如何采信关键电子证据

电子证据定案的基本机制，主要是解决孤证能否定案的问题。[①] 就近年来的侵犯公民个人信息案来看，有部分案件的证据仅有涉案的信息，以及犯罪嫌疑人、被告人供述，除此之外，无其他客观证据证明信息的非法来源。但有赖于网络技术的发展，公民个人信息的传递以网络传输为主要手段，而网络的优势之一便是其强大的"留痕"功能。因此，正如刘品新教授所言，"司法人员可以遵循信息转移原理、同一认定理论，基于电子痕迹进行人身同一认定，逆向回溯的确定网络犯罪的主体身份。"[②] 其实，从司法实务角度而言，关键电子证据的获得与采信，对于仅有口供的"孤证"案件而言，具有重要的认定意义。但实务中，如何获得这些关键证据、如何利用获得的电子数据是司法工作人员需要进一步思考的问题。

如张某某侵犯公民个人信息案中，张某某出于买卖个人信息的目的，利用网络云盘等互联网存储设备下载、分享个人信息。张某某被抓获后，在其使用的电脑中查获了13万余条公民个人信息，在其使用的网络云盘中查获了50余万条公民个人信息。但信息的来源与使用仅有张某某供述，且张某某辩解自己仅向他人购买几百至三千余条数据信息，没想到卖家将大量数据打包发送给自己，自己仅核查了几十条信息，发现无法使用后，便再也未查看过其他信息，也根本没有打开或使用过其他数据，没有发现卖家来的数据量如此庞大。因此，对于电脑中或云盘中的大量数据来源并不知情，对上述数据根本没有使

[①] 刘品新：《电子证据法》，中国人民大学出版社2021年版，第244页。

[②] 刘品新：《电子证据法》，中国人民大学出版社2021年版，第335页。

用，仅仅是被动获取。

鉴于本案仅有犯罪嫌疑人供述，如何认定涉案信息的来源与使用便成为定罪量刑的关键。检察机关针对网络云盘的特性，先审查了张某某的网络云盘数据，发现其云盘中的数据存在细致的分类，疑似存在分类下载的行为。随后，检察机关专门调取了张某某使用账号的后台日志，在该日志中发现张某某的云盘使用时间较长，且云盘使用行为记录中不仅包括下载，还包括数据上传与分享，而进一步分析数据上传与分享情况后发现，张某某数据分享后有多个不同的 IP 地址与账号获取了相关数据。从 IP 地址与账号筛查的情况看，上述账号均不是张某某所持有。而张某某使用的账号为自己的手机号，该手机号从始至终都由张某某使用，且网络云盘的使用者也出于同一 IP 地址，可以认定该云盘的使用者为张某某本人。最终，检察机关认定张某某的供述与辩解并不合理，其对于涉案信息的非法获取是主观明知的，且对信息也有不同的使用与分享行为，应当认定其行为构成侵犯公民个人信息罪。张某某因犯侵犯公民个人信息罪，被判处有期徒刑 3 年 6 个月，并处罚金。

从上述案例中不难发现，对后台日志这种带有操作记录的关键电子数据的审查在实务中极为重要，某种程度上而言，电子数据的审查与采信可以有效打破"孤证定罪"的困境，为案件的准确定性与量刑打下坚实的基础。

（二）如何准确认定涉案信息的数量

目前，在多数侵犯公民个人信息案件中，办案人员注重对信息的去重工作，会以去重后的数据为认定标准。这一思路是正确且严谨的。但在司法实务中，也出现过所谓"数量引诱"的情形，导致信息条数的认定与量刑处理上存在一定争议。

如曹某某等 3 人侵犯公民个人信息案中，犯罪嫌疑人张某某与曹某某作为某汽车销售公司主管人员，二人商议非法获取公司客户信息后出售。冯某某系汽车销售网站工作人员，在工作期间获取了公司的平台账户、密码，可用于搜集客户信息。张某某等人知晓后与冯某某合作，非法将冯某某公司所运营的平台客户数据非法出售给他人。后冯某某所在公司发现客户数据被大量出售，遂报警，并派主管人员苏某某假装买家与曹某某等人联系，提出需要 7000 余条信息，曹某某等人提出以每条信息 50 元的价格出售，经双方商议，最终约定以 32 万元的价格向曹某某等人购买客户信息 7000 余条。交易时，苏某某向曹某某支付了 1 万元人民币作为定金购买曹某某携带个人信息的 U 盘，被公安机关当场抓获。

本案在审查时，在量刑处理上存在分歧意见，主要体现为对 32 万元获取 7000 余条信息的行为理解上。有观点认为，本案信息的对价为 32 万元，远远超出常见的非法信息交易金额,且7000余条的数量是买家苏某某提出的,因此参考毒品犯罪中"数量引诱"的处理情况,量刑上应当酌情从轻处理。

就本案而言,笔者认为,上述思路具有一定合理性,但即使在毒品犯罪之外的犯罪领域中适用这一原则,也应当谨慎把握这一标准。曹某某等人有能力将不同车辆品牌的客户信息分类出售给需要信息的买家,且在与苏某某交易之前已经有较多客户信息遭到泄露。即使苏某某等人提出了具体的信息数量,但曹某某等人能够接触且出售比苏某某所需数量更高的信息条数,从这一层面上看,"数量引诱"的程度实际并不高,曹某某等人仍然是信息条数的主导者。但参考"数量引诱"的思路仍然是新颖且有可取性的,在计算信息条数时,应当保持高度的审慎,防止条数计算过高,错误地模糊了罪与非罪的门槛。

(三) 如何区分合法使用与非法处理

侵犯公民个人信息罪的认定上,还有另一个问题,即如何区分数据资源合法利用与个人信息保护的边界,这种边界的存在对于个人信息的使用究竟是违法犯罪行为还是合法合规行为有着重要的参考意义。常见的问题是信息的授权使用。在考虑公民个人信息保护与处罚的过程中,《民法典》已经明确规定了关于信息处理的免责事由。但在刑事犯罪领域,有一个问题不能回避,即哪些要素能够成为让犯罪嫌疑人行为出罪的正当化事由。我国刑法虽然没有明文规定被害人承诺这一阻却事由,但这一事由在实践中经常被运用。一般而言,对于被害人财产法益,允许被害人承诺放弃,但对于被害人的生命健康权,则并非被害人的所有承诺都能够阻却犯罪成立。由于个人信息在民法上的属性仍然存在一定争议,目前无法直接得出个人信息是一种权利还是一种法益的结论。这一争议也关系到了信息在经权利人授权使用后,能否及于第二手、第三手甚至更远层次的信息使用人来获取使用。但即便如此,就被害人承诺这一事由而言,笔者认为,个人信息权益属于公民个人能够决定处分的权益之一,与生命健康权益是不完全相同的。因此,无论个人信息属性如何,都可以在刑法上认可公民对个人信息的授权使用这一"承诺"行为是有效的。但这一承诺的有效范围,可以根据具体信息使用的背景来判断,严格地仅以被害人直接对权利人本人的授权作为判断标准,也并不完全符合当今互联网社会的生活方式。比如,在部分手机软件的使用许可中,会明确询问是否授权使用相关信息,并且可能根据需要授权给第三方使用,一旦权利人点选"同意",这种授权便很可能及于第三方使用人,因此也无法认定这种授权是违法的。但需要说明的是,个人信息的合理使用,需要结合信息使用的背景来具体判断,如果仅因互联网这种特性就直接认定所有网络上传播、获取的信息都是非法处理的,也不正确,容易造成处罚范围过大,不利于信息化时代的发展。

对于合法收集的信息，使用者与保管者更应当注重对这些公民个人信息的保护，在相关信息使用结束后，应当严格封存或依法销毁相关记录，防止因信息保管或使用不当，流入公开区域，造成大量信息泄露甚至被他人非法利用。

三、结语

侵犯公民个人信息罪的设立是为了更好地保护公民的人身权利与财产权利。司法实践中可以不断发现新的问题，刑法理论与实践经验在磨合的过程中不断解决认识上的分歧，最终形成一致的处理结论，这是一个必经的过程。虽然当前我国侵犯公民个人信息罪的处理上还不断面临着疑难、复杂的新情况，但随着实践的发展，法律对侵犯公民个人信息的犯罪行为将进行更加严厉、准确的精准打击。与此同时，对行业监管的加强也将有助于从源头减少相关犯罪的产生。总而言之，侵犯公民个人信息罪的认定是一个从概念到体系的系统化的认识和分析过程，对信息的性质与行为的认定都将是一个逐渐趋向统一认识的趋势。把握好司法实践中的疑难问题的解决，方能更好地在理论与实践上推动侵犯公民个人信息罪的认定与研究发展。2021年年初，公安部与中央网信办牵头，建立打击危害公民个人信息和数据安全违法犯罪长效机制，依托该机制，未来公民个人信息和数据安全的保护会得到更强的保护和监管，公民个人信息和数据安全的社会综合治理体系也将得到更加完善的构建。

决定不起诉后提出检察意见
工作中的若干问题

吴春妹　张美惠[*]

检察意见是检察机关在履行各项法定职责过程中提出的书面性意见,有的属于在办理刑事案件的同时履行社会治理职责,如在作出不起诉决定后向有关主管机关提出书面处理意见;有的属于依职权制发有一定法律效力的正式监督文书,如要求行政执法机关移送涉嫌犯罪案件;有的属于针对其他机关提出的事项发表书面监督意见,如针对监管机关报请减刑、假释的建议向审理法院发表意见。

一、提出检察意见的法律依据

各类检察意见虽提出环节、作用、效力不同,但均系检察机关行使公权力的体现。因此,能够提出检察意见的情形也应有相应的法律规定予以明确。根据法律依据不同,检察机关提出检察意见的情形主要分为以下四种:

（一）决定不起诉后提出检察意见

《刑法》第37条规定,对于犯罪情节轻微不需要判处刑罚的,可以免予刑事处罚,但是可以根据案件的不同情况,予以训诫或者责令具结悔过、赔礼道歉、赔偿损失,或者由主管部门予以行政处罚或者行政处分。该条款是对在决定免予刑事处罚后如何处理的概括性规定,而不起诉是免予刑事处罚在检察机关审查起诉环节的具体体现,同样可以适用本条规定。

具体而言,《刑事诉讼法》第177条针对法定不起诉和情节轻微相对不起诉两种情形作出规定,即对被不起诉人需要给予行政处罚、处分或者需要没收其违法所得的,人民检察院应当提出检察意见,移送有关主管机关处理。有关主管机关应当将处理结果及时通知人民检察院。而《人民检察院刑事诉讼规

---

[*] 吴春妹,北京市人民检察院第三分院党组成员、副检察长,二级高级检察官;张美惠,北京市朝阳区人民检察院第三检察部一级检察官。

则》第 373 条则进一步明确,人民检察院决定不起诉的案件,对被不起诉人需要给予行政处罚、政务处分或者其他处分的,人民检察院应当提出检察意见,连同不起诉决定书一并移送有关主管机关处理。根据上述规定,检察机关在对审查起诉案件作出不起诉决定后,认为需要对被不起诉人课以行政处罚或移送相应行政监管部门处理的,均可以提出相应检察意见。即使是在存疑不起诉案件中,如果存有疑问的只是行为是否构成犯罪,而行为违反相关行政法规已经查证属实的,也可以提出相应的检察意见移送主管机关处理。

(二)在行刑衔接中提出检察意见

根据《人民检察院刑事诉讼规则》第 557 条规定,人民检察院接到控告、举报或者发现行政执法机关不移送涉嫌犯罪案件的,应当向行政执法机关提出检察意见,要求其按照管辖规定向公安机关移送涉嫌犯罪案件。这是检察机关行使刑事诉讼法律监督权中刑事立案监督权的重要环节。

在行政法和刑法的"两法衔接"工作中,针对食品药品犯罪、安全生产犯罪、环境犯罪案件等领域,"两高一部"与相应行政监管部门均会商制定了行政执法与刑事司法衔接工作办法,其中规定,审查认为行为涉嫌犯罪的,应提出建议依法移送检察意见,相应行政监管部门应在收到检察意见后,在法定期间内将案件移送公安机关,并将执行情况通知检察机关。

(三)对死刑复核案件提出检察意见

《人民检察院刑事诉讼规则》第 611 条规定,最高人民检察院经审查发现死刑复核案件具有一定情形的,应当依法向最高人民法院提出检察意见。该规定是检察机关对法院通报、下级检察院提请监督或者报告重大情况、当事人申请监督的死刑复核案件实行法律监督的主要方式,是履行死刑复核法律监督权的体现。

(四)对暂予监外执行、减刑、假释建议提出检察意见

《人民检察院刑事诉讼规则》第 630 条和第 635 条规定,人民检察院收到暂予监外执行书面意见、减刑、假释建议书后,应当逐案进行审查,发现意见、建议不适当或违反法定程序的,应当向决定机关或审理法院提出书面检察意见。该规定是检察机关履行刑罚执行监督权的体现。

二、检察意见与检察建议之辨析

《人民检察院检察建议工作规定》第 12 条明确规定,法律、司法解释和其他有关规范性文件明确规定应当发出纠正违法通知书、检察意见书的,依照相关规定执行。这一规定再次明确了检察建议和检察意见是性质不同的两种法

律文书。二者的提出，虽都有明确的法律来源，但法律来源明显不同，提出后所发挥的法律监督和社会治理作用虽有重合之处，但在具体应用情形上仍有明显分别。在《人民检察院检察建议工作规定》中，明确规定检察建议有再审检察建议、纠正违法检察建议、公益诉讼检察建议、社会治理检察建议以及其他检察建议五种类型，其中前三项也是检察机关履行各项监督权的体现，而社会治理检察建议则主要针对履行检察职责中发现的违法犯罪隐患、管理监督漏洞、风险预警和防控、给予有关涉案人员、责任人员或者组织行政处罚、政务处分、行政惩戒等问题提出的改进工作、完善治理的建议[①]。总体而言，这一类型的检察建议，无论从制发对象还是制发场景而言，都要比仅对被不起诉人移送主管机关处理的检察意见所涉及的范围更广。

三、决定不起诉后提出检察意见的必要性和实践经验

（一）实现罪责罚相适应的处罚目的

对于作出不起诉决定后的案件，向有关主管机关制发行政处罚的检察意见，不仅是法律的明确规定，在法理上也有相应的依据。刑法中罪刑相适应的原则要求刑罚的轻重应当与犯罪分子所犯罪行和承担的刑事责任相适应，而在行政法领域的治安管理处罚法中，也明确规定治安管理处罚应当与违反治安管理行为的性质、情节以及社会危害程度相当。这说明无论是在刑事领域还是行政法领域，均要求对行为人的处罚与其责任相当。因此，在被起诉至法院的被告人接受刑事处罚（包括自由刑和罚金刑），未进入刑事诉讼程序的违法行为人接受行政处罚（包括罚款）的情况下，如果对已经进入刑事程序但被决定不起诉的行为人不做任何实质性处罚，则显然不符合前述罪责罚相适应的原则。

在工作实践中，被相对不起诉的行为人一般此前均被采取过刑事拘留强制措施，这一期间的羁押期限则可以折抵行政处罚中的自由罚期限，相对而言也能够避免在作出相对不起诉决定后行为人再次被剥夺人身自由的现象出现。

（二）严密法网，防范被不起诉人再次违法犯罪

在刑法部分条文和司法解释的规定中，如盗窃罪、敲诈勒索罪均将曾受过行政处罚的一定情形纳入刑事入罪的范畴，同时，部分犯罪的量刑要求规定，

[①] 王志坤：《正确把握和运用各种类型的检察建议》，载京检在线公众号，2019年8月31日，https：//mp.weixin.qq.com/s/Tpka2Y1lTLQlxLEds-I6d，最后访问日期：2020年10月16日。

曾受过行政处罚是法定刑升格或从重处罚的前提条件。因此，及时提出要求对被不起诉人予以行政处罚的检察意见，能够填补非刑事处罚与应行政处罚间的缝隙漏洞，防范被不起诉人再次违法犯罪，即使被不起诉人再次违法犯罪，也能据此对其从重处罚。如检察机关在办理刘某、赵某涉嫌扰乱无线电管理秩序罪一案中，因二人系初犯，且确有悔罪表现，检察官决定对二人作出相对不起诉处理。根据相关司法解释的规定，2年内曾因实施扰乱无线电管制秩序行为受到行政处罚而再次实施的，应当作为刑事犯罪定罪处罚。故检察官向公安机关提出应予行政处罚的检察意见，公安机关对二人作出行政拘留10日的处罚，有力防范被不起诉人再触法网。

（三）以特殊预防和一般预防相结合参与社会治理

为最大限度地发挥相对不起诉教育挽救、预防犯罪的积极作用，对于相对不起诉案件，不能仅仅将被不起诉人"一放了之"，而是要根据具体案情，依托不起诉决定公开宣告机制，综合运用训诫、责令具结悔过、赔礼道歉、赔偿损失等多种措施，形成对被不起诉人教育改造的"组合拳"。在公开宣告过程中，强化释法说理，充分阐明案件处理结论的理由和依据，做到既"办得准"又"说得清"，以过硬的案件质效赢得当事人和相关机关的理解与信服，同时向社会公众普及法律常识，实现特殊预防和一般预防的统一。如检察机关在办理聂某某涉嫌盗窃罪一案中，检察官经审查认为，聂某某系在航空公司内履职过程中初发、偶发盗窃旅客财物，已自首并退还赃物，认罪认罚，故依法对其作出相对不起诉决定，并邀请公安机关、被害单位和群众代表参加对该不起诉决定的公开宣告。在公开宣告中，检察官秉着"治病救人"的精神，充分释法说理，责令聂某某具结悔过，并制发要求公安机关对其予以行政处罚的检察意见书。既符合法律政策的要求，又避免了刑事犯罪记录对犯罪嫌疑人工作、生活造成的不良影响。

四、不起诉后提出检察意见工作中存在的问题

（一）检察意见制发对象应进一步扩大

在目前的实际工作中，检察机关在作出不起诉决定后，制发检察意见的依据主要是《治安管理处罚法》，而制发对象则主要为公安机关，但较少依据其他行政法规向其他行政监管部门提出检察意见。造成这一现象的原因主要是检察机关、特别是长期从事刑事检察办案工作的部门与其他行政监管机关的联系不紧密，无法确定适格的制发对象并与监管部门及时沟通情况。如在部分知识产权犯罪和食药犯罪中，检察机关在依法作出相对不起诉决定后，案件即宣

告终结，而相应的行政监管部门也无从掌握这一情况。致使此类案件中的行为人未受到实质性的处罚，从而出现罪责罚不相适应的情况。

（二）检察意见制发标准和反馈机制有待统一

现行法律中对作出不起诉决定后检察意见的制发并未作强制性的统一要求。《刑法》中的规定为"可以由主管部门予以行政处罚或者行政处分"，《刑事诉讼法》及《人民检察院刑事诉讼规则》中则规定"需要给予行政处罚、行政处分的，应当提出检察意见移送有关主管机关处理"。在司法责任制的背景下，制发检察意见一般由检察官自行决定，这就给予了办案人员裁量是否提出检察意见的弹性空间，从而不利于对同类案件作出基本相同的处理决定。同时，法律仅规定有关机关应当将处理结果及时通知检察机关，但未规定通知时间和通知程序，也未规范检察机关督促有关机关反馈处理结果的机制，因此有相当数量的检察意见制发后长期未得到回复，不利于检察意见发挥实际作用。

（三）部分领域行政立法和监管责任有待完善

由于我国的行政法规范数量多、渊源广泛，且呈现分散式立法体例，没有统一、完整的法典。因此，在如治安、食药等长期关系到人民群众生产生活的领域，行政立法已经较为完备，相应的行政监管部门权责也较为清晰，可以明确检察意见的制发依据和制发对象。但在另外一些新兴领域如互联网金融犯罪的治理中，对应处置非法集资违法行为的行政法规尚未出台，致使在大量的非法吸收公众存款案件中，行为人退赔集资参与人损失后虽对其作出相对不起诉决定，但缺乏相应的行政处罚依据，致使无法对其提出检察意见。另外，在侵犯公民个人信息案件中，《治安管理处罚法》对此类行为无明确规定，《网络安全法》则规定由公安机关没收违法所得并处罚款，但依此规定制发检察意见后，公安机关以治安管理处罚法中未有明确规定为由回复无法决定行政处罚。因此，相应行政立法缺位和监管责任不明确等问题，均有待相应的行政主管部门进一步完善相应领域的行政法律规范体系。

（四）行政法规与相对不起诉制度的衔接不足

根据认定行为人构成犯罪的刑事判决书实施相应的行政处罚行为，该行政处罚的合法性自不待言。但在检察机关作出相对不起诉决定后，虽然同样认定行为人构成犯罪，但因行政法规的具体规范不一，实践中存在对此类案件行为人无法进行相应行政处罚的现象。如在交通肇事犯罪中，虽然根据《道路交通安全法》第101条规定，违反道路交通安全法律、法规的规定，发生重大交通事故，构成犯罪的，吊销机动车驾驶证。但在对部分交通肇事案件经赔偿和解作出构成犯罪相对不起诉决定后，向公安机关制发建议吊销肇事者机动车驾驶证的检察意见书时，公安机关认为，公安部《道路交通安全违法行为处理程序规定》第 51 条规定，交通肇事构成犯罪的，应当在人民法院判决后即时作出吊销机动车驾驶证的处罚决定。根据这一规定，公安机关认为未收到判决书，仅就不起诉决定书作出吊销驾驶证决定，将面临行政诉讼风险。此类问题也说明，部分行政法规在制定时未将检察机关的相对不起诉制度纳入考量，在今后的立法和修改中需要进一步予以完善。

五、检察机关规范提出检察意见工作的解决路径

（一）制作统一的移送主管机关处理案件审查表

检察机关应当从完善自身不起诉工作机制入手，制作统一的后续行政处罚审查表，将会影响后续再犯行为定罪量刑的所有罪名纳入其中，审查内容包括罪名、行政处罚主体、行政处罚种类、行政处罚结果反馈等。在作出不起诉决定后，应当对照审查表的要求进行审查，决定是否向有关机关提出检察意见，符合条件的均应在作出不起诉决定的同时，制发检察意见书，建议给予被不起诉人相应行政处罚。

（二）建立与相关单位的信息流转机制

针对这一问题，检察机关应当就相应刑事检察办案部门的高发案件及时确定相应的行政监管机关，加强与相关行政监管机关的沟通，与行政机关统一移送行政处罚处理的标准和接收部门，建立分工负责工作机制。对不起诉案件拟移送行政处罚的案件，检察院提前告知、介绍案件事实和证据后，向行政机关发出检察意见书；行政机关收到检察意见书，启动调查程序后，检察机关可以配合行政机关约谈当事人、复印并移送案件证据材料；行政机关作出处罚决定后，涉及赃证物处理的，检察机关、公安机关配合其作出相应处理，行政机关将处理结果及时通知检察机关。

（三）规范发送检察意见后相关单位的回函情况

检察机关在发送检察意见后，有关机关应及时将相关处理结果通知检察机关，未将处理结果及时通知检察机关不符合法定程序，故针对有关主管机关在收到相对不起诉案件建议作出行政处罚的检察意见书后，未及时将处理结果通知检察机关的普遍情况，可以向相关机关制发纠正违法类检察建议，以期通过刚性建议的方式对这一情况进行纠正。

交通肇事逃逸与交通肇事构罪之判断

许文辉　张宝华[*]

一、交通肇事逃逸的认定

交通肇事逃逸是刑法领域特别是交通肇事罪中的一个重要概念,从刑法和司法解释的规定看,交通肇事逃逸的性质可以从两个维度来理解:一是作为交通肇事罪的加重量刑情节,即按照《刑法》第133条的规定,"交通运输肇事后逃逸""因逃逸致人死亡"作为加重处罚情节适用,增加刑档处罚。二是逃逸行为在特殊情形下发挥定罪情节的作用,即在交通肇事中造成1—2名人员重伤的后果,本身后果未达定罪标准,但肇事后再逃逸的,构成交通肇事罪。此时,逃逸发挥定罪情节的作用。在厘清交通肇事逃逸的刑法意义后,从主客观相统一原则出发,对交通肇事逃逸可从以下几个方面进行认定:

(一)主观上,行为人已知有交通事故发生,同时抱有逃避法律追究的目的

行为人已知有交通事故发生指的是肇事者自己知晓或应该知晓有交通事故发生。在行为人否认明知发生交通事故的情况下,应结合全案证据情况,如行为人的驾驶年限、肇事现场的路况、光照情况等,以一般人的经验标准去判断。如有肇事者在交通事故发生以后虽然未履行自己的法律义务也未等候在现场,但确实由于客观原因对于交通事故发生并不知情,则不构成交通肇事逃逸。比如,在某案件中,被告人供述在转弯过程中感觉车颠簸了一下,看两侧后视镜也未发现情况,在继续前行过程中有点不放心,便给车队打电话,然后驾车返回事发地点查看,之后主动向勘查现场的民警供述犯罪事实。本案中,鉴于被告人对事故是否发生并不确定,且被告人有随后主动驾车返回核实有关情况,并如实供述案发事实经过,确属行为当时对于交通事故发生与否并不知

---

[*] 许文辉,北京市东城区人民检察院副检察长,二级高级检察官;张宝华,北京市东城区人民检察院四级高级检察官。

情,不应认定为交通肇事逃逸。

逃避法律追究目的的认定,关键是看行为人主观上是否是为了逃避因发生交通事故带来的法律责任。此处的法律责任,可以是刑法上的犯罪追诉,也可以是民法上的赔偿责任,或者行政法上的行政处罚等。没有经过查证的法定事由或正当理由离开现场的,应当推定存在逃避法律责任的故意。实践中,行为人交通肇事后可能基于多种原因离开事故现场,既可能是事发后一时慌乱害怕,也可能是去公安机关投案自首,或者是送被害人去医院救治等,只有查清行为人是由于逃避法律的惩罚才从事故现场离开的,才可以判定成立交通肇事逃逸。例如,在肇事者交通肇事以后,现场有受害者的多名亲属,行为人为了避免自己遭受人身伤害离开事故现场,后及时报案并到公安机关接受处理的,不属于逃避法律追究。又如,发生交通事故后,行为人将被害人送至医院接受救治,并一直与被害人或者公安机关保持联系的,也不属于逃避法律追究。再如,在两车相撞致路人受伤的案件中,被告人刘某认为被害人不是自己撞的,而是张某车辆撞倒的,同时被告人将自己联系方式告诉张某,表示愿意作证,便离开事故现场,后接到民警电话后返回现场并如实供述事情发生经过。从被告人的上述表现明显可以看出,被告人虽然明知交通事故的发生,但其主观上认为此次事故并不是自己造成的,而主要是张某造成的,此外被告人提供的手机号码是真实的,没有逃避法律追究的意图。因此,本案中,被告人驾车驶离现场,属于其对于交通事故责任的认知出现错误,不是为了避免承担法律责任而从现场逃离,不能按照交通肇事逃逸予以认定。

(二)客观上,行为人未履行救助被害人的义务,并逃离事故现场

未履行救助被害人义务,是指交通肇事后,存在被害人需要救助的场合,行为人能够救助而不救助。实践中救助被害人有各种各样的表现形式。比如,被害人受伤躺在路中间,为防止被害人再次被车辆碾压,行为人将被害人挪至路边;被害人受伤需要医疗救助,行为人第一时间将被害人送至医院接受治疗,或者就地拨打120等待救护车前来救助的;行为人本身就是医生,在发生交通事故后,现场对被害人开展治疗的。无论何种表现形式,都必须是出于救助被害人的目的,且是在该情况下一般人可采取的相对合理的救助方式。如行为人知道在事发当地的周围有医院,却驾车把被害人送到数百里以外的医院救治,造成被害人由于未能及时接受治疗而身亡,实质上并未及时履行救助被害人的义务,仍应认定行为人构成交通肇事逃逸。

对于逃离事故现场中行为人"逃离"的"现场"的理解,不应仅局限于一般意义上理解的离开交通事故发生地的当场,还包括一些特殊情况下延伸现场,"逃离"的表现形式应当与逃避法律责任的主观故意相一致。因为逃逸行

为是肇事行为在时空上、顺序上、因果关系的延续，对"现场"的理解既要考虑空间因素，还要考虑时间因素，只要在事故发生后至公安机关对其进行有效控制前，没有履行法定义务、没有及时报警投案、没有接受调查的都应当认定为逃离现场。从广义上看，这些现场与事故现场具有紧密的连接，可以将其视为广义的现场和现场的延伸。比如，肇事者把被害者送至医院救治之后，找机会从医院逃离的；肇事者在送被害者前往医院的途中，临时起意，抛弃被害人逃离的。

此外，交通肇事后未离开事故现场的是否一律不构成交通肇事逃逸？这一情况的关键在于如何正确看待"逃逸"行为。"逃逸"的一般词义是逃脱、躲避，客观上多直接表现为从交通事故的现场逃离，但在某些特殊情况下，行为人交通肇事后并未离开事故现场的，仍有可能被认定为交通肇事逃逸。虽然行为人没有离开事故现场，但并未履行法定义务，没有及时报警投案，没有接受调查，且具有逃避法律责任的故意，采取一定方式和手段使得司法机关不能发现其就是事故的肇事者，就会有被认定成交通肇事逃逸的可能。例如，肇事者在发生事故以后没有离开事故现场，而是隐瞒自己身份，假冒群众在事故现场围观的。此时，行为人主观上有逃避法律追究的目的，客观上隐瞒自己身份是为了不被认为是肇事者，与逃离或不在事故现场效果相同，亦应当被判定为交通肇事逃逸。此外，肇事者在发生交通事故以后未从事故现场离开，但让他人顶罪的，此时肇事者之所以找其他人为其顶罪是想要将自己身份隐瞒，从而逃避法律责任，且客观上还给司法机关的办案工作制造更大的麻烦，应当认定为交通肇事逃逸。

二、交通肇事罪的构成要件

根据我国刑法构成要件理论，判断行为人是否构成肇事罪，需要判断是否违反交通运输管理相关法律法规，可能引发重大事故，且行为实际导致发生了重大事故的结果，且行为人需承担一定程度事故责任。即交通肇事罪构罪三要素，即违法实行行为、重大危害后果、违法实行行为与重大危害后果之间具有因果关系，具体分析如下：

（一）违反交通运输管理法规的行为

如果想要判断行为人是否是交通肇事罪，首先需要对行为人有一个判断前提，即是道路交通参与者在道路上参与交通活动时，没有遵守我国交通运输管理相关法律法规，并引发交通事故。我国交通运输管理相关法律法规规定了一系列交通运输过程中必须遵守的（必行性）或者禁止的（禁止性）行为。如《道路交通安全法实施条例》第82条规定，车辆在高速公路行驶的过程中，不能在车道内停车，不能穿越中央分隔带掉头，不能倒车，此为禁止性规定；第 57 条规定，车辆在行驶的过程需要提前开启左转向灯的情况有：向左转弯、向左变更车道、准备超车、驶离停车地点或者掉头时，此为必行性规定。违反这些必行性或禁止性规定的行为，就是交通肇事所要求的违反交通运输管理法规。

（二）违反交通运输管理法规的行为实际导致发生重大事故，且承担一定程度事故责任

交通肇事罪的过失实行行为不能忽略对实行行为本身违法性的评价，实行行为之所以受到否定评价，是因为其对法益的侵害或威胁，而不是对规范的违反。故应以是否对法益造成侵害或威胁，来判断行为在刑法上的违法性。交通肇事罪实行行为的违法性，同样来源于对法益的侵害或威胁，且应当是具有导致重大交通事故的现实危险性。在违反交通运输管理法规的实行行为实际导致重大事故发生的情况下，交通肇事罪的构成要素还包括行为人对于交通事故承担一定程度事故责任。最高人民法院《关于审理交通肇事刑事案件具体应用法律若干问题的解释》（以下简称《交通肇事司法解释》）增加了刑法对交通肇事罪中所未规定的构罪要素，即"在分清事故责任的基础上"，细化了在承担全部责任、同等责任、主要责任时构成交通肇事罪的具体情形。通过使用"事故责任＋损害结果"模式，可以更加有效地对行为人是否构成交通肇事罪进行判断。但是，刑法并没有对全部责任、主要责任、同等责任定责标准进行规定，也没有对事故责任性质进行规定，而将事故责任划分为全部责任、主要责任、同等责任、次要责任的是部门规章，其在对行为人是否构成交通肇事罪进行判断时，依据的是我国公安部发布的《道路交通事故处理程序规定》。据此，理论界和实务界基本上达成共识，即《交通肇事司法解释》中的事故责任划分就是《道路交通事故处理程序规定》中的事故责任划分，人民法院在对其进行判决和审理时，需要对道路交通事故认定书进行分析和研究，然后以认定书中的责任认定作为审判的依据。

（三）行为人违法实行行为与交通肇事罪重大危害结果之间存在刑法上的因果关系

对行为人是否为交通肇事行为进行判断，必须判断其行为是否具有导致交通事故发生的可能性，并且这种可能性合乎规律地变成了现实，直接导致了交通事故的发生，与交通事故之间具有因果关系。比如，车辆未按规定购买保险等，这些都没有遵守我国交通运输管理相关法律法规，但是由于此行为没有引发重大事故，没有引发伤亡事故，因此在进行判断时，不会将此作为交通肇事

的实行行为。又如，车辆超载是违反交通事故管理法规的行为，有可能因此导致发生交通事故，但车辆在高速上正常行驶时，被害人突然徒步快速横穿高速，导致发生重大交通事故。此种情况下，被害人横穿高速才是交通事故发生的原因，超载虽可能导致交通事故发生，但从客观上分析，超载并不一定就会引发交通事故，因此可以认为交通事故和超载行为之间没有明确的因果关系，所以超载行为不属于交通肇事犯罪的实行行为。

三、交通肇事逃逸的刑事归责判断

在刑事司法实践中，在不存在交通肇事后逃逸的情况下，交管部门是在查清事实基础上认定责任，司法机关如无相反证据，应直接采信交管部门的事实认定与责任认定作为定案的根据，进而确定当事人的刑事责任。此时交管部门与司法机关对于事故责任的认定标准是一致的，但在交通肇事逃逸的情况下，交管部门的事实认定与责任认定标准异于司法机关，对于交通肇事逃逸的刑事责任判断具体分析如下：

（一）交通事故责任认定书上的责任与交通肇事罪中的刑事责任存在根本区别

交通事故责任认定本质上是道路交通管理部门履行的一项行政管理职责，目的是通过责任划分解决交通事故中的民事纠纷，通过行政处罚维护交通秩序，因而在制作交通事故责任认定书时往往较少考虑刑事因素，也不会从刑事责任角度对事故责任进行区分；刑事责任的认定主体是司法机关，目的是打击犯罪，保障刑法法益，司法机关在确认刑事责任时一般从犯罪构成要件出发，判断行为是否具备社会危害性、刑事违法性和应受刑罚处罚性，进而分清行为人所应承担的刑事责任。在评价依据上，交通事故责任认定的依据是交通运输管理法规的规定，如行车是否系安全带、机动车性能是否符合规定等；交通肇事罪责任认定依据是刑事法律规定，如《刑法》第133条关于交通肇事罪的规定、《交通肇事司法解释》等。在责任认定标准上，交通事故责任认定的标准比较多元，既包括因果关系标准，也包括民事侵权领域的无过错原则、过错推定原则等；交通肇事罪刑事责任的认定标准是唯一的，只有因果关系标准。基于上述区别，交通事故责任认定的责任只能适用于道路交通管理领域，而不能据此确认当事人的交通肇事的刑事责任。

（二）交通肇事逃逸这一违反交通运输管理法规的行为并不是交通肇事罪的构成要件

根据我国相关法律法规，违反交通运输管理法规的行为大致可以分为两类：一类是危及行车安全类，如酒后驾驶机动车、车辆超载、车辆制动设备失灵、逆向行驶等，这类行为具有导致重大交通事故发生的现实危险性，可能成为交通肇事的实行行为。另一类是有碍管理类，如车牌字迹不清、车辆尾气排放超标、行车时不带行驶证驾驶证等，这类行为本身不会直接导致重大交通事故的发生，应排除在交通肇事罪实行行为之外。

就交通肇事逃逸行为而言，它虽也是违反交通运输管理法规的行为，但逃逸是在事故发生后才发生，不属于上述两类在交通运输过程中的违法行为，即肇事在前，逃逸在后，逃逸本身不可能成为导致事故发生的原因。行为人逃逸时，侵害法益的肇事行为已经实施完毕，对法益的侵害或危险已经发生的情况下，无论是留在现场等候处理，还是逃离现场，已不可能反过来影响已经实施完毕的行为的定性，而只是关乎投案自首是否成立或者危害结果是否加重的问题。

（三）对于交通肇事逃逸的刑事责任认定不能直接采信责任认定书，而应作出独立司法判断

对于交通肇事逃逸，交管部门虽也应尽力查清事故事实，但由于当事人事发后逃离现场，使得交管部门确认肇事者需要大费周折，且即使经开展工作确定了肇事者，由于时间原因也很难确认肇事者驾车时是否饮酒等可能引起事故发生的重要因素，查清全部事实变得不切实际，此时交管部门对交通肇事逃逸的责任认定采取推定全责原则，即均不问事故发生前的过错和过错大小，只要逃逸就推定逃逸的当事人负事故全部责任。如果此种情况下，司法机关也直接据此认定行为人承担交通肇事罪的刑事责任，实际上是否认了因果关系这一犯罪构成要件在判断交通肇事罪中存在的必要。如果根据这种推定责任确认交通肇事罪刑事责任，实际上是采用推定来证明基础事实后的再推定，不符合推定的适用规则，也违背存疑有利于被告人的刑事诉讼基本原则，必然得出有罪推定的结果。

在交通肇事逃逸刑事案件办理过程中，交管部门应配合司法机关进一步查清当事人在发生交通事故之前是否实施了违反交通运输管理法规的行为，违规行为是否是引起交通事故发生的原因。对于因交通肇事逃逸造成现场变动、证据灭失，导致交管部门确实无法查清事故发生的相关事实，也无法查清逃逸对造成事故后果的作用力大小，基于这种无法查清的事实推定的事故责任，只能用于道路交通安全法上的责任划分，不能用于交通肇事罪刑事责任的确定。在推定责任情形下，该推定对于提高交通管理的行政效率、鼓励当事人积极救助被害人、惩戒交通肇事逃逸行为等方面起到较好效果，但存在违背刑事责任认定标准、有无罪推定嫌疑和脱离犯罪构成要件等不足，在划分交通肇事犯罪事

故责任时，司法机关应准确把握交通肇事罪的犯罪构成，重新分析每一项违法行为与危害后果之间是否存在因果关系，对于事故责任及刑事责任作出独立的司法判断，依照罪刑法定原则，精准打击交通肇事逃逸类犯罪案件。

北京市大兴区人民检察院醉驾犯罪实证研究

北京市大兴区人民检察院课题组[*]

一、醉驾案件特征分析

2017—2019 年，北京市大兴区人民检察院共办理醉驾案件 2191 件 2206 人。通过分析，醉驾案件具有以下五个特点：（1）案件量逐年增加，占比较高。2017—2019 年三年间，醉酒驾驶案件呈现井喷式增长，案件量逐年增加。在全年同期办理的案件中，2017 年醉驾案件占比约 37%，2018 年占比约 44%，2019 年占比达 42%，占有较大比重。（2）审前羁押率高。在 2206 名犯罪嫌疑人中，被采取拘留强制措施的有 2152 人，占比为 97.6%；被取保候审的有 54 人，占比 2.4%。一般情况下，只有犯罪嫌疑人身患某种疾病，看守所不予收押，公安机关才对犯罪嫌疑人采取取保候审措施。（3）血液酒精含量较集中，以 80—139 毫克为多。在三年的醉驾案件中，1933 名犯罪嫌疑人的酒精含量在 80—199 毫克/毫升之间，占比 87.6%，其中，在 80—139 毫克/毫升之间的有 1297 人，占比为 58.8%。（4）起诉率高。在 2191 件 2206 人醉驾案件中，检察机关提起公诉的有 2192 人，不起诉案件的有 14 人，起诉率高达 96.2%。（5）实刑率偏高。从判决情况看，判处拘役实刑的有 2105 人、拘役缓刑的有 84 人，因涉嫌其他犯罪或者尚在服刑期间被数罪并罚判处有期徒刑的有 3 人，实刑率为 96.2%。

二、办理醉驾案件存在的问题

（一）羁押率过高

在醉驾案件中，刑事拘留率近 98%，如此之高的拘留率会带来很多社会

---

[*] 课题组成员：邢小兵，北京市大兴区人民检察院党组成员、副检察长；张颖，北京市大兴区人民检察院第三检察部主任；王秋杰，北京市大兴区人民检察院第三检察部检察官；张晶晶，北京市大兴区人民检察院第三检察部检察官助理。

隐患。在看守所内的短期关押，醉驾人员可能被"交叉感染"，甚至走向社会对立面。由于危险驾驶的法定刑仅为拘役刑，刑期介于1—6个月之间，判决后不移交监狱而继续在看守所内执行完剩余刑期，而看守所中涉罪广泛，轻重罪皆有且人员混杂，醉驾人员在执行刑期期间，很容易被"交叉感染"。

（二）相对不起诉适用偏少

《刑事诉讼法》第177条第2款规定，对于犯罪情节轻微，依照刑法规定不需要判处刑罚或者免除刑罚的，人民检察院可以作出不起诉决定。该款规定的不起诉类型被称为相对不起诉，适用于犯罪情节轻微的案件中。在血液酒精浓度介于80—90毫克/毫升之间的案件中，行为人血液酒精浓度刚刚达到醉酒驾驶的入刑标准，大部分犯罪嫌疑人是遵纪守法、没有前科劣迹的普通公民，且没有无证驾驶、发生交通事故等其他加重情节，情节轻微，如被判刑从此贴上刑事犯罪标签，再次回归社会将面临失业等社会问题。长此以往，必会累积新的社会矛盾。加之刑满后有可能面临失业现状，生计和心理的双重压力下，极有可能变成社会不稳定、不和谐因素，甚至由轻刑犯罪向恶性犯罪转化，走向社会对立面。

（三）提出精确刑量刑建议难度大

对于醉驾案件而言，酒精含量达到多少对应量刑几个月？若有其他加重的情节又应如何处理？需要有明确的量刑指导才能保证精准量刑建议的质量。实践中，因为缺乏明确的量刑指导，也出现了一些同案不同判的现象。

三、防治醉驾案件的建议

对于醉驾案件，必须防治结合，从源头上预防，加大打击力度，把握罪与非罪、诉与不诉的标准，合理适用强制措施，精准量刑，明确缓刑适用的情形。

（一）罪与非罪的界定：行政处罚的适用

根据《刑法》第13条的规定，情节显著轻微危害不大的，不认为是犯罪。这相当于为入罪的标准留了一个口，意味着入罪不宜"一刀切"，必须考虑犯罪情节、社会危害性等多种因素。在判断醉驾的入罪标准上，也应当考虑犯罪情节以及造成的社会危害性。有人提出，"对于血液酒精含量80毫克/100毫升至100毫克/100毫升的醉驾者，若存在下列情形，如在广场、公共停车场等公众通行的场所挪动车位的；非路检原因主动放弃醉驾，靠道路边休息时被查获的；出于急救病人等紧急情况而醉驾的等，可认为情节显著轻微，不按犯罪处理。"①

笔者认为,办理醉驾案件不应单纯考虑酒精含量,而应综合考虑,在认定是否具有情节显著轻微的情形时,应同时具有以下因素:(1)血液酒精含量在85毫克/100毫升以下;(2)行为人系初犯,如实供述并自愿认罪认罚,无从重处罚情节;(3)急救病人、短距离挪动车位、非路检原因主动放弃醉驾、隔夜醒酒后开车、尚未驶出等情形未造成其他损失或后果的。行为人具备上述情形的,可以认为犯罪情节轻微,社会危害不大,不构成危险驾驶罪,由公安机关直接予以行政处罚即可。

(二)羁押与否:强制措施的适用

最高人民法院、最高人民检察院、公安部《关于办理醉酒驾驶机动车刑事案件适用法律若干问题的意见》规定,对醉酒驾驶机动车的犯罪嫌疑人、被告人,根据案件情况,可以拘留或者取保候审。实践中,盗窃、故意伤害等案件适用取保候审的较多,相对刑罚较轻的醉驾案件却几乎没有适用取保候审,造成较高的羁押率。依照宽严相济的刑事政策和认罪认罚从宽处理的精神,醉驾案件应当根据实际情况决定强制措施的适用。对于到案后如实供述并自愿认罪认罚、无加重情节、能够保障诉讼顺利进行的犯罪嫌疑人,公安机关可以决定采取取保候审。

(三)诉与不诉:相对不起诉的适用

笔者认为,相对不起诉的适用条件可规定如下:(1)行为人无前科劣迹,自愿认罪认罚,无从重处罚情节;(2)血液酒精含量在100毫克/100毫升以下;(3)血液酒精含量在150毫克/100毫升以下,行为人存在下列情形:驾驶车辆的目的并非在道路上行驶,而是为了挪车位,且未发生严重损害后果的;为紧急救人驾驶车辆,且未发生交通事故;驾驶车辆行驶一段距离后主动放弃驾驶,且未发生交通事故的。

(四)如何判决:量刑规范与缓刑的适用

1. 统一标准。规定量刑起点及罚金数额,并设定酒精含量的幅度空间,同时明确从重情节的处理刑期。在统一的前提下,赋予地方一定的自由裁量权,以与实际情况相匹配。

2. 适用缓刑。醉驾案件适用缓刑应先考虑酒精含量,同时考虑醉酒程度、危险程度、损害后果等具体犯罪事实,以及赔偿损失情况、认罪悔罪表现。可

---

① 陈敬慧、杜润森:《防治醉驾须综合施策》,载《检察日报》2019年10月11日,第3版。

将醉驾案件适用缓刑的条件设定为：（1）血液酒精含量在200毫克/100毫升以下；（2）到案后如实供述并自愿认罪认罚；（3）醉酒程度较轻，行驶距离较短；（4）无从重处罚情节。

同时，具有下列条件的不得适用缓刑：（1）血液酒精含量达到200毫克/100毫升以上的；（2）有严重超员、超载或者超速驾驶，无驾驶资格驾驶机动车，使用伪造或者变造的机动车牌证等严重违反道路交通安全法行为的；（3）曾因危险驾驶受过行政处罚或者刑事追究的；（4）造成交通事故后逃逸，尚不构成其他犯罪的；（5）逃避或者抗拒、阻碍公安机关依法检查尚未构成其他犯罪的；（6）其他不适用缓刑的情形。

（五）加强保障：强化预防合力

1. 加大行政处罚的力度，增强震慑性。在遵循现行法律的前提下，可将目光投向行政处罚的领域，对于醉驾犯罪嫌疑人不仅吊销驾驶证，而且今后不得考取驾驶证。驾驶证与人们的生活息息相关，不得再考取驾驶证就意味着不能再驾驶车辆，这将对工作和生活带来诸多不便，从而形成潜在的威慑。"五年内不能考取驾驶证时间太短，五年之后他依然我行我素，应该终身不得考取驾照，一辈子不让他再有摸车的机会。"[①] 此处罚意在告诫众人醉驾是要付出和承担很大的风险和代价，使人们内心产生敬畏，不敢再酒后驾驶车辆，进而从源头上减少醉驾案件的发生。

2. 加大宣传力度，增强引导性。要从源头上减少醉驾案件，必须加强宣传，营造"酒后不开车，开车不喝酒"的良好氛围。一是对点预防。据统计，被查处的醉酒驾驶嫌疑人中部分是在饭馆吃饭时饮酒后开车，针对此情况建议在所有大小餐馆张贴禁止酒后驾车的宣传标语，强化酒前预防。二是多渠道宣传。充分利用电视、报纸、电台、网络等媒体进行交通安全知识法制教育；邀请记者深入执勤一线进行跟踪报道，多渠道加大宣传，营造严格查处的氛围。三是丰富宣传方式。对于司法实践中比较突出、波及面较广的情况，要善于捕捉要点，以典型案例形式及时公开宣传。选择对代表性较强的醉驾案件的审判进行公开报道，处罚一人、教育一片，形成良好的社会舆论，提高群众对危险驾驶行为危害性的认识，使"喝酒不开车，开车不喝酒"的理念深入人心。

3. 加强驾驶员培训。思想是行动的先导。醉驾案件之所以发生，根源在于行为人的思想认识不到位，因此必须加强驾驶员的培训，将醉酒驾驶作为驾

[①] 刘晓莉：《醉驾入刑以来西吉现状分析与对策建议》，载《法制博览》2018年第30期。

驶证考试的重要内容，使驾驶员从学车开始就能养成正确的开车习惯，从源头上预防醉驾犯罪。

4. 规范代驾行业。支持和鼓励代驾行业的发展，同时出台管理规范，对代驾的各个环节制定完善的行业规范，建立统一的平台，完善相应的价格收费机制、纠纷处置机制与责任分担机制，促进代驾行业科学、健康发展，从而为驾驶员做到"喝酒不开车"提供有力条件。

认罪认罚案件精准量刑推进的实践困境与探索

邢小兵 张　颖 张晶晶[*]

一、问题的提出

2018年10月新修订的《刑事诉讼法》将认罪认罚从宽制度纳入现行法律体系，并于第201条规定"对于认罪认罚案件，人民法院依法作出判决时，一般应当采纳人民检察院指控的罪名和量刑建议"。认罪认罚从宽制度全面推行后，宽泛幅度量刑已无法体现认罪认罚从宽制度的实践效果，量刑建议必须被重新审视，精准量刑是趋势。检察机关在审前程序中如何发挥主导作用？认罪认罚案件中如何有效提出精准量刑建议？值班律师何时介入案件才能充分了解案情以保障量刑协商？这一系列问题将是检察机关亟待研究解决的。笔者认为，检察机关应抓住认罪认罚从宽制度这个契机，以精准量刑为载体，充分发挥审前主导作用，尽早化解社会矛盾、减少社会对抗，实现繁简分流，让更多的司法资源向疑难复杂案件倾斜。然而，认罪认罚案件中精准量刑有效推进的前提是必须对检察机关的量刑建议权有明晰的职能定位。

二、量刑建议的本体考察

（一）量刑建议的定位

根据刑事诉讼法的规定，人民检察院具有代表国家提起公诉并出庭支持公诉的职能和对审判活动是否合法予以监督的职能。上述规定明确了检察机关的公诉职能和监督职能，但未提量刑建议职能。那么，检察机关的量刑建议权是来源于公诉职能、监督职能，还是其他？笔者认为唯有对量刑建议职能予以明确，才能促其在刑事诉讼体系中发挥应有效果。

---

[*] 邢小兵，北京市大兴区人民检察院副检察长，三级高级检察官；张颖，北京市大兴区人民检察院第三检察部主任，三级高级检察官；张晶晶，北京市大兴区人民检察院第三检察部四级检察官助理。

"在现代刑事诉讼意义上,起诉是指法律规定的国家专门机关及公民个人针对犯罪嫌疑人所犯的犯罪行为向行使国家审判权的法院提出控告,要求法院通过审判确定犯罪事实,惩罚犯罪人的活动。"① 从诉讼原理看,刑事诉讼与民事诉讼、行政诉讼一致,均需要有明确诉求的原告,而刑事诉讼的"原告"是代表国家依法指控犯罪的检察机关,追诉犯罪中的具体诉求是什么呢?这需要从刑罚权的属性和实现刑罚权的诉讼进程方面进行分析:犯罪的本质特征是具有社会危害性,即对社会秩序和国家利益造成了严重损害,所以国家动用专属刑罚权对犯罪行为予以惩处,为规避刑罚权的滥用,侦查权、检察权、审判权分立的格局应运而生。从刑事诉讼进程的设计看,检察权中的公诉权就是通过请求审判机关对犯罪行为人定罪科刑,追求刑罚权的实现。因此,刑事诉讼的原告诉求就是定罪请求权和量刑请求权。"定罪请求权是指检察机关请求审判机关判决确认被告人的行为构成犯罪的诉讼权力;量刑请求权是指检察机关请求审判机关对被告人处以刑罚的权力。"② 故提出量刑建议实则是行使量刑请求权,本质上属于公诉权。

(二)量刑建议的新内涵

认罪认罚从宽制度的价值在于提升诉讼效率、节省司法资源,本质上是促进社会治理体系和社会治理能力现代化的一种诉讼模式,体现了刑事司法现代化的要求。"适用认罪认罚从宽制度的前提是认罪认罚,落脚点是从宽处理,而从宽的核心在于量刑。"③ 我国的认罪认罚不同于美国的辩诉交易,因为认罪认罚的适用不存在罪的协商,也不能降低指控犯罪的证明标准,认罪认罚的核心在于通过释法说理和教育转化,在审查起诉阶段让被追诉人直面感知刑期。故笔者认为,认罪认罚从宽制度的引入目的在于教化,促进社会关系修复的同时,减小被追诉人潜在的人身危险性,促其息诉服判。从运行实践看也是如此,认罪认罚从宽制度有效开展的关键在于控辩协商后,双方能否就量刑建议达成共识。从预防角度分析,认罪认罚案件精准量刑符合刑罚及时性的内在要求,有助于降低其回归社会后再次犯罪的社会危险性。"犯罪与刑罚之间的时间隔得越短,在人们心中,犯罪与刑罚这两个概念的联系就越突出、越持续,因而人们就很自然地把犯罪看作起因,把刑罚看作不可缺少的必然

---

① 卞建林:《刑事诉讼制度的理论与实践》,中国检察出版社1993年版,第1页。
② 朱孝清:《论量刑建议》,载《中国法学》2010年第3期。
③ 陈国庆:《量刑建议的若干问题》,载《中国刑事法杂志》2019年第5期。

结果。"①

综上所述，在认罪认罚从宽制度全面推行的大背景下，量刑建议的内涵已被丰富，它已从检察机关单方面请求审判机关判处与所犯罪行相适应的刑罚的一元化格局向检察机关与被追诉方就定罪和量刑实现协商以追求诉讼效率、公平、公正的多元化格局转化。

三、精准量刑运行现状的检视

2019年3月，笔者工作的B市D区人民检察院内设机构改革后成立第三检察部，即轻罪案件部门，集中办理法定刑在3年有期徒刑以下刑罚的普通刑事案件。据统计，该院办理的轻罪案件占全院同期办理的普通刑事犯罪案件的67%②，而此类犯罪大都事实清楚，证据确实充分，这种情况下犯罪嫌疑人更关心量刑问题。"在认罪认罚从宽制度推行中，引入控辩双方的协商机制几乎是不可回避的一项改革配套措施。"③ 反观司法实践，认罪认罚制度在运行中存在量刑协商缺乏明确规范、精准量刑能力不足的实践困境。

（一）精准量刑规范指引缺位

虽然刑事诉讼法明确规定检察机关在认罪认罚案件中要听取各方意见，在辩护人或值班律师在场的情况下签署认罪认罚具结书，但这仅是保障犯罪嫌疑人的原则性规定，缺乏操作技术层面的规范指引。另外，虽然现行的量刑指导规范也明确规定了量刑原则、量刑步骤、量刑减让幅度及常见罪名的量刑基准刑，但对于精准量刑建议提出的指导性仍然不足。因此，规范指引的缺位导致精准量刑的推进难以实现实质性突破。

（二）控辩量刑协商力量失衡

据统计，九成左右的轻罪案件没有辩护人，认罪认罚具结书是在值班律师在场的情况下签署的。由于犯罪嫌疑人、被告人自身缺乏专业的法律认知，根本没有能力量刑协商，而值班律师对案件了解程度不深，参与量刑协商的程度有限。上述原因导致控辩双方量刑协商力量失衡。

（三）检察官精准量刑专业素能不足

检察官对提出精确量刑建议的经验和能力还有待提升，量刑建议提得不精

---

① [意]切萨雷·贝卡利亚：《论犯罪与刑罚》，黄风译，北京大学出版社2008年版，第47-48页。

② 数据来源于B市检察机关统一业务应用系统。

③ 陈瑞华：《认罪认罚从宽的若干争议问题》，载《中国法学》2017年第1期。

准，影响量刑建议采纳率，影响检察机关的司法公信力。

四、精准量刑推进的实践构想

（一）正确认识精准量刑的价值

有论者认为检察机关提出精准量刑建议是对审判机关量刑权的侵犯。笔者认为："刑事诉讼的任务是查明犯罪事实和犯罪人，实现国家的刑罚权，而国家刑罚权由制刑权、求刑权、量刑权和行刑权构成，它们通常分别由立法机关、检察机关、审判机关、刑罚执行机关行使。"[①] 检察机关请求法院判决确认被追诉人的行为构成犯罪后进而对其提出处以何种刑罚的量刑建议是履行公诉职能的深层次体现，属于求刑权的行使，无涉其他权力。另外，《刑事诉讼法》第201条"对于认罪认罚案件，人民法院依法作出判决时，一般应当采纳人民检察院指控的罪名和量刑建议"的规定中，刑事诉讼法采用的是"一般应当"，而非"应当"，因此如果审判机关认为检察机关的量刑建议存在影响公正审判的情形仍然可以不采纳。笔者认为：一是尊重检察机关主导下的认罪认罚协商成果，将认罪认罚从宽制度向纵深推进；二是促进检察机关和审判机关在个案和类案量刑情节的认知把握上的趋同性。无论是幅度量刑建议还是精准量刑建议，均涵盖于检察机关履行的公诉权范围，至于审判机关采纳情况，是量刑建议发轫以来，被作为一种考察变量予以追踪和修正量刑建议在实践中的运行情况，实则与检察机关自身权力的行使与否无关。因此，精准量刑的推行需要检、法两家共同努力，应秉持"全面依法治国"的理念，深化认识。

（二）类案切入，强化沟通，总结提炼形成量刑规范

认罪认罚案件精准量刑的推进可以通过罪名、刑种、刑期和刑罚执行方式分解工作，逐步实现认罪认罚案件精准量刑的提出。

1. 以简单类案为切入点。认罪认罚案件全部实现精准量刑需要结合司法办案实际，寻找开展工作的切入点。建立简单类案的精准量刑数据库，逐步形成科学的量刑指导规范。

2. 检、法加强沟通协商，统一司法标准。2019年9月张军检察长在安徽调研时说过"……落实好认罪认罚从宽制度，就得用好法律智慧和法官沟通，提出精准的量刑建议，刚开始我们不熟悉，就要弯下腰，主动跟法官沟通，听

---

① 朱孝清：《论量刑建议》，载《中国法学》2010年第3期。

取意见"。① 在推进精准量刑过程中,检察机关要运用法律智慧、检察智慧做到与审判机关早沟通、勤沟通、善沟通。一方面,可通过个案沟通和类案统一相结合的方式实现具体个案中的精准量刑。具体个案办理过程中及时就案件的量刑证据和量刑情节等与法官进行有效沟通,推进精准量刑建议的提出。另一方面,要充分利用检法联席会,对推进精准量刑工作中存在的问题及时分析总结,互换意见,增进理解,逐步缩小认知差异,同时将针对简单类案形成的统一量刑标准及时组织学习,确保高效率、严标准地应用于办案实践。

(三) 厚植量刑协商实质性,确保精准量刑公正性

推进精准量刑的前提是保障量刑的公平公正性,可从提高自身量刑能力、强化内部制约、保障辩护人或值班律师有效参与方面探索。

1. 加强培训,提升专业素能。"打铁尚需自身硬",只有不断提升政治素质、业务素质、职业道德素质,才能更好地推进认罪认罚中精准量刑工作的开展。为全面提升检察官自身的量刑能力和水平,可定期组织干警学习相关法律规定和司法解释,深入探讨研究基准刑的确定标准和不同量刑情节的加减幅度,邀请法官对量刑进行培训授课。

2. 强化辩护人或值班律师的角色介入。控辩协商是促进精准量刑提出的催化剂,而辩护人或值班律师的实质化参与是实现有效协商的关键。在沟通协商的过程中,充分听取被追诉方的量刑意见,可以修正和检验检察机关先前内心确认的量刑建议,有助于公平公正的实现。笔者认为可从以下三个方面开展工作:一是制定量刑协商机制的规范指引,明确协商的具体操作细则,防止量刑协商在司法实践中出现异化。二是完善辩护人或值班律师提前了解案件事实和量刑情节的配套措施。如值班律师何时阅卷、如何提出量刑意见等。三是司法行政机关加大力度规范值班律师队伍,并定期组织专业化培训,提升值班律师参与量刑协商的能力和质量。

---

① 参见《最高人民检察院张军检察长在安徽调研时的讲话要点》,2019 年 9 月。

新型财产转移方式下盗窃罪与诈骗罪的界限研究

胡 静 刘子璐[*]

一、诈骗罪与盗窃罪在法理上的区分

区分诈骗罪与盗窃罪的必要性不仅在于两罪处罚起点、法定刑升级的数额标准不同,也是罪刑法定原则的必然要求,行为究竟是符合哪种构成要件不能模棱两可,即便罪名认定对量刑影响甚微时,司法工作人员仍然有必要对案件事实加以分析,谨慎认定一罪。

侵犯财产犯罪分为取得财产的犯罪与损毁财产的犯罪两类。取得财产的犯罪以取得财产的方式是否完全违反被害人意志为标准,又分为违反被害人意志取得财产的犯罪(如抢劫罪、盗窃罪)和基于被害人有瑕疵的意志而取得财产的犯罪(如诈骗罪)。诈骗罪与盗窃罪是完全不同的犯罪类型。从犯罪构成上看,诈骗罪表现为行为人虚构事实、隐瞒真相使被害人陷入认识错误而处分财产;传统观点认为盗窃罪表现为以秘密窃取为手段非法占有他人财产。仅从犯罪构成入手分析可知,诈骗罪与盗窃罪在客观行为上有明显区分,即诈骗罪表现为行为人虚构事实、隐瞒真相,盗窃罪表现为秘密窃取,但是仅凭这一区别,在司法实践中还是难以区分诈骗罪与盗窃罪,因为盗窃行为有时也涉及一定程度的欺骗。例如行为人向修车行老板谎称对方家中失火,让老板回家自己代为看店,后行为人将车行内机动车开走变卖(简称"汽车案")。在该案例中,被害人虽然因为受到欺骗而离开店铺为行为人获得车辆创造了便利条件,但并没有基于认识该错误而处分财产,故即便行为人有欺骗行为也不构成诈骗罪。同时,有时即便被欺骗对象陷入认识错误并处分财物的也不一定构成诈骗罪。例如行为人趁被害人不在家中,欺骗家中保姆称"被害人有急事需要取

---

[*] 胡静,北京市朝阳区人民检察院副检察长,三级高级检察官;刘子璐,北京市朝阳区人民检察院第一检察部四级检察官助理。

走家中某名人字画",保姆信以为真将字画取出交予行为人(简称"字画案")。该案例中,保姆不具备对字画的处分权,保姆只是作为行为人的工具在不知情的情况下将字画交予行为人,是盗窃罪的间接正犯。再有,即便是对财物有处分权的人基于认识错误"交出"财物,有时也不一定构成诈骗罪。例如行为人虚构理由假装要借被害人手机打电话,待被害人借出手机后,行为人一边打电话一边趁被害人不备逃离现场(简称"手机案")。本案中行为人假借拨打电话,虽然使被害人陷入认识错误进而自愿交出财物,但因为被害人并没有基于这种认识错误而转移手机的占有,行为人得到手机拨打电话时虽然使用手机但并未完成对手机的占有,在社会一般观念上被害人仍然是手机的占有者。行为人靠的是趁被害人不备逃离现场而最终取得对手机的占有,并非基于被害人的自愿处分,因此不能认定为诈骗。

通过以上案例分析不难看出,诈骗罪与盗窃罪最本质的区别不在于行为手段是欺骗还是秘密窃取,而是财产占有人是否因为陷入认识错误而处分财产。受骗者陷入认识错误但没有基于该认识错误交付财产的不是诈骗罪(例如"汽车案""手机案"),受骗者陷入认识错误并基于认识错误交出财物,但受骗者无权处分财物的也不构成诈骗罪(例如"字画案")。简单来说,被害人交付财物的是诈骗罪,被害人未交付财物而行为人取得财物的是盗窃。以被害人交付为界限,盗窃罪与诈骗罪之间相互排斥,两者之间不存在竞合关系,不存在某一行为既构成诈骗罪又构成盗窃罪的情况。

在涉及微信支付宝转账、自助结账、网店优惠券支付、花呗白条借贷平台消费等新型财产转移方式实施的取得型财产犯罪中,行为人对被害人或者涉案平台总有一些欺骗行为,如何区分诈骗与盗窃,仍应当以"财产占有人是否陷入认识错误而处分财物"为标准,本文接下来的内容将以具体案例为依托对该标准下的机器能否成为被骗对象、处分人与财产损失人不一致时如何处理、处分意思是否必要等问题对诈骗罪的基本构造,欺骗行为必须使被骗者陷入认识错误进一步分析。

二、支付宝、微信平台密码被盗用的侵财犯罪案件定性:第三方支付平台的性质及关于机器能否被骗的讨论

利用支付宝、微信为代表的第三方支付平台非法占有他人财产的案件不断发生,最常见的就是密码被盗用,第三方支付平台能否成为被骗的对象,是区分盗窃罪与诈骗罪的关键。

例如,徐某某使用单位发的手机时,发现可以登录手机前使用人马某某的支付宝账户,后徐某某利用工作上的便利获取马某某支付宝密码,将马某某支

付宝账户内5万元以转账的方式占为己有。该案件以盗窃罪起诉后，一审法院改判诈骗罪，检察院抗诉后，二审法院仍然维持原判。

解决此类案件定性问题之前首先要明确支付宝、支付宝中钱款的定性问题。第三方支付平台是指具备一定实力和信誉保障的非银行机构借助通信、计算机和信息安全技术，在用户与银行支付结算系统之间建立起连接的电子支付模式。① 微信、支付宝等都属于非金融机构的第三方支付平台。这些第三方支付平台的核心功能在于在整个支付系统中充当资金保管和指令支付的中介角色，具有转账、结算、支付、汇款等功能。用户支付宝钱包、微信钱包中的钱款是客户暂存于第三方支付平台的备用金，根据《非银行支付机构客户备付金存管办法》第2条"客户备付金，是指非银行支付机构为办理客户委托的支付业务而实际收到的预收代付货币资金"和第4条"非银行支付机构接受的客户备付金应当直接全额交存缴至中国人民银行或者符合要求的商业银行"之规定，可知第三方支付平台与用户之间是保管合同关系，第三方支付平台对备用金有保管权但不具备所有权，第三方支付平台有权利和义务根据客户的指令对账户中的钱款做出转账、支付等处分行为。

关于第三方支付平台账户及其绑定的银行卡账户中的钱款应当如何定性的问题，目前实践中有两种主要观点：一种观点为"债权凭证说"，认为信用卡、第三方账户内钱款的数额实际上是银行所有，客户对银行、对支付宝等平台则享有债权。② 另一种观点为"数字化财物说"（虚拟货币说），认为同纸币一样，信用卡账户和第三方账户内的钱款都是财物，只是载体不同。③ 前者从民事法律关系角度出发，认为客户与银行、第三方平台之间存在债权债务关系，因此将支付宝中钱款视为客户的债权凭证；后者则认为支付宝中的钱款就是客户的财物。

笔者赞同"数字化财物说"（虚拟货币说），客户钱包中纸币是财物，客户支付宝钱包中的钱款与纸币在币种、价值、功能、适用范围上没有任何区别，同样由客户享有所有权，唯一的区别就是支付宝钱包中的钱款是数字化的货币，应当认为支付宝中的钱款与现实中的纸币没有不同，都是财物。在刑法领域没有必要对客户与银行、客户与第三方平台之间的债权债务关系穷追不舍，毕竟，如果非要深追，众所周知纸币不等同于货币，纸币本身不具备价

---

① 郭华：《互联网金融犯罪概说》，法律出版社2015年版，第26页。
② 杨兴培：《挂失提取账户名下他人存款的行为性质》，载《法学》2014年第11期。
③ 孟春红、来尧静：《网络虚拟货币对现实金融体系的影响》，载《海峡科学》2007年第5期。

值，纸币是货币符号，其实质是以国家实力和信誉为担保的国家债券，然而在刑法中纸币是财物这是毫无争议的。可以说，支付宝中的钱款就是数字化的刑法中的财产，该财产由用户所有，由第三方支付平台基于保管人的身份占有，第三方支付平台对平台中的钱款基于与用户之间的合同而具有处分权限。

在明确支付宝等第三方平台具备处分权限的前提下，第三方平台能否因行为人的欺骗行为陷入认识错误，也就是"机器能否被骗"这一问题就成为判断此类案件是盗窃罪还是诈骗罪的关键。如果认为第三方平台可以被骗而陷入认识错误，则此类案件就是典型的三角诈骗，反之，此类案件则应当认定为盗窃罪。关于机器能否被骗有"肯定说"与"否定说"两种立场。

（一）否定说

"机器不能被骗"，是大陆法系国家刑法理论普遍认同的观点。如日本学者平野龙一指出："诈骗罪以欺骗行为使他人陷入'错误'为要件。因此以铁片取代硬币从自动贩卖机中取得香烟时，由于不存在错误，所以不是诈骗，是盗窃。"[①] 我国刑法通说也认为，欺诈行为的对方只能是人，而不能是机器，理由是机器不能陷入认识错误。"由于诈术是对别人认知的影响，只有人才会在认知上被影响；换言之，只有人，才会有认识错误。至于机器，并没有认知的能力，机器是依照特定的指令而做出反应或者不做反应，指令正确，就有预设的动作出现，指令不正确，就不会有反应。就机器本身而言，乃完全依据程序语言的指令，就一定的程式加以处理，所以根本无所谓受欺骗导致产生错误的事情发生"[②]。

按照上述观点，基于"机器不能被骗"的立场，第三方支付平台自然也无法被骗，支付宝、微信平台密码被盗用的侵财犯罪案件应当认定为盗窃罪。

（二）肯定说

随着计算机系统和大数据的进一步发展，机器背后的编程愈加复杂，机器以数据库为依托发展出的对比判断功能也越来越精细、智能，以贷款平台的信用查询系统为例，系统可以搜集并分析被查询人在全国范围内的贷款、还款记录、资产情况、消费习惯等多种精细化信息，从而来评价、判断被查询人的信用情况，最终决定是否放款以及放款额度。计算系统的本质是特定领域内所有信息以及该领域内所有专家能够预见的情况及最优处理方法的总和。应当认

[①] [日]平野龙一：《刑法概说》，东京大学出版社会1977年版，第213页。

[②] 蒋天兵、蒋丽华：《铁丝一捅发卡一拨 就能打开取款机》，载《检察日报》2004年12月13日，第3版。

为，现代计算机系统基于大数据产生的认识范围以及与之相应的判断能力远超单一自然人。在这一趋势下，越来越多的学者认为"机器可以被骗"，机器就是人的意志的体现或者延伸，故机器可以代表人的意志处分财产。

如有的学者认为，自动取款机无疑不具有人的灵性，但它是按权利人的要求设计制造的，其一举一动都是权利人意志的反映，或者为权利人所认可。自动取款机并非不可以被欺骗，这种被欺骗实际上是权利人被欺骗。[①] 还有的学者认为，包括 ATM 机在内的机器经电脑编程后，实质已经成为机器人，这些所谓的机器人实际上是作为业务人员代表金融机构处理相关的金融业务。既然金融机构的业务人员可以成为诈骗的对象，那么，经电脑编程后的机器人当然可以成为诈骗的对象。ATM 机在使用人插入真实有效的信用卡且输入密码正确时，"支付"卡内的款项给使用人，执行的其实是银行的意志。ATM 之所以能执行银行意志，是由于银行将体现其意志的电脑程序安装到 ATM 机上，ATM 机本质是执行银行意志的机器人，可以成为诈骗的对象。[②] 2008 年 4 月 18 日最高人民检察院出台《关于拾得他人信用卡并在自动柜员机（ATM 机）上使用的行为如何定性问题的批复》，提出"拾得他人信用卡并在 ATM 机上使用的构成犯罪的，以信用卡诈骗罪追究刑事责任"。信用卡诈骗罪是诈骗罪的延伸，该司法解释也体现出"机器可以被骗"的立场。

笔者认同"机器可以被骗"的观点，但认为这一观点应当有更加精确的表述，即"欺骗作为交易工具的智能化机器就等同于欺骗机器背后的人"。首先，"机器能否被骗"这一表述方式本身在语义上是有问题的，在日常语境中，欺骗的目的无非是钱财或情感，这些显然是自然人才能拥有，可以说只有人才拥有被欺骗的资格，能够成为被骗的对象。其次，"机器能否被骗"这一表述方式在刑法实践中也不具备现实的意义，因为能够占有财产、能够因为被骗而做出处分行为的也只有机器背后的人。因此，我们讨论"机器能否被骗"其实是在讨论行为人欺骗机器可否等同于欺骗机器背后的人。

欺骗交易活动中具有智能性的机器（ATM 机、支付宝、贷款 App、网购平台等），就等同于欺骗机器背后的人。"机器能够被骗"的逻辑在于，一方面，有些机器有认识判断的能力，能够陷入错误认识：机器的内核是计算机信息系统，随着科技的发展，有些机器以人为设置的信息系统和数据库为依托，有着不亚于单一自然人的认识、判断、决定能力，其分析、判断信息的方法、

---

① 金瑞峰：《疑难信用卡诈骗行为定性研究》，载赵秉志主编：《刑法评论》（第 5 卷），法律出版社 2004 年版。

② 刘宪权：《信用卡诈骗若干问题研究》，载《政治与法律》2008 年第 8 期。

逻辑也是由人所设定，与人的思考路径一致。也就说，机器可以与自然人一样进行认识判断，那么机器就有可能和自然人一样因为虚假信息而陷入认识错误，并有可能与自然人一样基于认识错误而处分财产。另一方面，这些机器能够在交易中体现自然人的意思表示，是自然人的"代理人"，通过预设程序代为行使交易一方的处分权限。人们通过在机器中预设"满足某条件就可进行交付"的程序，使得机器的行为完全依照人的预设而实现。机器从识别交易信息、判断交易内容开始，到产生交易结果（也就是处分财产）结束，每一个步骤都是人的意志的体现，都符合人的预设，机器的处分行为相当于具有处分权限的人本人的处分行为。伴随经济发展与人工智能进步，越来越多的机器参与到交易行为中，并且基于自然人事前对交易条件、流程、结果等内容在机器运行系统中的设定，机器能够代表权利人的意志做出决定。这当然不是说机器具备独立的自主意识，恰恰因为机器不具备自主意识，机器才能完完全全成为人在交易中的工具，才能代表的人的意志参与交易而没有背叛人的可能。当机器能够代为体现人在交易中的意志时，机器实际上就成为人在交易中的"代理人"。因为只要符合预设条件无论是人还是机器都会做出相同处理结果，机器与他人的交易行为实际上相当于本人与他人的交易，机器通过预设程序作出的处分行为，相当于人本身的处分行为，处分行为的后果由机器背后的人承担，因此，欺骗机器就等同于欺骗机器背后的人。

概言之，机器是人脑的延伸，能够在交易中代为体现权利人的意思表示，机器的交易流程、结果均由人预设，机器的处分权限就是人的处分权限，机器的处分后果由人承担，欺骗机器就等同于欺骗机器背后的人。

第三方平台对其保管的钱款有处分权限，且欺骗第三方平台系统等同于欺骗第三方平台背后的人，坚持以上立场就不难理解支付宝、微信平台密码被盗用的侵财犯罪案件应当被定性为诈骗罪而非盗窃罪。

实践中经常出现的以下两类案件也应当被定性为诈骗罪。例如，被告人张某某于 2017 年 10 月 17 日，在北京市朝阳区，以为王某某办理银行客服兼职工作为由，骗取王某某身份信息、银行卡、银行卡密码、手机卡等。后在王某某不知情的情况下，通过某 App 平台以王某某名义实名贷款成功，平台系统经自动审核后发放贷款 18500 元，张某某后通过 ATM 机取现。又如，2019 年 1 月 1 日至 1 月 2 日，被告人沈某某用购买的网络教程擅自修改绫致时装（天津）有限公司网站优惠券代码，用修改后的优惠券在网站低价购买服装，共购买服装 17 件，给绫致时装（天津）有限公司造成损失共计人民币 3400 元。上述两个案例中的贷款 App 和购物网站均是能够代为体现权利人意思表示的机器，能够根据权利人的预设程序识别交易信息，判断交易内容，做出交易决定,故能够基于行为人提供的"假身份""假优惠券"等虚假交易信息陷入认识错误,最终基于权利人的处分权限而代表权利人作出处分行为,因此行为人虽然没有直接与机器背后的人产生意思交流,但仍然欺骗了平台和网站背后的人,符合诈骗罪的犯罪构成。

当然,机器与机器之间存在区别,并非所有机器都有代为体现权利人意思表示的功能从而能够被骗。例如,被告人黄某某破解被害人家中智能门锁的密码后入户,趁被害人家中无人之机盗走财物。该案例认定为盗窃罪在理论和实践中都是毫无争议的,这并不是因为所谓的"机器不能被骗",更不是因为"机器能够被骗,但智能门锁的智能程度不够不能认定为机器"。这是因为智能门锁不能体现权利人的意志,权利人不会允许一个门锁和陌生人产生交互关系,更不会通过一个门锁来行使处分财物的权限,也不可能在门锁上预设"符合密码正确的条件就可以处分财物"的程序。因此破解门锁密码不等于欺骗户主,本案构成盗窃罪。通过上述案例可以看出,通常在交易过程中才会出现欺骗机器等同于欺骗机器背后的人的情况,被用作交易工具的机器才有可能成为"被骗"的对象,例如 ATM 机、借贷 App、购物网站等,这是因为通常在交易过程中才涉及经过同意的交付行为,而是否有交付行为正是诈骗罪与盗窃罪的根本区别。与"智能门锁案"类似的案件,不涉及交付行为,不可能构成诈骗罪,以此类案件为例反驳"机器可以被骗"是毫无意义的。

当然,即便是用于交易的机器也有可能"不能被骗",当年"许霆案"中的那个系统有漏洞的 ATM 机就是典型的"不能被骗的机器",这是因为当系统出现此种无法识别交易信息的漏洞时,系统本身已经不能体现人的意思,系统已经失去了代表权利人的意思参与交易、进行交付的资格与能力,因此"不能被骗"。此类案件与行为人以糖果骗取 3 岁孩童的金手镯案类似,出漏洞的机器与 3 岁孩童没有区别,无意思表示能力,无财产处分权限,因此通过"欺骗"有系统漏洞的机器以及 3 岁孩童来获取财物的,以盗窃论。

三、复制卡套现案:三角诈骗与盗窃罪间接正犯的区分

诈骗罪的基本构成是行为人实施欺骗行为,使受骗者陷入认识错误并基于该认识错误而处分财产,可以看出,诈骗罪中财产的处分者与受骗者必须是同一人。当有处分权的受骗者与实际受害者不为同一人时可能形成三角诈骗。

在新型财产转移方式的普及下,常常出现受骗者与财产实际受损者不是同一人的情况。例如,马某某通过技术手段破解被害单位某美食广场美食卡密钥后,通过重新写入的方式对美食卡进行非法充值并交由陈某某等人使用。2015年3月19日至11月5日,被告人陈某某利用经非法充值的美食卡,在该美食

广场内商户进行消费或者刷卡套现在收银台进行退款,给被害单位造成损失累计 19 余万元。

本案的定性存在两种分歧意见。一种认为本案构成盗窃罪,理由是行为人破解美食卡充值后利用美食城的商户实现对卡内余额套现,是典型的秘密窃取手段,行为人整体行为是盗窃。另一种观点认为,行为人伪造美食卡并在商户处使用,使商户陷入美食卡为真的认识错误并帮助行为套现,客观上处分了财产,美食广场结算后,是损失的实际承担人,因此本案是典型的三角诈骗。

笔者同意第二种观点。诈骗罪中的受骗人与处分财产的人必须是同一人,但是受骗人与被害人也就是损失承担人不必为同一人,这种情况可能产生三角诈骗。刑法理论中的三角诈骗,指的是行为人欺骗有处分权的受骗人,受骗人基于认识错误处分被害人(第三者)的财产。三角诈骗与两者间的诈骗在犯罪构成上没有任何区别,均是行为人虚构事实、隐瞒真相使有权处分财产的人陷入错误认识而处分财产。三角诈骗往往容易与某些情形下盗窃罪的间接正犯相混淆,本案就属于此种情况。盗窃罪的间接正犯是行为人实施盗窃的工具,不具备处分财产的权限或能力,例如前面的"字画案",再如行为人以糖果骗取 3 岁幼儿金手镯的案件等,上述案件中的财产处分人保姆不具备处分字画权限、幼童不具备处分金手镯的精神智力能力,因此保姆、幼童虽然陷入一定的认识错误并作出处分行为,但其仅是被行为人利用来实施盗窃行为的工具,是盗窃罪的间接正犯。

三角诈骗与盗窃罪间接正犯的根本区别在于被骗人对于所处分的财物是否有处分权限,可以说,当受骗人具有可以替被害人处分财产的权限或者处于这种地位时,就成立三角诈骗。① 这是因为,盗窃是违反被害人意志转移占有的犯罪,而诈骗是基于被害人有瑕疵的意思转移占有的犯罪。被害人是否实施处分行为,是区分盗窃罪与诈骗罪的关键。在两者间的诈骗的场合,被害人明显基于有瑕疵的意志而实施了转移占有的处分行为。三角诈骗行为只有与两者间的诈骗没有实质区别时,才能认定为诈骗罪。因此,由被害人之外的其他人所实施的转移占有的行为,只有可以视为"基于被害人的意志"的行为时,才能肯定处分行为。只要肯定其他人(受骗人)行为是可以视为"基于被害人的意志"的行为,就必须是被害人授权被骗人处分其财产的情形,以及依照法律规定或者社会惯例(交易习惯等)被害人不得不接受受骗人处分结果的情形。②

---

① 张明楷:《三角诈骗的类型》,载《法学评论》(双月刊)2017 年第 1 期。
② [日] 山口厚:《刑法各论》,有斐阁 2010 年,第 262 页。

结合本案，首先需要明确的是，被害人也就是实际遭受财产损失的人是美食广场，而非商户。商户陷入认识错误处分了财产，在美食广场结算后，商户获得与刷卡额相应的财产，未遭受损失。本案行为人在实现转移财产占有的过程中，被骗商户就是作出财产处分者，与最终承担损失者并非同一人，但美食卡的结算方式即决定了商户获得了美食广场在交易金额限额内的概括授权，在限额范围内处于可以处分美食广场财产的地位。行为人虚构事实的行为使得商户受骗并基于由此产生的认识错误处分财产，最终导致美食广场遭受财产损失，该损失应归责于行为人的行为，可见该行为整体而论符合诈骗罪的构成要件，应以诈骗罪定罪处罚。

四、虚假链接案：诈骗罪中处分意思是否必要

本文第一部分已经论明区分诈骗与盗窃，应当以"财产占有人是否陷入认识错误而处分财物"为标准，是否有处分行为是区分诈骗罪与盗窃罪的关键。诈骗罪中处分行为是否要求必须有处分意识，在理论中尚存有争议。处分行为就是转移占有的行为，有处分意识就意味着处分人必须意识到转移占有。随着新型财产转移方式的普及，财产的转移越来越快捷与隐秘，很多电信、互联网骗局中，被害人受欺骗按照行为人的指示操作手机或电脑，在无法意识到自己的行为将导致财产转移的情况下就实施了处分行为，此种案件应当如何定性颇有争议。

例如，被告人臧某某等人以虚假身份开设无货可供的淘宝店铺，以低价吸引买家。臧某某以尚未看到金某某付款成功的记录为由，发送金某某一个交易金额标注为1元，实际植入了支付30500元的计算机程序的虚假链接，谎称金某某点击该一元支付链接后，即可查看到付款成功的记录。金某某在诱导下点击该虚假链接，其建设银行卡中的30500元随即通过臧某某的预设程序，经上海快钱信息服务有限公司的平台支付到臧某某在福州海都阳光信息科技有限公司注册的"kissa123"账户中（简称"虚假链接案"）。臧某某使用账户中钱款购买游戏点卡，并在淘宝上出售套现。①

法院就上述事实判处被告人臧某某盗窃罪，生效裁判认为："盗窃是指以非法占有为目的，秘密窃取公私财物的行为，而诈骗是以非法占有为目的，采取虚构事实或者隐瞒真相的方法，骗取公私财物的行为。对既采取秘密窃取手段又采取欺骗手段非法占有财物行为的定性，应从行为人采取主要手段和被害人有无处分财物意识方面区分盗窃与诈骗，如果行为人获取财物时起决定性作

---

① 参见浙江省杭州市中级人民法院（2011）浙杭刑初字第91号刑事判决书。

用的手段是秘密窃取,诈骗行为只是为盗窃创造条件或者掩护,被害人也没有"自愿"交付财物的,就应当认定为盗窃。行为人利用信息网络,诱骗他人点击虚假链接而实际通过预先植入的计算机程序窃取财物构成犯罪的,应当以盗窃罪定罪处罚。"①

指导案例确定了诈骗罪中的受骗人在处分财产时,必须意识到转移占有,也就是肯定了"处分意思必要说"。"处分意思必要说"是目前我国理论界和司法实践的通说。然而本案中,网络技术本身的隐秘性加剧了交易中双方的不对等,被害人即便是熟悉网购模式与操作的、有足够辨识能力的人也容易上当受骗,根本无法认识到自己的操作就是转移占有的行为,也就是说,被害人在此种情况下不具备认识的可能性。从保护公民财产利益的角度出发,受骗人没有认识可能性的时候,应当坚持"处分意思不要说",即只要在客观上有处分行为即可,不要求必须具备处分意思。

"处分意思不要说"是德国的通说,日本也有不少学者主张"处分意思不要说",如日本学者平野龙一认为:"诈骗罪以基于错误的'交付'即处分行为为必要。处分行为、交付行为不以意思表示为必要,事实行为即可,而且也包含没有意识到交付内容的情况(所谓无意识的交付)。"② 因为在对象为财物的场合,处分行为的内容是转移财物的占有,而刑法中的占有是事实上的占有,所以,只要事实上有处分行为就足够了,既不必须有意思表示,也不必须是有意识的。西田典之教授也赞成"处分意识不要说",他指出:"有意识的处分行为虽然很有说服力,但是如果能认定财物或者财产在事实上已经基于受骗者的意思转移给对方,就可以肯定诈骗罪的存在。诈骗罪的典型手段之一是不使受骗者意识到财产转移而处分财产,如果将此类诈骗行为排除在诈骗罪以外,那是不妥当的"。③ 西田典之的论证阐明了"处分意思不要说"的合理性在于:一是只要能从客观上认定被骗者基于错误认识作出了实际的处分行为,就足以区分诈骗罪与盗窃罪,因此从两罪区分的角度,不必要求被骗者必须有处分意思。二是从司法实践的角度讲,经典骗术类型之一就是使被害人在没有意识到自己行为将导致财产占有转移的情况下将财产处分给施骗人(例如"虚假链接案"),此类案件在被害人以及社会一般认知中都认为是诈骗,将此类典型案例排除在诈骗罪之外无疑是不妥当的。

笔者也认同"处分意识不要说"。在新型财产转移方式下,随着信息互联

---

① 参见浙江省杭州市中级人民法院(2011)浙杭刑初字第91号刑事判决书。
② [日] 平野龙一:《刑法概说》,东京大学出版社1977年版,第214页。
③ [日] 西田典之:《刑法各论》,弘文堂1999年版,第184页。

网技术的不断进步，网络犯罪手段也不断升级，呈现出隐匿性高、财产转移快、针对性强的特点，这都使得被害人常常在不知不觉中就完成了财产交付。行为人对操作目的与操作结果进行虚假描述，被害人陷入认识错误后按照行为人的指示进行操作，操作的实质就是转移财产占有，被害人虽无法意识到操作的结果，但在实际上已经对财产作出了处分，而客观上的处分行为正是基于被害人的认识错误，符合诈骗罪的构成，认定行为人构成诈骗罪也符合社会一般预期。不顾交易环境的变化就一味坚持"处分意思必要说"有故步自封之嫌，毕竟目前支付宝、微信等新型支付方式，虚假链接、网络钓鱼等新型诈骗手段都不是演变的终点，无论是支付方式还是骗术都将随着科技的发展而日新月异、层出不穷，一味坚持"处分意思必要说"，无法应对科技社会发展带来的新情况和新问题，将来必定会有更大争议。此外，随着社会支付方式逐渐由现金向电子支付转变，利用新型支付方式实现非法占有的犯罪比例逐年攀升，在此环境下严格坚持"处分意思必要说"，将在一定程度上扩大盗窃罪的适用范围，盗窃罪或许将变成以和平的手段侵犯财产类犯罪的口袋罪，这不仅会偏离社会公众的认知，削弱刑法的预测性功能，也将与罪刑法定的精神相违背。

五、结语

诈骗罪与盗窃罪的界限在于是否基于认识错误而处分财产。在新型财产转移方式的普及下，"机器可以被骗"以及"处分意思不必要"的观点能够适应社会经济、科技的新发展，有助于正确区分盗窃罪与诈骗罪，应当引起重视。

认罪认罚具结工作司法实践突出问题及应对之策

李 峥 岳 阳 杨文慧*

认罪认罚从宽制度是立足我国国情，从化解社会矛盾、减少社会对抗、节约司法资源等多个维度提出的一项重大司法制度创新，是回应人民群众司法新期待的顶层设计，是中国特色社会主义刑事司法制度的重大完善，也丰富了刑事司法与犯罪治理的"中国方案"[①]。具结工作作为认罪认罚从宽制度运行的核心，是以检察机关为主导，通过综合审查全案事实证据，并以此同犯罪嫌疑人、被告人、辩护人或者值班律师就量刑内容进行协商最终达成一致的动态过程，具结工作最终以签署《认罪认罚具结书》为实现方式，即在双方契约合意为本质前提下，签署以犯罪事实、罪名、量刑和适用程序为内容的书面文本[②]。

认罪认罚具结的达成，一方面能够促使犯罪嫌疑人认罪悔罪、简化司法程序、提升司法效率。另一方面也给犯罪嫌疑人一定的"可期待利益"。在认罪认罚适用率快速提升的大背景下，实践中也暴露出作为制度核心的具结工作相关问题，上述问题多超前于相关制度规范涵射范围，需要回到认罪认罚具结工作的基本原则找寻解决出路。

一、认罪认罚具结工作的原则

研究具结工作中应当遵守的原则，其出发点和落脚点都是要规制认罪认罚

---

* 李峥，北京市通州区人民检察院副检察长，三级高级检察官；岳阳，北京市通州区人民检察院第三检察部副主任，一级检察官；杨文慧，北京市通州区人民检察院第三检察部四级检察官助理。

① 张军：《认罪认罚从宽：刑事司法与犯罪治理"中国方案"》，载《人民论坛》2020年10月（下）总第685期。

② 刘原：《认罪认罚具结书的内涵、效力及控辩应对》，载《法律科学（西北政法大学学报）》2019年第4期。

从宽制度适用过程中三方的行为,在达成最终"合意"的过程中,需要最大程度地遵循协商、自愿和稳定原则,如此才能在保证司法公正的大前提下最大限度地发挥认罪认罚的制度优势。

(一)协商原则

认罪认罚制度适用初期面临着较大质疑,即认罪认罚制度到底是司法机关单方面给予那些自愿如实供述罪行、愿意接受刑罚的犯罪嫌疑人、被告人的一种"恩惠",还是司法机关通过认罪认罚从宽制度,以实体从宽、程序从简的处理方式来换取犯罪嫌疑人、被告人真诚认罪悔罪,继而达到修复社会矛盾的一种协商机制。随着制度落地,这个问题已经有了确切的答案,即后者。

对比修改前后的刑事诉讼法不难发现,认罪认罚程序与原审查起诉程序有两点显著变化:其一,犯罪嫌疑人不仅是案件"事实"信息的提供者,同时成为"意见"的表达者,可以表达对该阶段处理方案的意见;其二,普通的审查起诉程序,其典型特征是信息流动的单向性,即信息最终都流向作为办案机关的人民检察院,为后者正确处理案件提供依据,而在犯罪嫌疑人认罪认罚的情形下,单向的信息流动变成了双向的信息交流,具结的实现不仅要"听取"犯罪嫌疑人、辩护人或者值班律师、被害人及其诉讼代理人的意见,而且还要"告知"其享有的诉讼权利和认罪认罚的法律规定。在这种"意见"的往来之间协商的意味非常明显。

此外,2019年"两高三部"发布《关于适用认罪认罚从宽制度的指导意见》(以下简称《指导意见》)第33条规定:"犯罪嫌疑人认罪认罚的,人民检察院应当就主刑、附加刑、是否适用缓刑等提出量刑建议。人民检察院提出量刑建议前,应当充分听取犯罪嫌疑人、辩护人或者值班律师的意见,尽量协商一致。"至此,检察机关的工作更集中于提出量刑建议、签署具结文书,而辩护人、值班律师则侧重于量刑辩护、程序选择及权利保障。这与传统的控辩双方针对事实、定性进行激烈抗辩存在显著差别,开始走向一定程度的合作:检察机关的刑事追诉开始减缓,法院的量刑处理开始轻缓,[①] 实现这一新办案模式的前提即遵循协商原则。

(二)自愿原则

2018年10月26日,党的十三届人大常委会第六次会议表决通过《关于修改〈中华人民共和国刑事诉讼法〉的决定》,其中涉及认罪认罚的14条中,有5次提到"自愿",立法者对于自愿原则的重视程度可见一斑。具结工作作

[①] 陈瑞华:《刑事诉讼的中国模式》,法律出版社2018年版,第69页。

为"缔结刑事契约"的过程，是由检察机关依据量刑权而提起，在内容上协商一致后，由犯罪嫌疑人自主选择是否接受的过程，"契约精神"中所包含的平等、自愿、合意、诚信是认罪认罚从宽制度的价值得以体现的基础。

结合《刑事诉讼法》《指导意见》相关规定，自愿原则蕴含于以下认罪认罚具结流程中：一是审前程序检察机关履行告知和释明义务，确保犯罪嫌疑人对认罪认罚的法律规定以及认罪认罚的性质、后果知悉；二是设置值班律师制度，形成委托辩护、法律援助辩护、值班律师无缝衔接的格局，保障犯罪嫌疑人获得法律帮助，同时就量刑问题与检察机关进行协商；三是确保可撤销，撤销后此前认罪认罚具结内容不得作为认定犯罪嫌疑人有罪的证明材料。

当然，刑法具有谦抑性，作为最后一道屏障，为了确保公正，就应当赋予犯罪嫌疑人最为完整的诉讼权利保障，一方面要求程序正义，一方面要求提高效率，解决问题的关键即犯罪嫌疑人自愿地选择放弃部分诉讼权利，以获得实体上的从宽和程序上的从简。因此，也有学者把自愿原则作为认罪认罚"生命线"。从另一角度分析，自愿原则也是对公权力的限缩，即检察机关不得违背犯罪嫌疑人意愿随意启动认罪认罚具结工作，这也时刻提醒办案人员需要在惩罚犯罪和保障人权之间进行均衡。

（三）稳定原则

根据第六版《辞海》的解释，所谓"具结"是旧时对官署提出表示负责的文字，是对某些事情负责书面保证[①]。具结书作为"刑事契约"，具有证明犯罪嫌疑人在审查起诉阶段真诚认罪悔罪的态度、约束检察机关按照具结书上载明的内容进行处理以及使犯罪嫌疑人对案件处理具有相对稳定心理预期的综合作用。签署具结书，不仅是犯罪嫌疑人向检察机关承认罪行，愿意接受量刑建议，实际上也是检察机关以书面形式向犯罪嫌疑人保证仅以具结书所列罪行和量刑建议进行指控，双方都会受到约束，呈现一种平等的契约样式，并通过律师签字进一步强化其现代诉讼程序保障的理念[②]。

具体而言，稳定原则体现于具结程序和量刑实体两个方面：其一，检察机关与犯罪嫌疑人签署认罪认罚具结书后，除非有重大变化，否则不宜再进行调整，具结工作的核心在于使犯罪嫌疑人认可指控的事实和量刑建议，如果签署具结书后随意再调整，势必会极大地打击犯罪嫌疑人认罪认罚的主动性、积极

[①] 《辞海》（第六版），上海辞书出版社2009年版，第1181页。
[②] 魏晓娜：《结构视角下的认罪认罚从宽制度》，载《法学家》2019年第2期。

性。其二，为了保证具结工作的稳定，在实体上似乎也有让步，如《刑事诉讼法（修正草案）》一审稿中直接规定"人民检察院可以调整量刑建议"，但是二审稿对调整增设了前提条件，"人民法院经审理认为量刑建议明显不当"或者"被告人、辩护人对量刑建议提出异议"，言外之意，如果量刑建议并非明显不当，被告人、辩护人对此亦无异议，即使量刑有细微偏差，法院也要尊重协商结果作出判决。

二、当前具结工作中存在的突出问题

（一）认罪认罚协商范围与边界模糊

传统刑事诉讼模式下，检察机关是代表国家行使公诉权，是国家强制力的代表，而认罪认罚从宽是将"协商"的理念引入控辩关系中，是真正的建立在平等基础上的"协商"①。不同于传统刑事诉讼模式下检察机关"讯问式"我问你答，也不是"单方听取意见"，而应当是双方各自阐述自己的观点后，检察机关通过从宽的量刑优惠，换取犯罪嫌疑人真诚认罪悔罪和案件快速、简化办理。但在司法实践中，仍然存在着控辩协商边界和形式模糊的情况，如具结书中指控的犯罪事实是否属于可以协商的范围、量刑建议协商如何避免"讨价还价"、如何在个案与类案协商中保持公平公正，随着认罪认罚具结工作深入推进，量刑协商实质化应当是下一步提升认罪认罚质效的关键。

（二）认罪认罚自愿性审查和保障不足

自愿性的审查与保障问题受司法实务界广为关注，同时也是认罪认罚从宽制度运行的前提和基础。认罪认罚的自愿性是对犯罪嫌疑人主观上认罪态度的判断，凡涉及主观判断，均为复杂概念，需要检察机关、审判机关独立审视。审查起诉阶段，自愿性主要表现为自愿选择适用认罪认罚从宽制度，不受任何人的欺诈、引诱、胁迫，同时接受认罪认罚具结书指控的犯罪事实，经过协商后认同检察机关认定的罪名、提出的量刑建议以及适用程序，在《认罪认罚具结书》上进行签字确认；审判阶段则主要表现为当庭确认自愿签署具结书，愿意接受刑罚的处罚。

自愿性的审查更多是在审判阶段，在审查起诉阶段，检察机关基于认罪认罚的缔结者、审视者的双重身份，容易导致因追求认罪认罚适用而忽略审查自愿性的情况出现，造成一部分犯罪嫌疑人由于从宽的量刑建议而被动接受认罪

---

① 樊崇义、常铮：《从对抗到协商——认罪认罚制度下控辩关系的转型及功能发挥》，载《研究生法学》2020年第2期。

认罚，或者因为释法说理不充分，导致犯罪嫌疑人不明知、不明知情况下接受认罪认罚，还容易引发个别犯罪嫌疑人通过"试探性"认罪认罚，将认罪悔罪作为与司法机关量刑博弈的筹码。因此，办案人员在审查自愿性时应重点关注以下两个方面：一是犯罪嫌疑人是否完全基于自己的想法与检察机关进行协商，不受欺诈、胁迫、引诱等；二是犯罪嫌疑人是否确实认识到自己的罪行，以真诚悔过态度以期从宽处理。

（三）认罪认罚具结与行使辩护权冲突

犯罪嫌疑人签署认罪认罚具结书时需要有辩护人或值班律师在场，为犯罪嫌疑人自愿签署具结书进行见证，并为其提供有效法律帮助。实践中，出现犯罪嫌疑人签署《认罪认罚具结书》后，辩护人当庭作无罪辩护，致使案件转为普通程序审理的情形，背离制度提速设计初衷，此时具结书是否仍有效产生分歧。有观点认为，既然辩护人已经在具结书上签字，就应视为认同文书所载内容，不能再提出与此背离的辩护意见；相反意见则认为，辩护人具有独立辩护权，虽然在具结书上签字，但不能由此限制其独立辩护的权利。

辩护人基于委托关系，分别在审查起诉和审判阶段行使独立辩护权。在审查起诉阶段，作为诉讼参与人参与检察机关主导的量刑协商环节，在审判阶段参与庭审并进行辩护，由此可见，其在认罪认罚具结工作中的作用至关重要，但立法者对认罪认罚具结与辩护权行使方式未予规定，导致行使辩护权与认罪认罚具结工作产生冲突的情况。

（四）认罪认罚具结反悔救济机制缺位

认罪认罚具结书是基于平等、自愿、协商而达成的合意，从实现认罪认罚制度的价值角度来说，控辩双方均应秉持诚信，接受具结书的约束，并负有共同推动认罪认罚成功履行的职责与义务。认罪认罚具结工作因案而异，对于那些非自愿签署具结书的犯罪嫌疑人、被告人来说，赋予其反悔的权利确有必要，否则将出现司法不公等问题；但是，如果任由其滥用反悔的权利，亦将有损司法权威、降低诉讼效率。实践中，认罪认罚反悔理由通常有以下三种：一是认罪认罚非自愿；二是一审判决结果畸重；三是信赖利益受损。针对不同类型的反悔，现阶段缺乏相应的救济机制，有待进一步建立与完善。

三、对认罪认罚具结工作的完善建议

（一）进一步明确量刑协商的内涵及范围

认罪认罚具结书是一种刑事司法契约，不同于民事契约的是，刑事司法契约是由检察机关主导的对犯罪嫌疑人进行追责的契约，协商达成的合意只能是一种受限的合意,即仅针对认罪认罚具结书中的部分内容进行协商并达成的合意。

检察机关作为认罪认罚制度的主导机关,应当明确认罪认罚具结工作中量刑协商的内容、范围及方式,以便更好地开展具结工作。首先,具结书中检察机关指控的犯罪事实部分不应当属于协商的范围。检察机关对案件的事实和证据部分进行审查,即使是适用认罪认罚从宽制度的案件,并不意味着要降低证明标准,因此,对于指控的犯罪事实部分仍应当是在全面审查案件的基础上对案件进行的综合评价,这部分虽然依赖于犯罪嫌疑人对案件事实的坦白,但仍需要其他客观证据以形成完整的证据链条。其次,具结工作中量刑协商应当是广泛的协商。认罪认罚具结书中对于量刑建议以及适用程序均属于控辩双方可以进行商讨的范围,但是具体的量刑建议仍需要符合法律规定所允许量刑的幅度,因此量刑协商的方式应当是控辩双方就罪数的选择以及量刑方面进行广泛的协商,而不是控辩双方经协商后得出确定刑量刑。最后,协商的落脚点应当在于检察机关在进行具结工作时要将释法说理做实做透,并做到协商过程留痕。检察机关对于可以协商的范围、罪名认定的原因以及量刑的依据等应当予以释明,明确制度适用的法律基础及反悔可能面对的负面评价等,减少嫌疑人签署具结书时的盲目性与不明确性,从而有助于降低犯罪嫌疑人签署具结书后反悔情形出现的概率,增强具结书的稳定性与认罪认罚从宽制度的实效性。

(二) 检察机关强化自愿性的审查和保障

认罪认罚的自愿性贯穿认罪认罚制度的始终,是制度运行的前提和基础,应得到充分的保障。检察机关作为认罪认罚从宽制度的主导机关,在适用认罪认罚制度过程中应当加强对自愿性的审查和保障。一是要加强对认罪认罚制度的释法说理,充分保障犯罪嫌疑人知情权。释法说理工作贯穿认罪认罚具结工作,告知犯罪嫌疑人认罪认罚所享有的权利和义务有助于帮助其全面了解认罪认罚,认罪认罚自愿的基础在于犯罪嫌疑人"明知"自己所处的状态和所面临的后果,在充分权衡利弊后,作出合理选择,[①] 因此,保障犯罪嫌疑人的知情权,能够降低被追诉人因不了解法律后果等原因而非自愿认罪的风险。二是构建自愿性梯度,进一步精准量刑。实践中,目前检察机关对于认罪认罚所能够从宽的幅度通常以时间来作为横向坐标轴,即认罪认罚越早,得到的从宽幅度越高,在自愿性审查过程中亦应当如此,自愿性越强,表示犯罪嫌疑人认罪悔罪的态度越好,通过对犯罪嫌疑人主观认罪态度的判断,形成自愿性量刑梯

[①] 杨帆:《认罪自愿性的边界和保障》,载《法学杂志》2019年第10期。

度。三是进一步强化辩护人或值班律师的参与度。强化辩护人或值班律师的参与度实际上壮大了辩方力量，一方面能够为犯罪嫌疑人提供更有效的法律帮助，另一方面也是对检察机关行使公权力过程的监督。

（三）规范辩护权在认罪认罚从宽案件中的行使

认罪认罚从宽制度的适用使得当前刑事诉讼以审判为中心的前提下，刑事诉讼重心发生了前移，继而使得在认罪认罚从宽案件中辩护权的行使在审查起诉和审判两个阶段的作用都尤为重要。根据《律师办理刑事案件规范》的规定，律师担任辩护人，依法独立履行辩护职责，但最终刑事责任依然由被告人承担，因此在办理认罪认罚案件时，一方面要依法保障律师的独立辩护权，另一方面当被告人经过权衡以后自愿、真实地选择对自己最有利的认罪认罚从宽程序后，其对选择该程序的法律后果已经明确且有预期的情况下，不能因为辩护人基于其辩护职责而提出的无罪辩护让这预期落空而承担不利的后果。① 因此，应当建立认罪认罚案件的辩护权的规范行使制度，以提升制度适用的质效。一是确立辩护人在量刑协商过程中的参与人地位。辩护人在量刑协商过程中同样能够行使律师的独立辩护权，参与量刑协商的过程，对检察机关提出的具结书中的内容发表独立辩护意见，同时，签署认罪认罚具结书意味着对具结书内容的确认。二是确认仅有犯罪嫌疑人签字的具结书的效力。在实践中，若辩护人因意见不一而拒绝签字，但犯罪嫌疑人坚持认罪认罚又未解除辩护的，检察机关应当将此具结书提交法庭，法庭经审理认为检察机关指控正确的，可以对犯罪嫌疑人按照审查起诉阶段认罪认罚给予量刑从轻。三是庭审阶段坚持被追诉人意愿至上。辩护人已经签署认罪认罚具结书的，庭审过程中不应当对案件事实发表反对意见；辩护人发表独立辩护意见且不同意具结书内容的，被告人如自愿签署具结书，且坚持认罪认罚，经法庭审理认为检察机关指控内容正确的，可以对犯罪嫌疑人按照审查起诉阶段认罪认罚给予量刑从轻，对于辩护人及被告人进行"技术性"庭审的，经法庭审理认为被告人认罪认罚的自愿性不强的，应当撤销认罪认罚。

（四）构建正当具结反悔权及应对机制

认罪认罚具结工作中保障犯罪嫌疑人、被告人的自愿性，对于具结的反悔既属于被追诉人辩护权的一部分，也是对被追诉人自愿性的保障，但是被追诉人的反悔会导致面临不利的评价，而且会造成具结书时效和认罪认罚从宽程序

---

① 徐世亮、赵拥军：《认罪认罚具结书的效力是否应受庭审中辩护人和公诉人抗辩的影响》，载《人民法院报》2020年1月2日，第6版。

终止后果,具有双面性。① 对于司法机关来说,被追诉人的具结反悔会使得具结工作归于无效,不仅对前期的司法资源造成浪费,还会给后期庭审过程增加讼累,因此,对被追诉人的具结反悔的权利应当予以认可和保障,但同时为了防止反悔的滥用应当对具结反悔权设定一定限制。一是为反悔权的启动设定一定条件。为了防止犯罪嫌疑人、被告人为了拖延庭审时间等"技术性"反悔的情况发生,反悔权的启动应当由犯罪嫌疑人、被告人对认罪认罚的自愿性、协商过程的不合法等可能导致认罪认罚不真实的事实承担举证责任,无理由地反悔可以被驳回。二是强化认罪认罚具结工作留痕意识,以应对可能产生的反悔情况。检察机关作为认罪认罚制度的主导机关,应当从程序的开启到最后的确保实施全流程发挥主导和监督的作用,具结工作不能仅以犯罪嫌疑人签署具结书为结束。检察机关在认罪认罚制度开启时对认罪认罚自愿性审查、协商过程应当注重留痕,为后期可能产生的反悔提前预判。三是对于恶意反悔的被追诉人,应当降低下级检察机关抗诉的门槛。对于恶意反悔的被追诉人,应当设定一定的惩罚机制,以收回认罪认罚从宽制度的量刑优惠,但是在目前的司法实践中,由于检察机关上下一体的职能设置,抗诉权的行使通常需要上级检察机关进一步确认,抗诉制度的难度阻碍下级检察院对于具结反悔的应对,因此,放宽对认罪认罚反悔情形的抗诉审查条件是限制恶意反悔权的必要路径。

---

① 马明亮、张宏宇:《认罪认罚从宽制度中被追诉人反悔制度研究》,载《中国人民公安大学学报(社会科学版)》2018年第4期。

社会治理视野下的轻罪检察体系研究

彭 燕 汪玥君[*]

一、轻罪检察体系基础理论

（一）轻罪案件范围的划定

合理划定轻罪案件范围是构建轻罪检察制度的前提与基础。当前我国刑法并未明确规定轻罪与重罪的种类划分，学界对轻罪的认定标准主要有下述几种观点：一是"实质标准说"，即主张根据犯罪的性质及危害程度等犯罪内在特质确定犯罪的轻重等级。二是"形式标准说"，即主张以犯罪所适用刑罚之轻重为标准来划分犯罪的轻重等级。三是"实质与形式标准综合说"，即主张从实质与形式相结合的角度来划分犯罪的轻重等级。[①] 有论者认为，所谓轻罪，是指行为已构成犯罪但社会危害性较小，行为人主观恶性不大或者其智力、身体有缺陷或者其行为可能判处3年有期徒刑以下刑罚的犯罪；除此之外，则为重罪。[②] 这种对轻罪与重罪的划分，实际上主要坚持的仍是实质标准，同时也兼顾到了形式标准。四是"特定罪名说"，即将轻罪案件范围限定在少数几种罪名当中，如危险驾驶罪、交通肇事罪等。

笔者认为，对于轻罪与重罪的划分标准应当以法定刑有期徒刑3年为限。作为一种划分标准，在实践中应该具有明确性与可操作性。笔者认为，在"形式标准说"内部，采用"法定刑标准说"更为合理。"区分重罪与轻罪应以法定刑为标准，而不宜以现实犯罪的轻重为标准。"[③] 其不仅是在认知层面作出相应的划分，更是实践中适用刑事政策的重要依据。一方面，我国宽严相

---

[*] 彭燕，北京市昌平区人民检察院副检察长；汪玥君，北京市昌平区人民检察院第三检察部检察官助理。

[①] 敦宁、韩玫：《论我国轻罪范围的划定》，载《河北法学》2019年第2期。

[②] 陈兴良：《宽严相济刑事政策研究》，中国人民大学出版社2007年版，第295页。

[③] 张明楷：《刑法学》（上），法律出版社2016年版，第92页。

济的刑事政策强调要对严重犯罪依法从严打击,对轻微犯罪依法从宽处理,对于依法可不监禁的,尽可能适用缓刑或者判处管制、单处罚金等非监禁刑。为了实现上述目的,在诉讼活动开始之前就应当区分轻罪重罪,而不应延迟至判决宣告之后。另一方面,刑罚与犯罪具有天然的对应关系,轻罪轻刑、重罪重刑、罪责刑相适应等,所强调的都是罪行与刑罚的相互对应关系。且各国刑法典为各罪名所确定的法定刑是经验与理性的产物,其也是建立在合理区分犯罪轻重的标准之上,因此采取"法定刑标准说"具有较大的现实功能和价值。对于轻罪法定最高刑的具体限度,当前争议集中于"3年说"和"5年说",即主张法定最高刑在3年或5年有期徒刑以下的犯罪都属于轻罪,其余为重罪。两种观点中,"3年说"更居于主导地位,原因在于我国刑事立法在罪行轻重方面所体现出的倾向性。如我国《刑法》第7条对属人管辖的规定、第8条对保护管辖的规定、第72条对缓刑适用的规定,我国《刑事诉讼法》第216条关于简易程序案件审判组织的规定、第288条关于当事人和解的适用范围等,事实上都隐含着以3年有期徒刑为标准划分轻重罪行的结论。因此,以法定刑3年有期徒刑作为区分轻罪与重罪的分水岭,更符合我国立法与司法的实际需要。

(二) 轻罪价值目标

兼顾公正与效率是指导轻罪诉讼程序制度的总价值指引。由于轻罪案件的社会危害性较小,更需要通过强调刑事立法上的非犯罪化、轻罪化,刑事司法上的非刑罚化、轻刑化,刑罚执行中的非监禁化、行刑社会化措施,实现对轻罪的公正、高效处理。[①] 由于轻罪案件中存在各种从轻、减轻、免除处罚的情节,且大多数犯罪的社会危害性或人身危险性较小,根据罪责刑相适应的原则,轻罪轻刑能在较大程度上实现刑事实体法的公平正义。此外,轻罪案件的审理过程需要更进一步体现程序正义的价值。迟来的正义非正义,现代社会对于案件审理的关注已不再仅仅局限于处理结果公正与否,处理过程是否合法、处理案件是否高效已成为当前司法进程中的重点关注问题。如何利用有限的司法资源最大程度地实现轻罪案件处理的社会效益成为司法办案的题中应有之义。轻罪诉讼制度的法价值就在于在刑事诉讼程序中兼顾公平与效率两大价值目标,在保证公正的前提下提高诉讼效率,从而尽快尽好地矫正轻罪犯罪人,使其早日回归社会,真正把执法的法律效果和社会效果统一起来。

---

① 荣晓红:《论我国轻罪刑事政策——以我国轻罪制度为分析路径》,载《公安学刊——浙江警察学院学报》2015年第1期。

二、轻罪检察实务现状

(一) 轻罪检察中认罪认罚制度的实施现状

2016年11月,"两高三部"根据授权下发《关于在部分地区开展刑事案件认罪认罚从宽制度试点工作的办法》,标志着刑事案件认罪认罚从宽制度改革试点工作正式启动。笔者了解到,在此背景下,A市通过制定《关于开展刑事案件认罪认罚从宽制度试点工作实施细则(试行)》,进一步细化了A市认罪认罚案件的适用范围、办理程序等,以更好地指导和推进试点工作的开展。B市基层院认罪认罚普遍适用率在75%以上。非试点的C省检察机关适应刑事诉讼法修改变化,主动结对,吸收各试点地区的经验做法,认罪认罚制度已经全面铺开。在各地基层院内部,也存在着适用不平衡的问题。例如,A市人民检察院在《全市检察机关2019年1—9月认罪认罚和量刑建议数据的通报》中指出,2019年1—9月,全市检察机关认罪认罚适用率为52.47%,其中未达到平均水平的基层院7个,且有些基层院的比例过低。经统计,2018年A市检察机关全年认罪认罚适用率为61%,全市整体适用认罪认罚从宽制度的比例仍需提升。另外,认罪认罚从宽制度开展较好的地区,基本实现了以确定刑建议为主,部分省级检察院确定刑建议占量刑建议总数的62%,部分市级检察院认罪认罚案件提出确定刑建议比例达100%,有些省基层院确定刑建议的采纳率达100%。相比而言,部分地区确定刑建议的提出及采纳率仍需较大提升。实践中,认罪认罚案件多集中于危险驾驶、故意伤害、盗窃、妨害公务等罪名,且90%以上为速裁案件,认罪认罚制度的适用在轻罪案件中最为普遍。

(二) 轻罪检察中刑事和解制度的实施现状

在我国,能够采取刑事和解制度的案件已在相关法律性文件中有了具体的规定。我国《刑事诉讼法》第288条至第290条对当事人和解的公诉案件诉讼程序作出明确要求。刑事和解的范围限定,具体如下:(1)因民间纠纷引起,涉嫌刑法分则第四章、第五章规定的犯罪案件,可能判处3年有期徒刑以下刑罚的;(2)除渎职犯罪以外的可能判处7年有期徒刑以下刑罚的过失犯罪案件。并将犯罪嫌疑人、被告人在5年以内曾经故意犯罪的排除在该程序适用之外。最高人民检察院出台的《人民检察院刑事诉讼规则》对刑事诉讼法的规定进一步予以补充,要求上述公诉案件需同时符合"属于侵害特定被害人的故意犯罪或者有直接被害人的过失犯罪"以及"案件事实清楚,证据确实、充分"的条件。由此可见,当前刑事和解制度将主要适用于轻罪案件,通过犯罪嫌疑人真诚悔罪，向被害人赔偿损失、赔礼道歉等，得到被害人的谅解，从而在司法阶段获得从轻处理的效果，对于犯罪情节轻微的刑事案件，可以由检察机关作出相对不起诉的决定。以 A 市 D 区为例，A 市 D 区人民检察院 2017 年对刑事案件作出相对不起诉 40 余人，占全年受理案件总人数的 2.7%，涉及刑事和解的有 6 人。2018 年对刑事案件作出相对不起诉 80 余人，占全年受理案件总人数的 5.6%，涉及刑事和解的有 17 人。2019 年 1—9 月，对刑事案件作出相对不起诉 100 余人，占该阶段受理案件总人数的 8.08%，涉及刑事和解的共 28 人。伴随着刑事和解制度在轻罪案件中的适用比率逐年上升，探究轻罪和解制度的构建，对部分轻微犯罪采用刑事和解程序予以解决，对于提高诉讼效益、及时有效地恢复与调和社会秩序，不失为一种良策。

（三）轻罪检察中起诉裁量制度的实施现状

真正实现宽严相济的刑事政策，需要科学配置刑罚、完善刑罚适用，在轻罪案件中实行合理的起诉裁量制度成为了刑事立法、司法的重要一环。轻罪制度的构建需要与之搭配的轻罚体系。通过研究近三年 A 市 D 区人民法院的刑事判决情况，2017 年一审生效判决 1000 余件 1100 余人，其中判处有期徒刑 3 年及以下刑罚的 1030 余人；2018 年一审生效判决 890 件 980 余人，其中判处有期徒刑 3 年及以下刑罚的 920 余人；2019 年 1—9 月一审生效判决 690 余件 810 余人，其中判处有期徒刑 3 年及以下刑罚的 730 余人。由此可见，轻罪案件及轻罪被告人在刑事案件及刑事被告人中所占的比例较高。但我国现行刑事政策仍具有明显的重刑化倾向，主要表现为设置死刑的罪名多、自由刑封闭以及轻缓刑种少。通过研究上述 A 市 D 区人民法院的刑事判决样本发现，2017 年被判处有期徒刑以上刑罚的被告人占全部轻罪被告人的 74.28%，2018 年占比为 87.65%，2019 年 1—9 月占比为 87.99%，说明即便在社会危害相对轻微的轻罪案件中，有期徒刑的运用仍然占据绝对主流地位，这也是轻罪案件量刑过重的主要表现之一。另外，2017 年 A 市 D 区人民法院一审生效的刑事判决中适用单处罚金刑的有 3 人，2018 年有 2 人，2019 年 1—9 月仅 1 人，实践中罚金刑主要作为一种附加刑，与自由刑同时存在于刑事判决中，如盗窃罪中适用罚金刑的比例几乎达到 100%。抛开法定必须判处罚金刑的这一因素，罚金刑几乎没有体现出其预设功能的任何优势，尤其是在惩罚贪利性犯罪、应对轻罪和轻罪被告人方面的优势。[①] 另经数据分析发现，样本的轻罪被告人中，

---

① 杨迪：《我国轻罪案件刑罚配置的规范化进路——以刑事裁判大数据为方法》，载《法律适用》2018 年第 7 期。

2017年被判处缓刑的共计320余人，2018年共计350余人，2019年1—9月共计100余人，说明当前轻罪案件缓刑适用比例仍较低，同时表明检察机关的不起诉权还有很大的拓展适用空间。而造成此现象的原因主要在于刑法规定适用缓刑的实质标准是"没有再犯罪的危险"和"宣告缓刑对所居住社区没有重大不良影响"，需要司法机关借助经验与感觉进行综合判断，且当前犯罪人有较大部分属于外地户籍，导致实践中在适用缓刑时较为保守。

三、轻罪检察体系对于社会治理的现实意义

（一）轻罪检察中适用认罪认罚从宽制度的社会效果

1. 简化审理程序，疏解案件压力

轻罪案件占比较高为实践中适用认罪认罚从宽制度提供了良好的基础。当前，我国判处3年以下有期徒刑的案件比例达到80%，且呈上升趋势。对该部分案件进行程序分流，是检察机关适用认罪认罚的重点，符合国际刑事司法领域"轻轻重重"的总体趋势。在国家层面，将诉讼所需成本、时间限制在一个合理、较低的水平，设计快速、低成本的简化处理程序成为现实选择。我国刑事诉讼已初步形成了"普通程序—简易程序—速裁程序"的三级"递简"格局，而简易程序与速裁程序的选择多集中于轻微案件，以被告人认罪为前提，由此可见，认罪认罚从宽制度的基本价值和功能在于为简易程序和速裁程序的适用提供正当化机制和动力机制，提高其适用率，从而在行动层面优化司法资源配置。①

2. 加强教育转化，促进回归社会

在刑事诉讼中，认罪认罚从宽制度体现了现代司法理性、平和、宽容的理念，是通过犯罪人自主认罪，选择简化程序，从而获得实体处理或程序上的优待，在一定程度上减弱了犯罪人与司法机关之间的对抗关系，使犯罪人参与对其量刑的过程，更易于接受判决的结果，在刑罚执行完毕后更积极地回归社会。在适用认罪认罚阶段，检察机关通过对犯罪人进行释法说理，使其深刻认识到自身行为的社会危害性，鼓励犯罪人在侦查、检察阶段坦白，加强教育转化，有助于大量社会危害性较小的犯罪嫌疑人快速融入社会。

---

① 魏晓娜：《完善认罪认罚从宽制度：中国语境下的关键词展开》，载《法学研究》2016年第4期。

(二) 轻罪检察中适用刑事和解制度的社会效果

1. 化解刑事矛盾，促进社会和谐

传统司法模式主张国家利益高于一切，崇尚重刑主义，罪刑相称。这种以牙还牙追求天然平等的心态，使得犯罪人缺乏赎罪感，被害人内心的愤怒无法释怀，犯罪造成的社会矛盾和对立不但得不到有效解决，而且还可能导致相互感染和循环报复。刑事和解则通过对立各方的积极参与，发挥犯罪人与被害人在解决刑事矛盾中的能动作用，努力为双方营造对话的氛围与空间，通过双方的协商与让步，逐步化解矛盾，从根本上消除犯罪行为所带来的隐患，促进构建和谐的社会环境。①

2. 维护被害人权益，强化实践效果

刑事和解制度以被害人利益为中心，通过增加被害人在解决刑事纠纷中的主动权和决定权，提升被害人的诉讼地位，在一定程度上弥补了立法对被害人权利保护的不足。尤其在轻罪案件中，由于罪行本身较为轻微，部分犯罪人在受到刑罚处罚后，产生对抗心理，拒绝对被害人进行赔偿，会使被害人的利益得不到及时、有效的保护。建立轻罪和解制度，被告人为了减轻处罚积极充分地赔偿被害人的损失，无疑能够最大程度地维护被害人的利益。

(三) 轻罪检察体系中适用轻罪轻罚的社会效果

1. 转化刑法功能，转变惩治理念

我国刑法一直强调威慑、警示功能，刑法中所规制的罪名不断增多，在违法行为犯罪化成为客观存在的趋势下，需要通过完善刑罚配置和刑罚适用来应对案件特别是轻罪案件的增长。近年来，轻罪被告人在全部刑事案件被告人中占比达到八成以上，很多轻罪被告人并非具有较大的社会危害性，有时仅因一念之差踏上犯罪道路，需要通过轻罪轻罚体系给予其重新回归社会的机会。将刑法的威慑、警示功能在一定程度上转化为教育、引导功能，将对轻罪犯罪人的隔离禁锢在一定程度上转化为包容理解，才能真正实现对犯罪人的改造，保障社会的稳定和谐。

2. 科学适用刑罚，强化综合治理

轻罪案件中被告人被判处的刑期往往较短，短期自由刑的适用对于犯罪人回归社会具有一定的弊端。在监狱这样的密闭性场所，关押人员的混杂导致犯罪人在思想观念上存在交叉感染的可能性较大，甚至使监狱成为交流学习犯罪

---

① 董士昙：《轻罪和解制度的中国适用》，载《聊城大学学报（社会科学版）》2007年第4期。

技能的场合。罪犯在刑满释放后因为与社会隔绝，导致其难以融入正常的社会生活，缺乏生存技能，并不利于对犯罪人的教育转化。同时前科记录的留存对于犯罪人具有一定程度的影响。因此，对轻罪犯罪人需要适用轻罪轻罚制度，减少短期羁押的适用比例，降低对监禁刑在控制犯罪方面的期待，综合运用政治的、经济的、思想的、行政的、法律的各种措施和多种方式预防犯罪。[①]

四、健全轻罪检察体系的困境与对策

（一）适用认罪认罚从宽制度面临的困境

1. 被告人认罪的自愿性审查有待强化

当前轻罪案件适用认罪认罚从宽制度后，较多采用速裁程序，法院基本上省略了法庭调查和法庭辩论环节，只要被告人当庭对起诉书及量刑建议无异议，法院都会当庭宣判。被告人一般不具有法律知识和诉讼经验，在诉讼中与检察机关在案件证据信息掌握程度上极不对称，且被告人一旦认罪认罚，即意味着基本上放弃了辩护权，失去了无罪辩护的机会。为防止被告人在被胁迫或受利诱的情况下作出错误的认罪认罚，也为了避免可能发生的冤假错案，需要建立一种保障被告人认罪认罚自愿性的制度机制。唯有如此，才能减少被告人出现诉讼反悔的几率，大大降低案件的上诉率，从整体上提高诉讼效率。[②]

2. 对被害人诉讼请求的关注度有待加强

当前认罪认罚从宽制度的适用，司法机关将更多的精力集中于被告人是否"认罪"与"认罚"，对于被害人的诉讼请求在一定程度上有所忽视。在刑事诉讼中，被害人通常关注两个方面：一是对定罪量刑过程的诉讼参与；二是对民事赔偿问题的合理诉求。轻罪案件审理过程中，为节省诉讼成本、提高诉讼效率，检察机关往往根据对案件审查的事实与被告人达成量刑上的一致，被害人实际上并未参与到定罪量刑的诉讼过程中。部分认罪认罚案件中，被害人实际上并未得到相应的赔偿，使得被害人认为其权益的维护和诉讼请求的表达被司法机关漠视，从而走上申诉和信访之路，直接导致检察机关的案件办理未达到应有的社会效果，影响社会的和谐与稳定。

3. 值班律师参与法律帮助的局限性有待破解

虽然目前部分地区在认罪认罚适用层面已经做到了值班律师全覆盖，但值

---

① 黄华生：《刑法功能的局限性及其刑事政策意义》，载《甘肃政法学院学报》2006年第1期。

② 陈瑞华：《"认罪认罚从宽"改革的理论反思——基于刑事速裁程序运行经验的考察》，载《当代法学》2016年第4期。

班律师在诉讼阶段仍主要集中于为犯罪嫌疑人提供法律咨询、程序选择，在犯罪嫌疑人签署认罪认罚具结书时充当见证人的角色。实践中存在值班律师并未参与检察官与犯罪嫌疑人的量刑协商过程，而只是在协商结束后，参与认罪认罚手续的签署。这就导致犯罪嫌疑人在与检察官进行量刑协商的关键阶段，并未得到有效的法律帮助，最终接受检察官提出的量刑建议。同时当前司法实践中对值班律师的定位并非辩护人，值班律师缺少辩护人所享有的阅卷权、会见权、调查取证权等，这使得值班律师在真正发挥对犯罪嫌疑人的权利保障方面缺少了坚实的基础。[1] 另外，由于值班律师一般是接受法律援助机构的指派前来值班的律师，所获得的报酬微薄，导致其缺乏参与量刑协商的积极性与主动性。

（二）适用认罪认罚从宽制度的建议

1. 保障犯罪嫌疑人在认罪认罚阶段的自愿性

保障犯罪嫌疑人在认罪认罚阶段的自愿性，应做好以下几点：一是检察机关需要充分告知犯罪嫌疑人适用认罪认罚的权利及后果。由于轻罪案件事实一般较为简单，审查时间较短，导致实践中检察机关在告知犯罪嫌疑人认罪认罚的权利义务方面会流于形式。只有充分保障犯罪嫌疑人的知情权，才能真正实现其认罪认罚的自愿性。二是检察机关需要控制量刑协商的幅度，给予犯罪嫌疑人的从轻量刑必须建立在案件事实清楚、证据确实充分的基础之上。三是提高量刑的精准度。一般而言，量刑建议越具体，犯罪嫌疑人与检察机关协商的动力越大，达成一致的可能性越高。对于轻罪案件，更应当充分发挥确定刑量刑建议在推进认罪认罚制度中的积极作用，针对个案应提出具体的刑种和刑期，检察机关应克服对精准量刑的畏难情绪，积极与当地法院协商沟通，统一量刑标准，实现办案效果。

2. 提升对被害人诉求的关注度

由于轻罪案件的特殊性，社会危害性较小，检察机关在处理案件的过程中，不仅需要考虑法律的犯罪惩治功能，更应重点把握办案的疏解整治效果。如何在适用认罪认罚的过程中，合理处理犯罪嫌疑人与被害人之间的矛盾，达到良好的社会治理效果成为检察机关办案的重点问题。一方面，需要促使被害人在一定程度上参与量刑协商的过程，在检察机关对犯罪嫌疑人适用认罪认罚制度之前，需要听取被害人对案件处理结果的意见，同时充分考虑犯罪嫌疑人

---

[1] 陈瑞华：《刑事诉讼的公力合作模式——量刑协商制度在中国的兴起》，载《法学论坛》2019年第4期。

对被害人的赔偿情况。另一方面,在案件审查阶段,检察机关需要加强对犯罪嫌疑人释法说理,在合理范围内促使犯罪嫌疑人积极对被害人进行赔偿,从而对犯罪嫌疑人作出从轻处理,真正实现案件办理的社会效果。

3. 加强值班律师的参与度

通过适当扩大值班律师的参与度,赋予值班律师阅卷权和会见权,最大程度地争取将值班律师转化为辩护人角色。检察机关要尊重和保障律师依法执业,就涉嫌的犯罪事实、罪名及量刑、程序适用等问题认真听取律师意见,共同推进认罪认罚从宽制度的落实。在检察官与犯罪嫌疑人进行量刑协商的全部过程,均要求有值班律师在场,为犯罪嫌疑人提供法律帮助。赋予值班律师阅卷权,了解公诉方的案卷证据情况,使双方信息保持对称。另外,在一定程度上提升值班律师的待遇,能够提高其参与量刑协商的主动性,更好地保障犯罪嫌疑人的权利。

(三) 适用轻罪和解制度的困境和建议

1. 适用轻罪和解制度面临的困境

(1) 适用比例有待提高。根据当前轻罪案件适用和解制度的情况分析,刑事和解并未在轻罪案件中发挥出最大成效。一方面是由于犯罪嫌疑人无法及时赔偿被害人遭受的经济损失,另一方面当前司法环境下对轻罪和解制度的重视程度仍有待提升。在我国现阶段,诸如侵犯公民的人身权利、财产权利和民主权利的犯罪,以及侵犯知识产权、合同诈骗等个别经济犯罪,可以适用刑事和解模式。实际上,刑事和解应当可以适用于实施犯罪后至刑事司法程序结束的各个阶段。只有加大轻罪和解制度的适用,才能充分实现案件办理的效果。

(2) 和解的自愿性审查有待加强。刑事和解在实践中会因多方利益的角逐而偏离预先设想的初衷,有可能产生制度的异化。一方面,由于刑事案件的特殊性,公权力机关对案件审查时可能会参与到案件是否适用刑事和解的过程中来。实践中的某些案件,为了使案件得以快速顺利审结,可能会出现使用公权力迫使犯罪嫌疑人或被害人签署和解协议的情况出现。[①] 另一方面,有时被害人也会因财力悬殊而被迫和解。如在轻伤害案件中,若犯罪嫌疑人积极赔偿,取得谅解,对于社会危害性较小的案件,可能会取得缓刑或相对不起诉的处理结果。而对于犯罪情节相同,但无力赔偿的犯罪嫌疑人则需要接受限制自由刑的处罚。不可否认的是,当事人双方地位与财力的悬殊可能会造成无奈的和解结果,但笔者认为,刑事和解是否异化的关键仍在于被害人接受和解是否

---

① 葛琳:《刑事和解研究》,中国政法大学 2007 年博士学位论文。

违背其本意。

2. 适用轻罪和解制度的建议

（1）重视对和解协议内容的审查。和解协议涉及刑事案件的处置且最终将产生法律效果，因此必须由司法机关对协议的内容予以审查。对于符合当事人和解的公诉案件诉讼程序适用条件的认罪认罚案件，检察机关应该积极促进当事人自愿达成和解，可以主持制作和解协议书。对其他认罪认罚案件，检察机关也应促使犯罪嫌疑人积极向被害人赔偿损失以达成谅解。检察机关在案件审查过程中应当对协议的真实性、合法性、目的性进行审查，确保协议是在个人真实的意思基础上达成，不得违背国家的法律法规，协议内容具有解决双方当事人矛盾的目的。为确保被害人是基于自愿性签署的和解协议，检察机关有必要与被害人逐案进行沟通，采取会见被害人、通话录音等形式确保和解协议的真实有效。

（2）进一步明确轻罪和解的限度。轻罪案件中，刑事和解可以包括罪的和解与刑的和解。对于轻微刑事案件尤其是被害人有明显过错，犯罪嫌疑人系一时激愤而犯罪的，可以适用刑事和解；但犯罪情节恶劣、严重侵犯国家和公共利益的重大案件等，不应适用刑事和解。[①] 而轻罪案件中的刑的和解，是指因为犯罪人和被害人的和解，致使法院审判时将其作为对犯罪人的酌定量刑情节考虑因而给予适当的从宽处罚。但无论在哪种层面确定刑事和解的范围，都需要建立在清楚的案件事实和证据的基础之上，不应改变整个案件的定性和基本量刑标准。同时对于当事人不同意达成和解的案件，即便案情简单，定性清晰，检察机关也不得强制要求双方达成和解。

为实现国家治理现代化的战略要求，应通过充分发挥轻罪检察体系在司法实践中的作用，以认罪认罚从宽制度为前提，以轻罪和解制度为依托，以轻罪轻罚制度为杠杆，探索检察机关在促进社会治理体系现代化中的重要路径，发挥检察机关在提升社会治理能力层面的切实优势，真正实现共建共治共享的社会治理格局。

---

① 马雪平：《刑事和解的限度》，河北大学 2012 年硕士学位论文。

自助结账型超市盗窃案的司法实践难点与对策*

北京市西城区人民检察院课题组**

近年来,随着手机移动支付技术的快速发展,很多超市采用顾客自助商品扫码、手机扫码付款这一新型结算方式,通常称之为"自助结账"。这种结账方式,在便利顾客快速结账、降低超市企业人工成本等方面有着积极意义。但同时,由于无收银员在现场看管监督,有少数消费者贪图占小便宜的心理而不扫码结账而将商品带出超市予以占有,这种行为极易触犯刑法而构成盗窃犯罪。

从北京市某区检察院近三年的办案实践来看,自助结账型超市盗窃犯罪呈现多发态势,且此类犯罪目前在证据采信、事实认定、刑事政策的把握运用等方面存在一定困难与疑惑。目前此类盗窃案高发频发,如何有效开展犯罪预防,本文对此进行研讨,并提出解决意见供参考。

一、深入推进认罪认罚从宽制度全流程适用与化解矛盾

(一)以全流程推进认罪认罚从宽制度适用工作来化解此类案件办理的实践困难

由于此类犯罪系轻微犯罪,即使起诉后判决的刑期普遍比较轻微,绝大多数适用缓刑,故此犯罪嫌疑人愿意认罪以获得从宽、甚至不起诉处理。基于此,办理此类案件,可大力推广适用"繁简分流",将此类案件作为简易案件予以简化办理,同步开展认罪认罚从宽工作,以犯罪嫌疑人认罪伏法、真诚悔罪为重要追求价值,快速办结案件,实现良好社会效果,从而保证检察机关办案整体上"案-件比"达到良好效果。

---

* 本文系北京市人民检察院 2021 年检察理论课题阶段性成果,立项编号 BJ2021B23。
** 课题主持人:胡乩生,北京市西城区人民检察院检察官;课题组成员:赵雯娜、王嘉成、陈亮,北京市西城区人民检察院。

(二) 对轻微犯罪坚决贯彻"少捕慎诉"刑事司法政策

"以人民为中心"的执法理念，要求我们更加深刻理解把握当前的时代特征，更加注重化解矛盾，注重运用"枫桥经验"，在办案过程中以多种形式促进矛盾化解、促进犯罪嫌疑人转化、减少对立面、促进社会和谐。具体到此类犯罪中，由于本质是人民内部矛盾、表现为轻微犯罪，因而惩罚不是目的，教育挽救才是良策。这就要求我们在执法中准确理解和把握"少捕慎诉"的精神实质。对于真诚认罪悔罪、系初犯偶犯的此类轻微犯罪的涉案人员，原则上可以以其实际盗窃次数、涉案金额为标准，基于少捕慎诉的刑事司法政策进行宽缓化处理。

二、基于客观公正立场，准确把握运用宽严相济政策

(一) 检察官要始终秉持客观公正的基本立场

客观公正是检察机关、检察官必须始终秉持的基本立场。具体到办理此类案件中，就要坚持"以事实为根据，以法律为准绳"的刑事诉讼原则。一是要依法客观认定案件事实，这主要要求提高证据意识，综合运用多种审查调查方法，确保用于定案的证据客观、真实、完整、关联，要以客观证据为核心构建起每一起案件的证据体系，从而保证刑法适用的准确性、公正性。二是要依法客观认定量刑情节。加大对法定情节的运用，减低对酌定情节的运用。具体而言，就是以犯罪嫌疑人是否如实供述、是否有真诚认罪悔罪表现、是否有退赔意愿等法定情节为主要判断依据，减少对被盗超市出具谅解书酌定情节的依赖，必要时（如超市恶意索要高额赔偿金的情形），也可不考虑被盗超市不予出具谅解书的情况。

(二) 全面准确理解和运用宽严相济政策

要进一步深化对宽严相济政策的理解和运用。在准确认定案件事实、严格把握量刑情节的基础上，善于全面准确地贯彻宽严相济政策。一是要准确判断案件事实、性质的严重程度、涉案人的主观恶性大小等，在此基础上，提出该案是否从宽处理，抑或从严打击的办案路径。二是根据案件事实、法律具体规定，提出是否应当逮捕、是否需要起诉、是否需要提出轻缓化处理的量刑建议等。三是要将惩罚与教育挽救的刑罚目的贯穿始终。在办案各环节，都要及时发现、及时体现宽与严不同情形的落实。

三、大力开展犯罪预防，促进社会和谐

（一）在超市安全管理上下功夫，从犯罪源头开展预防

从实际情况来看，绝大多数超市在自助结账处安排的防损员事实上并不对消费者是否扫码结账进行巡查，甚至不安排防损员；能够安排工作人员在消费者结账后对小票和商品进行核实的超市少之又少。对于顾客自助结账行为疏于监管，防损报警机制也不健全的状况，既在客观上给行为人造成了"门户大开"的便利条件和可乘之机，也在主观上刺激了行为人占小便宜并自认为难以被发现的侥幸心理，这种做法的风险是客观存在甚至显而易见的。①

此外，部分超市完全可以在发现行为人第一次实施盗窃行为时就报警处理，此时行为人面临的往往只是行政处罚，但超市却通过人脸识别或其他技术对行为人进行记录，当盗窃次数达到三次以上时再报警处理，此时等待行为人的往往是刑事处罚，而为了能够获得刑事层面的从轻处理，行为人便不得不缴纳高额的赔偿金以获得被盗单位的谅解。

由此可知，目前超市的自助结账模式，本身要加强制度完善，从技防、人防相结合的角度，实现及时发现、及时提示、及时处理。一是要在场地、设备上，在自助结账通道设置显著安全提示，以警示潜在的贪小便宜者，不能触犯法律红线。二是要落实人防措施。在自助结账通道出口处，严格执行工作人员对商品和小票核查复查制度。三是超市自身要建立完善的安全防范措施制度、实现动态警示。如超市每日盘点后遇有未结账的情况，要及时发现、调取收集证据并录入安全管理记录系统。

（二）发挥检察职能全面开展预防工作

一是加强与市场监督管理局等行业主管机关的沟通合作。通过案件联席会、制发检察建议等方式，与市场监督管理机关沟通情况，提出意见。由行业主管机关对区域重点超市企业予以督促约谈，督促企业对自助结账模式予以改进完善，降低潜在的犯罪风险。二是全面发挥法治宣传教育工作职能，按照"谁执法，谁普法"的要求，利用"十进百家、千人普法"、法治课堂、微讲堂等多种法治宣传平台和载体，积极开展此类犯罪的宣传，促进社会公众知法懂法、自觉守法。

---

① 黄京平、曲新久：《自助购物领域多次盗窃犯罪如何治理》，载《检察日报》2021年1月27日，第3版。

（三）针对典型个案、规律性类案制发检察建议

检察机关应当利用好检察建议在社会治理中的积极作用。针对部分超市在自助结账区不设置工作人员对消费者的购物小票进行核实、发现初次盗窃行为后不处理、索要赔偿金额过高等现象向超市总部制发检察建议，并积极督促相关企业部门落实。

四、制定类案办理参考体系

如前所述，当前检察机关在办理此类盗窃案件时缺乏统一、稳定的判断标准，一定程度上影响了法律的严谨性和权威性，也不利于最高人民检察院所倡导"宽严相济"司法理念的贯彻。因此，有必要制定合理的"诉与不诉""可否建议适用缓刑"的判断标准，制定类案处理参考体系。

（一）具有决定性影响的关键因素

在此类案件中，一些因素会直接对检察机关是否起诉犯罪嫌疑人、是否提出适用缓刑的量刑建议起到决定性作用，具体如下：

1. 犯罪嫌疑人的前科劣迹情况

犯罪嫌疑人的前科劣迹情况，一方面，从客观上反映了犯罪嫌疑人的社会危害性，尤其是曾受到刑事处罚的犯罪嫌疑人所具有的社会危害性明显大于无前科劣迹的犯罪嫌疑人；另一方面，曾受到刑事处罚的犯罪嫌疑人，尤其是曾因盗窃受到刑事处罚的犯罪嫌疑人，应当知道自己所实施的是盗窃犯罪行为却依旧实施，主观恶性较大。

另外，从刑事强制措施的角度来看，《刑事诉讼法》第81条"有证据证明有犯罪事实，可能判处徒刑以上刑罚，曾经故意犯罪或者身份不明的，应当予以逮捕"的规定，也从侧面印证了曾有故意犯罪前科的犯罪嫌疑人具有的社会危险性较大。而曾受到过行政处罚的犯罪嫌疑人，考虑到行政处罚相较于刑事处罚在社会危害性上程度较轻、犯罪嫌疑人主观恶性相对较小，故对该类嫌疑人，应当区分考虑。

综上，在此类案件中，犯罪嫌疑人的前科情况对检察机关的处理具有决定性作用，具有刑事或行政前科的犯罪嫌疑人一般应当提起公诉，具有刑事犯罪前科，尤其是故意犯罪前科的犯罪嫌疑人，一般应当起诉且不建议适用缓刑；单纯具有行政处罚记录的犯罪嫌疑人，可以适用缓刑。另外，若曾被判处刑事处罚或被处以行政处罚的案由系盗窃罪或盗窃行为，一定程度反映出犯罪嫌疑人屡教不改的主观恶性，应当区分考虑。

2. 是否达成赔偿谅解

自助型超市盗窃犯罪属于当前社会环境下一种特定类型的盗窃犯罪，但究其本质，其侵犯的法益是公私财产权利，具体而言，侵犯的是被盗超市的财产权。因此，犯罪嫌疑人若及时对被盗超市进行经济赔偿，一定程度上能够弥补对超市带来的财产损失，而获得被盗超市出具的谅解书也表明被害单位对犯罪嫌疑人盗窃行为表示谅解的态度。因此，犯罪嫌疑人与被盗超市是否达成赔偿谅解对检察机关的处理结果也会起到决定性作用。

然而，笔者认为若对未达成赔偿谅解的犯罪嫌疑人一律不适用不起诉制度，存在一定的不妥之处。实践中，自助商家要求盗窃行为人数倍、数十倍的赔偿，却拒绝与犯罪嫌疑人和解，这种做法是违反公平正义法理的。① 一些家庭经济条件存在困难的犯罪嫌疑人无力承担高额的赔偿金，便无法获得被盗超市的谅解。若此类犯罪嫌疑人无前科劣迹，盗窃次数较少（如3次）、金额较小（如500元以下）且认罪悔罪，并按照商品售价进行赔偿的，本着宽严相济的司法理念，从教育感化的角度出发，可以考虑对犯罪嫌疑人作出不起诉处理。

另外，《人民检察院刑事诉讼规则》第373条规定，人民检察院决定不起诉的案件，可以根据案件的不同情况，对被不起诉人予以训诫或者责令具结悔过、赔礼道歉、赔偿损失。是否可以适用该条规定，对部分犯罪嫌疑人在决定不起诉后责令其按照售价赔偿被盗超市的损失，也给检察机关在处理此类案件时提供了新的思路。

3. 盗窃次数与盗窃商品价值

犯罪嫌疑人盗窃的次数及被盗商品的总价值，更加直观地反映了盗窃行为造成的社会危害性和犯罪嫌疑人的主观恶性，因此也会对检察机关的处理起到决定性作用。

对于在超市以不扫码结账进行盗窃的犯罪嫌疑人来说，由于超市对商品的价格进行了标记，犯罪嫌疑人对自己所盗窃商品的价值至少有着一定的预估，对于盗窃的次数也应当处于明知的心理状态，故在对犯罪嫌疑人的盗窃次数和盗窃金额进行考量时，应当综合分析，既不能"抛开金额谈次数"，也不能"抛开次数谈金额"。

司法实践中，此类案件绝大多数犯罪嫌疑人达到入罪标准都是因为盗窃次数达到了《刑法》第264条规定的盗窃罪中的"多次盗窃"标准，即3次。对于"多次盗窃"是否以盗窃罪论处这一问题，张明楷教授认为，"首先要考虑行为是否盗窃值得刑法保护的财物，其次要综合考虑行为的时间、对象、方

---

① 《自助购物领域多次盗窃犯罪如何治理》，载《检察日报》2021年1月27日，第3版。

式以及窃取的财物数额等"。① 而此类案件中犯罪嫌疑人往往都是出于贪小便宜的心理,且盗窃物品价值普遍不高,与传统意义上的多次盗窃犯罪有着一定区别。对盗窃次数这一情节进行分析:当犯罪嫌疑人盗窃次数达到6次(已达到入罪标准的2倍)时,犯罪嫌疑人的主观恶性较大,是否可以不起诉,应当结合盗窃金额及其他情节慎重考虑;当犯罪嫌疑人盗窃次数达到9次(已达到入罪标准的3倍),一般不应再考虑作出不起诉决定。

而从盗窃商品的总价值进行分析时,有必要参考北京市高级人民法院《〈关于常见犯罪的量刑指导意见〉实施细则》(以下简称《北京市量刑指导意见实施细则》)的规定,即盗窃公私财物,犯罪数额达到"数额较大"起点为2000元。

故当犯罪嫌疑人的盗窃次数已达到多次盗窃的标准,即3次及以上时,若被盗物品价值总计达到2000元及以上的,属于满足双重入罪标准,这在《北京市量刑指导意见实施细则》中也属于可以从重处罚的情形,无论是客观危害性还是主观恶性都较严重;若被盗物品总计价值在1000元以下(入罪标准的1/2)时,可以认为客观危害性与主观恶性相对较低。中国政法大学曲新久老师也认为,"盗窃自助超市六七次以上,金额1000元以上的考虑追究刑事责任,在司法政策把握的尺度上是比较合适的"。

综合以上因素及司法实践中的经验,可以总结出以下规律:若犯罪嫌疑人盗窃次数不满3次,即使犯罪嫌疑人盗窃金额达到数额较大的标准,也可以参照《北京市量刑指导意见实施细则》中规定的"盗窃公私财物数额较大,行为人认罪、悔罪,退赃、退赔,且具有下列情形之一,情节轻微的,可以免予刑事处罚:具有法定从宽处罚情节的;没有参与分赃或者获赃较少且不是主犯的;被害人谅解的;其他情节轻微、危害不大的"。当然,此种情况在自助结账型超市盗窃犯罪中属于极少数情况。

为了能够更加直观、明确地确定检察机关的处理标准,笔者设定出"一般可以不起诉""慎重不起诉"与"应当起诉"三种不同标准,当犯罪嫌疑人盗窃次数达到3次及以上时,可以参考下表的标准进行处理:

次数＼金额	1000元以下	1000—2000元	2000元以上
3—5次	一般可以	慎重	应当起诉
6—8次	慎重	应当起诉	应当起诉
9次及以上	应当起诉	应当起诉	应当起诉

---

① 张明楷:《刑法学》,法律出版社2016年版,第953页。

(二) 酌定性影响因素

除上述对检察机关处理案件起到决定性影响的关键因素外，在司法实践中，还有一些其他因素会影响到检察机关对案件的处理结果，影响检察机关提出较轻或者较重的量刑建议。

1. 盗窃物品的种类及用途

在此类超市盗窃案件中，被盗物品中绝大多数都包括食品，大部分包括洗发水、洗面奶等日用产品。但具体来看，食品也可以区分为价格普通、用于日常使用的食品与价格昂贵、带有一定享受性质的食品。日用品也可以区分为价格低廉的洗衣液等日用品或者价格昂贵的面膜化妆品等。在盗窃物品的用途上，可以区分为犯罪嫌疑人盗窃后自己食用、使用或者盗窃后用于出售牟利。因此可以说，盗窃物品的种类及用途一定程度上反映出犯罪嫌疑人的主观恶性。另外，犯罪嫌疑人的家庭情况（是否极其贫困导致生活所迫）也是检察机关对案件进行处理时酌定考虑的情节。

2. 是否具有预谋、结伙等作案情节

一般来说，大多数犯罪嫌疑人走上以自助结账漏扫、不扫二维码方式盗窃商品这条犯罪道路，都是因一时贪念，之后继续以同样手段进行盗窃，也都是本着占小便宜的心理，主观恶性相对来说并不大。但也有极个别犯罪嫌疑人，在通过网络或者其他方式了解到此种盗窃方式后，与他人事前合谋，选定具体的盗窃超市，并采用分工合作的方式进行盗窃，此种犯罪嫌疑人的主观恶性以及造成的社会危害性明显更大，也应当作为检察机关对案件处理时酌定考虑的因素之一。

3. 其他酌定考量因素

除上述几种情节外，在司法实践中，由于犯罪嫌疑人的身份特点、盗窃情节仍会有许多不同，故还存在一些其他可能影响检察机关决定的因素，如部分犯罪嫌疑人对全部商品不扫码结账，使用购物车将全部商品从自助结账通道带离，也展现出较一般犯罪嫌疑人更强的主观恶性。因此，在实践中，需要对案件的实际情况进行更加合理的把控，深入贯彻宽严相济的司法理念，对客观危害性和主观恶性较轻的犯罪嫌疑人，在合法合理的限度内予以从轻处理，让人民群众感受到司法的温度。

(三) 司法实践中的案件处理逻辑

梳理上述情节后，笔者对此类案件是否可以作出不起诉处理的逻辑进行梳理，具体而言：首先对犯罪嫌疑人进行主体上的判断，在确认其无前科劣迹后，进一步判断其是否对被盗超市进行了赔偿获得谅解，若未赔偿，是否属于确有赔偿意愿，但因超市要求金额过高未达成一致，同时考虑其他犯罪情节较轻的情况。若满足上述条件或者已经赔偿，则对于盗窃的次数和盗窃的金额进行综合分析（可结合前文中的表格进行判断），当盗窃的次数和总金额符合可以不起诉的条件时，最后分析本案是否有其他反映犯罪嫌疑人主观恶性或者客观危害性的犯罪情节，综合判断后，检察机关可以拟作出不起诉决定。

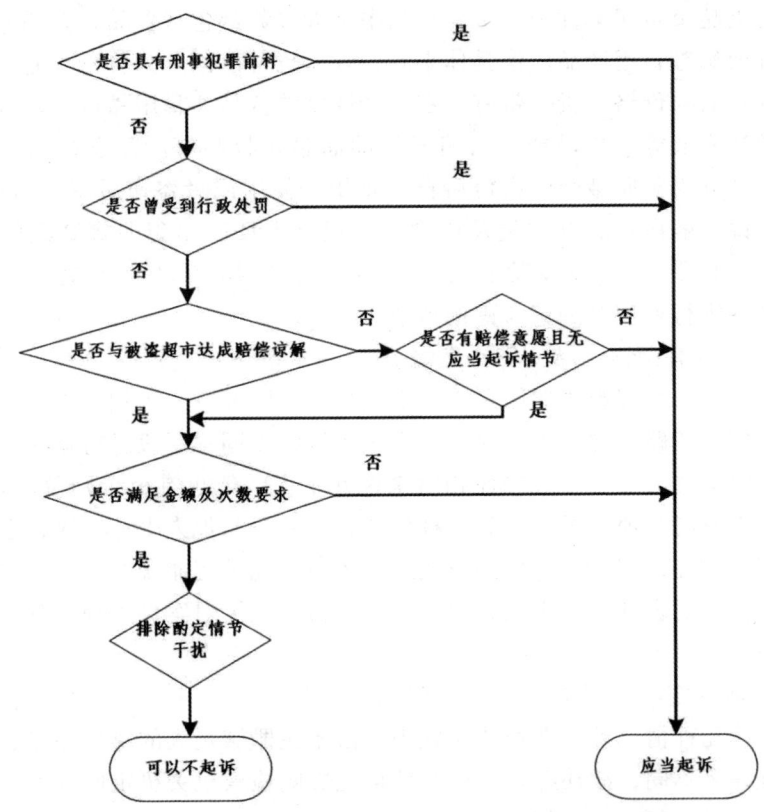

是否对犯罪嫌疑人提出缓刑的量刑建议，首先考虑犯罪嫌疑人是否符合《刑法》第72条关于适用缓刑的条件，在司法实践中，一般犯罪嫌疑人有刑事犯罪前科，尤其是故意犯罪前科的情况下，不考虑建议适用缓刑。除此之外，应当对全案情节系统分析，本着宽严相济的司法理念综合把握。

妨害公务类案件办理情况分析

吕晓华　李敏敏[*]

一、近三年妨害公务类案件基本情况及特点

（一）案件数量逐年上升

近三年来，笔者所在院受理的妨害公务类案件逐年上升。从案件受理数量上看，2019 年较 2018 年上升 36.7%，2020 年较 2019 年上升 6.9%，2021 年 1—4 月较 2020 年同期上升 1.53%；从受理人数上看，2019 年较 2018 年上升 28.2%，2020 年较 2019 年上升 11%，2021 年 1—4 月较 2020 年同期上升 1.3%。

（二）案件多发于公安机关执法领域，酒后妨害公务占比突出

妨害公务类案件主要发生于公安机关执法领域。从近三年的数据来看，约 95.3% 的案件发生在民警办案、接警处理治安纠纷、调解邻里矛盾、协助其他行政机关以及交警查获违章违停过程中。另有部分案件发生在工商、城管等行政执法人员执法检查过程中。

从发案情形看，绝大多数妨害公务类案件均是临时起意，其中酒后妨害公务占比突出，在民警接处警过程中拒不配合甚至借酒撒泼辱骂、推搡殴打民警而引发。

（三）暴力种类多样，且多造成执法人员身体损害

从行为方式看，涉案嫌疑人主要采用辱骂、踢踹、推搡、抓挠等较轻暴力方式阻碍执行职务；部分案件嫌疑人使用驾车闯卡、冲撞、拖行的方式阻碍交警、民警执法；有少数案件存在使用较重暴力或使用工具攻击的行为。

从造成后果看，妨害公务行为一般会造成执法人员皮外伤、软组织损伤等

---

[*] 吕晓华，北京市海淀区人民检察院第三检察部主任；李敏敏，北京市海淀区人民检察院。

伤害结果。造成执法人员轻微伤及以上的案件约占25%。另有少部分案件造成警车、警用装备、设施等损坏。

(四) 批捕起诉率高,但判刑普遍较轻

近三年受理的妨害公务犯罪案件中,批准逮捕的人数占全部受理人数的71.8%,提起公诉的人数占全部受理人数的82.9%。从所判刑罚看,约48.8%的被告人被判处拘役及以下刑罚,约51.2%的被告人被判处有期徒刑,其中,被判处1年以下有期徒刑的占90.2%,被判处1年以上有期徒刑的仅占9.8%。

二、妨害公务类案件办理中存在的问题

(一) 刑事处罚与行政处罚界限不清

对于妨害公务的行为,由《治安管理处罚法》和《刑法》分别进行规制。对于一般阻碍执行职务的行为,依据《治安管理处罚法》进行行政处罚,对于其中使用暴力、威胁方法阻碍执行职务的行为,则依据《刑法》以妨害公务罪追究刑事责任。但对于暴力、威胁的程度,立法没有明确规定,在理论界有抽象危险犯说、具体危险犯说及实害犯说的争论①,在司法实践中,对妨害公务罪中"暴力、威胁"认识和理解也存有分歧,导致行政处罚和刑事追责界限不清。

(二) 妨害公务罪和袭警罪的区分标准不统一

《刑法》第277条规定了妨害公务罪,2015年《刑法修正案(九)》增设第5款"暴力袭击正在依法执行职务的人民警察的,依照第一款的规定从重处罚"。2021年《刑法修正案(十一)》在原条文的第5款的基础上,增设了袭警罪,并规定了袭警罪的加重情节。这也是基于暴力袭警不仅对警察的身心造成严重损害,严重影响公安机关依法履行维护人民群众合法权益,保障社会治安稳定的职责,还破坏了社会正常管理秩序,损害国家法律的尊严,应当依法严惩。② 袭警罪确定后有关问题也随之而来,是不是所有针对民警执行公务时的侵害,都定袭警罪,也就是以对象区分妨害公务罪与袭警罪,但是"袭"是指"趁人不备,突然攻击",强调主动性,对于挣脱等被动反抗民警执法的行为,如何评价?现在实践中是认定为妨害公务。袭警罪中"暴力"是不是也要有一定程度的要求,没有达到这种要求的,如何评价?实践中也是认定为

---

① 王作富:《中国刑法研究》,中国人民大学出版社1988年版,第647页。
② 徐永安:《刑法修正案(十一)解读》,中国法制出版社2021年版。

妨害公务。辅警在人民警察带领下执行公务时,是可以作为妨害公务罪的对象的,但暴力袭击正在依法执行职务的辅警能否认定为袭警罪,则仍然存在争议,多数观点认为不能。如果不能的话,一个侵害行为同时伤害了辅警和民警,又该如何定性?

(三)公务人员的执法瑕疵对妨害公务行为定罪量刑的影响存在认识分歧

公务行为的合法性是构成妨害公务罪不可或缺的重要要件和前提。合法性要求执行者需具备抽象的和具体的授权,执法内容需达到合法性要求,执法程序需符合法定要求。[①] 一般来说,如果国家机关工作人员执行职务的活动有重大瑕疵,则不能评价为依法执行职务,群众对之进行反抗显然是合法的,不能认定为妨害公务犯罪。如果仅是轻微瑕疵,则不应当成为当事人阻碍公务执行的理由。但具体到现实中的妨害公务案件,公务人员执行职务的现场条件各不相同,案件的证据情况也参差不齐,如何判定具体执行职务行为是轻微瑕疵还是程序违法也是见仁见智。

另外,一些妨害公务案件中,公务人员在执行职务时,在言语或方式上可能存在不妥之处,如没有充分解释说明,机械执法,导致群众不理解,由此引发不满及对执行公务人员的抵触心理,一时激愤之下作出妨害公务的行为。这种情况是否影响量刑以及如何影响量刑也存在争议。

(四)强制措施方面,逮捕必要性把握标准过严,捕后判轻刑案件比例较高

妨害公务作为一种妨害社会管理秩序的犯罪,其行为扰乱社会秩序,影响执法权威,并且带有暴力性,司法机关出于保障社会稳定、体现法律尊严的考虑,在逮捕必要性的把握上更倾向于从严掌握。2018—2020年,笔者所在院受理的妨害公务审查逮捕案件的批捕率为71.8%。但同时,妨害公务犯罪又是一种轻刑犯罪,法定刑较轻,并且实践中大多数妨害公务案件的暴力行为都比较轻微,造成的危害后果也相对较轻,因此,所判刑罚也相应较轻。2018—2020年笔者所在院起诉的妨害公务犯罪案件中,约43%的被告人捕后被判处拘役及以下刑罚。这种逮捕必要性把握标准较严与实践中妨害公务案件大多捕后判轻刑的比率较高也存在矛盾。

---

① 王新环、朱克非、张京晶:《妨害公务案件实证分析》,载《国家检察官学院学报》2011年第3期。

（五）侦查取证方面，证据调取不充分导致案件事实认定存疑

在妨害公务类案件中，认定犯罪嫌疑人的行为是否构成犯罪主要依赖于在场人员的言词证据以及执法人员的执法记录仪录像或者案发现场的监控录像。在侦查取证时，侦查机关会第一时间调取执法人员、犯罪嫌疑人的言词证据及执法记录仪录像，但有时会忽视调取案发现场第三人的证言以及案发现场监控录像，执法记录仪录像也会由于拍摄角度等原因存在未拍到执法过程或者拍摄画面模糊等问题，在这种情况下，如果缺少能够反映现场情况的客观证据，难以还原案发当时的真实情况，犯罪嫌疑人的辩解不能排除合理怀疑的情况下，将导致案件事实认定存疑。

三、完善妨害公务类案件办理的建议

妨害公务作为一类特殊的犯罪，关系着警民关系、官民关系，必须妥善处理。实践中，涉案嫌疑人的行为五花八门且强度不同，轻至简单推搡，重至拳打脚踢致公务人员受伤。司法实务中应当贯彻宽严相济的刑事政策，在审查认定犯罪时，综合评判行为人的行为是否具有相当程度的社会危害性，区分不同情形予以差别化处理。对主观恶性较大、暴力、威胁等方法恶劣、社会危害严重的妨害公务、袭警犯罪行为人进行严厉打击，并从严把握从宽幅度；对于妨害公务手段并不恶劣、后果不严重、主观恶性不大、悔罪态度良好的初犯、偶犯等行为人，考虑代之以非刑罚处罚，实现法律效果和社会效果的有机统一。

（一）明确行政处罚与刑事处罚界限，实现行刑有序衔接

是否使用暴力、威胁方法是区分对妨害公务行为进行刑事追究和行政处罚的界限。笔者认为，这里的"暴力"，是指对执行公务人员的身体实施打击或者强制，如捆绑、殴打等；"威胁"是指以杀害、伤害、毁坏财产、毁坏名誉等相威胁。如果行为人没有实施暴力、威胁的阻碍行为，只是吵闹、谩骂、不服管理等，不构成犯罪，可以依法予以治安处罚。在司法实践中，应当结合案件具体情况，对违法情节及主观恶性程度综合考量。对于没有明显暴力、危害不大的妨害公务行为，直接予以行政处罚，不再进入刑事程序，在节约司法资源的同时既彰显刑法权威，也有助于更好地实现人权保障的目的。

（二）明确妨害公务罪与袭警罪的区分标准，实现罚当其罪

《刑法修正案（十一）》实施后，准确界定暴力袭警的范围是妨害公务罪与袭警罪区分的关键。笔者认为，第一，所谓暴力袭击，应是具有一定暴力程度对确定目标进行主动性攻击的行为。因此，对暴力袭击行为的认定，应当遵循主客观相统一的原则，严格区分以攻击、伤害警察人身为目的的暴力袭击行为和以抗拒执法为目的的反抗行为。前者主观恶性和人身危险性更大，适用袭警罪，后者虽也伴随一定程度的暴力行为，但其暴力行为社会危害性较小、程度较低，一般适用妨害公务罪。第二，暴力袭击的对象必须是正在依法执行职务的人民警察。辅警等不具有人民警察身份的人员，暂不宜纳入袭警罪的犯罪对象。

（三）坚持少捕慎诉慎押理念，准确适用强制措施

根据我国刑事诉讼法规定，逮捕强制措施主要适用于可能判处有期徒刑以上刑罚，采取取保候审尚不足以防止发生社会危险性的犯罪嫌疑人、被告人。实践中，对于妨害公务类犯罪案件，准确把握逮捕的适用条件，对严重妨害公务犯罪案件，坚持从严打击，快捕快诉，确保案件得到及时处理，使犯罪分子得到依法严惩；对于主观恶性不大，仅是因为对执法机关执法活动的不理解或者不接受，因管理与被管理、处罚与被处罚的矛盾激化而引发冲突，犯罪情节相对较轻，且认罪悔罪的犯罪嫌疑人，应当尽可能采取取保候审等非羁押性强制措施，避免捕后轻判，确保逮捕案件质量。

（四）建立联席联动机制，统一证据标准及执法司法尺度

司法实践过程中，公、检、法三机关应当进一步加强沟通协调，形成执法共识，建立联席联动机制，可通过联席会议、会签文件等形式就妨害公务类犯罪的定罪量刑标准、案件证据标准等达成一致意见。在具体办案过程中，也要加强联动，通过提前介入、引导侦查等方式，及时有效固定证据，确保案件侦查、起诉及审判工作顺利进行。

（五）加大法治宣传力度，增强执法规范性，预防和减少妨害公务类犯罪发生

妨害公务类案件的发生有多方面的原因，要预防和减少此类案件发生，一方面要加大法治宣传教育力度，将妨害公务犯罪的相关案例及时向社会公开，以案释法，剖析典型，揭露妨害公务行为的违法性和危害性，引导人民群众遵纪守法，在全社会营造敬畏法律、尊重执法人员的良好氛围。另一方面要加强对执法人员的规范化培训，提高执法规范性，增强释法说理能力，避免因执法方式简单粗暴使执法对象产生对抗情绪从而引发妨害公务案件，提升执法公信力，维护社会和谐稳定。

认罪认罚案件被告人反悔问题实证研究

齐 跃 聂 朵[*]

一、被告人认罪认罚反悔权的正当性基础

（一）强化合法权益保障，确保认罪认罚自愿性

认罪认罚自愿性是保障认罪认罚正当性的基石，充分保障认罪认罚的真实性与自愿性，尊重被告人真实意愿的表达、防范自身或外力作用下的虚假认罪认罚是真正实现认罪认罚从宽制度价值目标的重中之重。而赋予认罪认罚案件中被告人反悔权，创造认罪认罚从宽案件因反悔而产生的程序回转空间，能够增强被告人行使认罪认罚权利的主动性，消除被告人认罪认罚时的内心顾虑并对罪名、刑期等形成心理预判，促使被告人能够真正按照其内心意愿自由主动选择适用认罪认罚，被告人也"才能拥有对审判程序和诉讼结果的自由选择权，并对最终的裁判结果不产生抵触情绪"[①]。

（二）拓宽自力救济渠道，避免非真实认罪认罚的终局性

认罪认罚反悔权可以为被告人提供自力救济的途径，拓宽权利救济渠道，一方面被告人可以在认罪认罚自愿性、合法性被有关机关或个人侵害时获得帮助，以反悔权来对抗非自愿的认罪认罚决定；另一方面被告人本人可能基于错误的主观认识，如未能准确认识到认罪认罚的后果、只知量刑优惠不知义务等而选择了认罪认罚程序，赋予其反悔权能够使其得到及时补救，避免因不明智的认罪认罚选择被判处有罪后求助无门。

（三）防范办案机关违法，保障认罪认罚合法性

"侦查机关通过认罪认罚从宽制度解决了大量取证量大难度大的问题，即

---

[*] 齐跃，北京市丰台区人民检察院第三检察部检察官；聂朵，北京市丰台区人民检察院第三检察部检察官助理。

[①] 陈瑞华：《认罪认罚从宽制度的若干争议问题》，载《中国法学》2017年第1期。

便在证据比较薄弱的情况下也能顺利移送起诉,但长此以往,办案人员的取证意识可能会有所松懈,直接导致取证积极性降低。同时,侦查机关过度依赖认罪认罚制度,过分追求犯罪嫌疑人、被告人有罪供述,可能导致冤假错案的发生"①。即在客观证据调取困难、案件事实查明困难的前提下,办案机关可能会为了获取认罪供述而进行刑讯逼供或诱供等行为,赋予被告人认罪认罚的反悔权即可制约办案机关的取证方式,防范办案机关违法,促使其准确履行告知义务、保障被告人真实自愿的意愿表达和程序选择。

综上,认罪认罚案件中被告人反悔具有其存在的正当性基础与重要的现实意义,不可否认,在设置认罪认罚案件被告人反悔权的过程中可能会产生异化,出现被告人"有恃无恐",轻率选择、随意反悔等不明智或恶意反悔的情况,或可能因程序回溯而产生诉讼成本增加、效率相对降低的问题,贬损认罪认罚从宽制度的权威,也对检察机关等司法办案机关严守证据标准提出更高要求。但办案机关不应视反悔为诉累,不应将被告人的反悔行为看作无理狡辩、缠讼、认罪态度恶劣的表现,而应在领会反悔权正当性的基础上正确看待反悔权在认罪认罚从宽制度中的作用与地位。

二、厘清现行法律法规对于认罪认罚反悔的规制

(一)认罪认罚试点工作办法及刑事诉讼法关于认罪认罚反悔的规定

2016年"两高三部"《关于在部分地区开展刑事案件认罪认罚从宽制度试点工作的办法》(以下简称《试点办法》)最早为认罪认罚从宽制度作出框架性规定,其中虽未明确定义被告人反悔的性质,但有几项条款暗含认罪认罚反悔的处理结果。第一,关于认罪反悔后的程序转换问题。根据《试点办法》第19条的规定,人民法院对于适用速裁或简易程序审理的认罪认罚案件,若被告人否认指控的犯罪事实,即被告人对此前认罪供述反悔的,则应当转为普通程序审理。第二,关于认罪认罚反悔后量刑建议的采纳情况。一是根据《试点办法》第20条的规定,认罪认罚案件中法院一般应采纳检察院指控的罪名与量刑建议,但若被告人否认指控的犯罪事实的,则排除适用。二是根据《试点办法》第21条的规定,若被告人、辩护人对量刑建议提出异议,即对认罚表示反悔的,法院可建议检察院调整量刑建议,不同意调整或调整后仍有异议的,法院应依法判决。

---

① 谢作幸、陈善超、郑永建:《认罪认罚从宽制度的现实考量》,载《人民司法(应用)》2016年第22期。

2018年新修改后的《刑事诉讼法》将认罪认罚从宽制度纳入其中，但也未直接提及认罪认罚反悔的字样，仅吸收了上述《试点办法》中关于认罪认罚案件中被告人反悔后量刑建议的适用情况，并在速裁程序中规定若出现被告人否认指控的犯罪事实等不宜适用速裁程序审理的案件，应按照普通程序或简易程序重新审理①。

（二）《关于适用认罪认罚从宽制度的指导意见》中关于认罪认罚反悔的规定

2019年"两高三部"颁布《关于适用认罪认罚从宽制度的指导意见》（以下简称《指导意见》）中明确使用了"反悔"的文字表达并设专章规定。

第一，与上述《试点办法》及《刑事诉讼法》的规定相同，《指导意见》第39条规定了认罪认罚后又反悔应当按照普通程序对案件重新审理；第40条、第41条分别规定了认罪认罚反悔后对量刑建议的采纳和调整情况。

第二，《指导意见》直接使用了"十一、认罪认罚的反悔和撤回"作为一部分，分阶段列明认罪认罚反悔后的处理情况。一是不起诉后反悔的处理，即检察院因犯罪嫌疑人认罪认罚依法作出相对不起诉决定后犯罪嫌疑人又反悔不认罪的，检察院应当审查后依法作出相应处理，其中可能存在撤销原不起诉决定而提起公诉的情形②；二是起诉前反悔的处理，即犯罪嫌疑人认罪认罚并签署具结书，又在提起公诉前反悔的，则会产生具结书失效的后果，检察院应在全面审查事实证据的基础上依法提起公诉；三是审判阶段反悔的处理，即在案件审理过程中被告人反悔不再认罪认罚的，法院将根据审理查明的事实依法作出裁判，若需转换程序，则按照相关规定执行。

第三，《指导意见》还规定了认罪认罚速裁案件的二审程序，即被告人不服适用速裁程序作出的第一审判决（也属于认罪认罚被告人反悔的表现），因事实不清、证据不足（对于认罪反悔）或量刑不当（对于认罚反悔）为由提出上诉后的不同处理情况。

三、认罪认罚案件被告人反悔现状的实证分析

要提出对认罪认罚案件被告人反悔处理机制的完善构想，必须先分析司法

---

① 《刑事诉讼法》第226条规定："人民法院在审理过程中，发现有被告人的行为不构成犯罪或者不应当追究其刑事责任、被告人违背意愿认罪认罚、被告人否认指控的犯罪事实或者其他不宜适用速裁程序审理的情形的，应当按照本章第一节或者第三节的规定重新审理。"

② 《人民检察院刑事诉讼规则》第278条也吸收了这一条款的规定。

实践中有关反悔问题的现状，本文选取 B 市 F 区检察院轻罪部门 2019—2020 年审结的一审公诉案件为蓝本，通过数据筛查、查阅案卷、与检察官交流等方式，对认罪认罚案件中被告人的反悔情况进行量化统计与分析①。

通过对数据进行分析，审查起诉阶段签署具结书后直至一审开庭前，暂无认罪认罚案件犯罪嫌疑人反悔的情况。因此，下文主要讨论一审审判中反悔的情况和一审判决后反悔情况。

（一）一审审判中反悔的情况

在一审审判中反悔主要是在审查起诉阶段签署认罪认罚具结书的被告人在开庭审判时对案件事实证据以及量刑建议提出异议，此类情况共有 13 件 20 人。该类反悔具有以下几个特点：一是当庭对此前认罪认罚反悔的多为虽也表示认罪，但对法庭讯问避重就轻、对案件事实定性予以辩解否认，或辩护人在发表辩护意见时仍低于签署的量刑建议范围求刑，并且此类被告人大多在审查起诉阶段签署具结书时即存在犹豫反复的表现；二是当庭对认罪认罚反悔也引发了庭审程序的转变，其中速裁程序转为普通程序 2 件 2 人，简易程序转为普通程序 8 件 13 人；三是当庭认罪认罚反悔的被告人因认罪态度一般而被法院高于量刑建议幅度判刑，继而引发被告人上诉的案件 4 件 4 人。

（二）一审判决后反悔的情况

一审判决后反悔主要是指认罪认罚案件被告人在判决后反悔并提出上诉的情况，这一类型的反悔占有较大比例，共有 76 件 81 人。该类反悔情况通常具有以下几种理由与特点：

1. 以量刑过重为由反悔上诉，共有 65 件 70 人，占比约 85.5%。其中又可分为以下几种类型：（1）因当庭对认罪认罚反悔而被从重判处后上诉的共 3 件 3 人；（2）因信赖利益受损而反悔上诉的共 13 件 18 人，其中检察机关当庭修改量刑建议至高于原建议的 4 件 5 人、法院高于量刑建议幅度判决的 9 件 13 人；（3）法院在量刑建议幅度内顶格判决或在幅度量刑建议中线以上判刑的共 21 件 21 人，此种情况下被告人上诉的主要原因在于，其可能只关注幅度量刑建议的下线，一旦高于其心理预期即认为量刑较重；（4）被告人恶意上诉

---

① 该轻罪部门专门办理法定刑为 3 年以下有期徒刑的案件，认罪认罚案件的比例较高，且 2019 年已开始实行捕诉一体的办案机制并有提高提出确定量刑建议比例的要求，故选取该部门该时间节点内的案件。2019 年 B 市 F 区检察院轻罪部门审结一审公诉案件共 1605 件 1952 人，其中适用认罪认罚程序的共 1408 人，认罪认罚适用率达 72.1%；2020 年审结一审公诉案件 1181 件 1217 人，其中适用认罪认罚程序的共 1163 人，认罪认罚适用率达 95.6%。

的情况,即法院采纳确定量刑建议或在幅度量刑建议中线以下判决的 28 件 28 人,其中还有 1 件 1 人系因在审判阶段达成和解而最终低于量刑建议判决的,此种情况可能引发检察机关的抗诉。上述以量刑较重而上诉的认罪认罚案件,除有 2 件 2 人因刑拘强制措施到期变为取保候审后二审改判为缓刑的情况,后续均系被告人撤回上诉或二审维持原判。

2. 为延长羁押期限以避免去监狱服刑而反悔上诉的共 8 件 8 人,占比约为 10.5%。此类被告人一般在上诉书上以量刑过重为上诉理由,但经询问或本人直接向检法机关表明自己的实质上诉原因系想在看守所内服刑,也因此被告人最终一般会选择撤回上诉。

3. 以一审法院判决事实不清、证据不足为由反悔上诉的共 3 件 3 人,占比约为 3.9%。经查看判决书该类案件的一审判决认定的事实均未超出检察机关的指控事实,亦即未超出被告人"认罪"的范畴,且已经二审判决的也均裁定维持原判。

(三)认罪认罚反悔现状折射的问题

通过对上述认罪认罚被告人反悔案件的梳理分析,发现存在以下一些问题:一是反悔后认罪认罚协议的撤回程序尚不明确;二是认罪认罚反悔的程序转换机制尚不畅通;三是认罪认罚被告人反悔后具结书的效力模糊;四是认罪认罚案件被告人反悔上诉如何规制尚未全面解答。诸如上述问题关系到认罪认罚案件实体处理及程序选择,亟须提出完善建议以应对认罪认罚案件被告人反悔的现状。

四、认罪认罚案件被告人反悔处理的完善路径

(一)设置认罪认罚反悔撤回的具体流程

为保障认罪认罚案件被告人反悔权的落实,同时防止被告人随意反悔造成诉讼拖延、恶意反悔损害司法权威,应当构建认罪认罚反悔与撤回的具体规范程序。

1. 反悔的主体。犯罪嫌疑人、被告人均享有选择适用认罪认罚程序与反悔后撤回认罪认罚协议的权利,同时,"为了保障被追诉一方撤回权的充分行使,被告人的法定代理人、辩护人,在不违背被告人真实意思的情况下,理应也可以申请撤回协议内容"①。

---

① 杜以静:《认罪认罚反悔的处理及救济机制研究》,西南政法大学 2018 年硕士学位论文。

2. 反悔的告知与撤回的方式。侦诉机关应当在统一的权利义务告知书中写明认罪认罚案件被追诉人享有反悔的权利与后果，并在讯问或签署认罪认罚具结书时明确告知这一权利，以消除顾虑。撤回的方式应以书面申请撤回为原则，在押嫌疑人可通过书面形式向看守所提出并转交检察机关或由辩护人代为提出，同时若被告人口头对罪名、犯罪事实、量刑建议提出异议的，也应视为撤回。

3. 反悔的时间和理由限制。原则上，一审判决作出前被告人应享有完整的反悔权，不受时间和理由的限制。第一，在作出不起诉决定后对认罪认罚反悔的，仍应按照《指导意见》的规定在排除认罪认罚要素后依法作出决定。第二，在签署具结书后提起公诉前对认罪认罚反悔的，此时认罪认罚协议尚未正式生效，由检察机关向其再次说明反悔后可能不再享有量刑优惠及适用简化程序的后果，若仍坚持反悔，则应同意后修改量刑建议，根据查明事实与在案证据依法提起公诉。第三，在提起公诉进入审判程序后反悔，此时尚未依据量刑合意作出正式判决，仍应由检、法各机关告知反悔后果，并根据案情启动程序转换。第四，一审判决后反悔则应审查理由，对非正当理由提出反悔上诉的应予约束。

4. 反悔后的程序转化。认罪认罚案件被告人在庭审中反悔后的程序转换应区分不同情形：第一，被告人以存在刑讯逼供等违背认罪认罚的真实性、自愿性为由提出反悔的，应当一律转为普通程序审理，并经审查后对相关非法证据予以排除及倒查责任。第二，若被告人对罪名、案件事实、证据等提出异议，即针对认罪方面的反悔，因涉及案件的定性而可能需要控辩双方展开多次举证质证及法庭辩论，故应由速裁、简易程序转换为普通程序更为稳妥。第三，若被告人对量刑建议提出异议，即针对认罚方面的反悔，可根据实际情况由速裁程序转为简易程序审理，更为高效便利。第四，反悔后检察机关无须重新出具起诉书，可在法庭上以书面或口头形式修改量刑建议并记录在案，若需要丰富出庭材料或补充侦查的，可建议法院延期审理。

（二）构建有条件反悔上诉模式与抗诉制度

为防止认罪认罚案件被告人任意反悔、滥用上诉，应当由法院对被告人反悔上诉理由进行审查，对以认罪认罚非自愿、非明智、没有犯罪事实或不应追究刑事责任、出现足以影响定罪量刑的新事实新证据、检察机关擅自修改量刑建议或法院高于量刑建议判决等正当理由反悔的应予允许，对其他如避免监狱服刑等非正当理由提出反悔的应予约束。

同时，应在相关法律法规中补充抗诉事由，检察机关可针对恶意上诉的情形提出抗诉，重新提出量刑建议，收回因适用认罪认罚而给予被告人的量刑减让。此外，因检察机关在知悉被告人上诉后还要审查其上诉是否有正当理由，故"还要适当延长检察机关提出抗诉的期限"①。

（三）界定认罪认罚具结书的性质与撤回后果

认罪认罚具结书是在审查起诉阶段，将"控辩协商的结果以书面化的形式予以固定，体现了被追诉人的认罪悔罪之态度，为之后的诉讼活动和从宽处理提供了正当性基础"②。即具结书虽是基于被告人的有罪供述作出的协议，但本身不属于证据，当被告人反悔撤回后，具结书的内容失效，但其认罪认罚时所作出的供述并非全部归零，而应当与在案其他证据相互印证、结合使用，形成完整的证据链来认定案件事实，除非其认罪认罚的供述系采取刑讯逼供等非法方法获取。同时，认罪认罚案件被告人一审判决后反悔上诉的，一审法院在移送有关案卷材料时应不再移送曾签署的认罪认罚具结书。

（四）提高量刑建议的精准度与接受度

针对司法实践中认罪认罚案件被告人多针对认罚反悔的现状，应提高量刑建议的精准度与接受度，具体做法如下：第一，在立法上明确自首、坦白、认罪认罚、退赃退赔等量刑情节的减免幅度，一方面为检察机关提出量刑建议、法院作出裁判提供切实可参考的依据，另一方面使得被告人可对自己主动认罪、适用认罪认罚程序所享有的从宽处罚幅度产生合理心理预期。第二，明确量刑优惠的层级和梯度，体现不同诉讼阶段认罪认罚在量刑优惠上的差别，激励犯罪嫌疑人尽早认罪。第三，提高检察机关确定量刑建议的提出率与采纳率，检察机关通过培训学习量刑技巧，与法官加强沟通提高量刑能力，以精准明确量刑建议强化被告人对最终判处刑期的预见性。

（五）完善认罪认罚自愿性保障机制

尽管反悔权是认罪认罚案件被告人的正当权利，但为实现认罪认罚从宽制度繁简分流、高效便捷、服判息诉的内在价值，仍需要以完善认罪认罚自愿性保障为途径降低反悔率。第一，应加强值班律师对认罪认罚案件的全程参与，实现值班律师提前会见、阅卷与法律帮助的全覆盖，避免其沦为认罪认罚具结书签署的"见证者"或提供批量服务的"流水工"。第二，应加强法院对被告人认罪认罚真实性、自愿性的实质性审查，通过法庭讯问的方式审查侦查、检

---

① 朱孝清：《如何对待被追诉人签署认罪认罚具结书后反悔》，载《检察日报》2019年8月28日，第3版。

② 田力男、杨振媛：《认罪认罚反悔后有罪供述适用问题探究——以"司法契约"理论下有罪供述撤回为切入点》，载《公安学研究》2019年第4期。

察环节是否履行认罪认罚的告知义务,被告人是否明晰认罪认罚的权利及后果,同时不应程序简化而降低证明标准,仍应全面审查被告人是否构成指控的犯罪与相关的量刑情节,从而形成制度化、常态化的审查机制。

刑事速裁程序适用情况实证研究

李逍遥[*]

2014年6月27日，党的第十二届全国人大常委会第九次会议通过决定，授权最高人民法院、最高人民检察院在北京等18个城市开展刑事案件速裁程序试点工作，试点期限为两年。同年8月26日，最高人民法院、最高人民检察院、公安部、司法部联合印发《关于在部分地区开展刑事案件速裁程序试点工作的办法》，试点工作正式启动。改革试点期限届满后，2016年9月3日，全国人大常委会作出《授权最高人民法院、最高人民检察院在部分地区开展刑事案件认罪认罚从宽制度试点工作的决定》，明确刑事速裁程序在认罪认罚从宽制度之下继续试点工作。2018年10月26日，党的第十三届全国人大常委会第六次会议作出《关于修改〈中华人民共和国刑事诉讼法〉的决定》，正式将刑事速裁程序纳入立法。刑事速裁程序作为我国首个经过全国人大授权开展的刑事司法改革项目，历经长达四年的实践积累和论证分析，最终写入刑事诉讼法典，可见此项改革分量之重、准备之足、期望之大。时至今日，刑事速裁程序入法已近三年，这项被寄予厚望的重要改革项目现状如何？是否达到改革预期？还存在哪些问题？对此，司法机关少有系统分析，学界也未给予足够关注。笔者认为，有必要从实证的角度对刑事速裁程序适用总体情况进行分析研判，以推动刑事速裁程序更好地发挥其应有作用。

一、入法以来刑事速裁程序适用总体情况

为研究刑事速裁程序立法以来运行情况，笔者在裁判文书网中检索2018年10月26日至2021年5月25日期间全国基层法院已公开的全部刑事一审判决，共计2157398件。其中，明确写明适用审判程序的案件共计2067352件。笔者将以写明适用审判程序的案件数为样本进行统计分析，分析研究刑事速裁程序适用情况。

---

[*] 李逍遥，中国政法大学诉讼法学博士，北京市房山区人民检察院检察官助理。

（一）整体适用率

2018年10月底至2021年5月底，在2067352件刑事一审判决中，适用刑事速裁程序审理的案件共有369451件，占17.87%；适用刑事简易程序审理的案件数为934147件，占45.18%；适用刑事普通程序审理的案件数为763754件，占36.93%（见图1）。

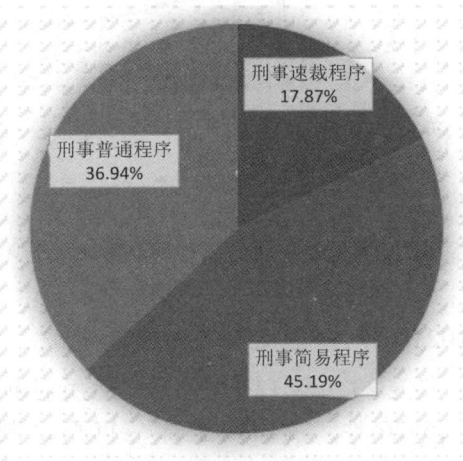

图1 一审案件刑事诉讼程序适用情况

（二）各省（区、市）适用情况

从各地区适用率来看，有1个省（区、市）刑事速裁程序适用率超过40%，2个省（区、市）刑事速裁程序适用率在30%—40%之间，6个省（区、市）刑事速裁程序适用率位于20%—30%之间，16个省（区、市）刑事速裁程序适用率处在10%—20%区间，6个省（区、市）刑事速裁程序适用率不足10%。其中，适用比例较高的5个省（区、市）分别为重庆市、北京市、天津市、江苏省、湖北省，刑事速裁案件分别占同期全部一审刑事案件的42.35%、37.15%、31.80%、27.07%、26.41%；适用比例较低的5个省（区、市）分别为海南省、山西省、新疆维吾尔自治区、河北省、辽宁省，刑事速裁案件分别占同期全部一审刑事案件的9.04%、8.62%、8.31%、6.87%、6.37%（见图2）。

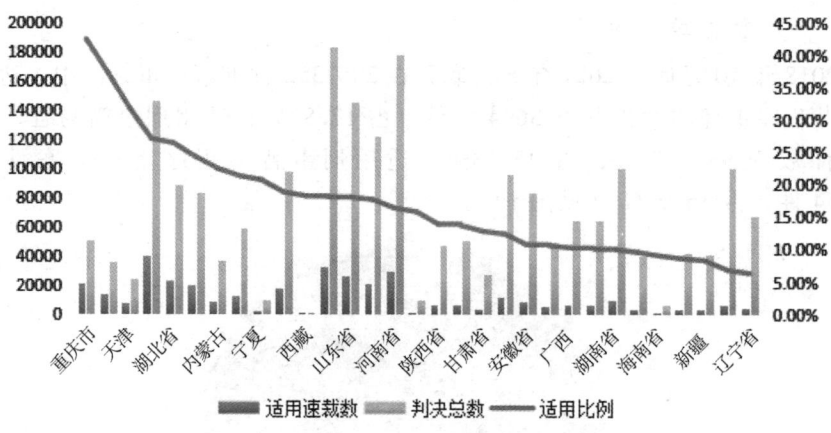

图2 各省（区、市）适用刑事速裁程序情况

（三）2018—2021年刑事速裁程序适用率情况

2018年10月26日至2021年12月31日，适用刑事速裁程序作出一审判决的刑事案件共有15576件，占同期全部一审刑事判决（195902件）的7.95%；2019年全年适用刑事速裁程序作出一审判决的刑事案件共有139873件，占同期全部一审刑事判决（925147件）的15.12%；2020年全年适用刑事速裁程序作出一审判决的刑事案件共有167575件，占同期全部一审刑事判决（767296件）的21.84%；截至5月25日，2021年度适用刑事速裁程序作出一审判决的刑事案件共有46452件，占同期全部一审刑事判决（163754件）的28.37%（见图3）。

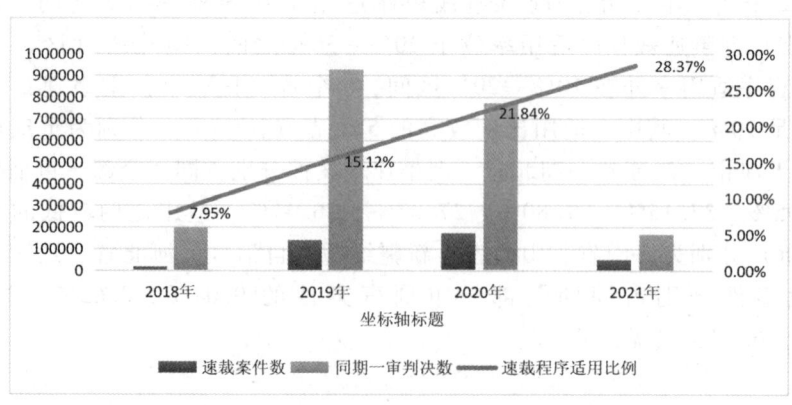

图3 2018—2021年刑事速裁程序适用比例

（四）适用罪名分布情况

从罪名角度看，样本共涉及 217 个罪名。前十名分别为危险驾驶罪（61.20%）、盗窃罪（17.87%）、走私、贩卖、运输、制造毒品罪（3.39%）、交通肇事罪（3.34%）、故意伤害罪（2.45%）、诈骗罪（1.59%）、容留他人吸毒罪（1.44%）、妨害公务罪（1.14%）、开设赌场罪（0.74%）、非法捕捞水产品罪（0.52%）（见图 4）。

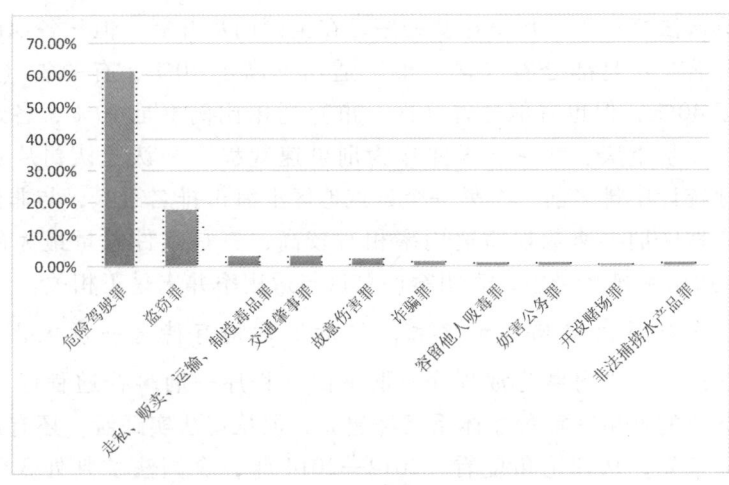

图 4　刑事速裁程序适用前十罪名

二、刑事速裁程序适用特点分析

从以上数据反映情况看，当前刑事速裁程序适用呈现以下四大特点：

（一）适用率逐年提升，但增速有所放缓

从立法初期的 7.95%，到 2019 年的 15.12%，再到 2020 年 21.84%、2021 年（截至 5 月 25 日）的 28.37%，刑事速裁程序适用率正在逐年快速提升。这反映出经过一段时间的磨合期后，司法人员对刑事速裁程序的制度规定、运行机制、具体流程等有了更加深入的了解和认识，适用该程序的主动性和能力素质都有了明显提升。但从增速维度看，2019 年、2020 年、2021 年适用率分别同比增长 90.20%、44.44% 和 29.90%，增长率维持在较高水平但增速下降明显。

（二）适用范围相对广泛，但适用罪名较为集中

与 2014 年试点相比，刑事诉讼法取消了有关罪名适用的限制，扩大了刑

事速裁程序适用范围，这在司法实践中有着直接的体现——实践中，适用刑事速裁程序办理的案件罪名已达到 217 个。但从罪名适用频次来看，仅危险驾驶罪一罪就超过全部刑事速裁案件的 60%，适用率排名前五的罪名占全部刑事速裁案件的 88.25%，排名前十的罪名所占比例高达 93.68%，适用罪名较为集中。

（三）各地区同步开展，但适用率差异较大

刑事诉讼法修订后，刑事速裁程序已在全国同步开展。但从各地区适用率看，差异显著。一是部分省（区、市）适用率高于 30%，有的省（区、市）适用率高于 40%，但也有部分省（区、市）适用比例不足 10%，各地适用率差距悬殊；二是重庆、北京、天津作为刑事速裁程序和认罪认罚从宽试点地区，在本地统计中排名前三，另一个试点地区上海市排名第八，与非试点地区相比，试点地区刑事速裁程序适用率相对较高；三是案件总量最大的 5 个省（区、市）适用率排名居中，表明案件总量与适用率并未呈正相关。

（四）多层诉讼格局初步建立，但诉讼结构有待进一步优化

在立法层面，"刑事速裁程序—刑事简易程序—刑事普通程序"分层递进、有序分流的刑事一审程序体系已经建立，但从司法实践看，还有进一步优化的空间。首先，从理论角度看，2012—2014 年，全国法院判处 3 年有期徒刑以下刑罚的人数分别占全部生效判决人数的 76.65%、80.61%、82.73%。这意味着所有刑事案件中，可能判处 3 年有期徒刑以下的轻罪案件约占 80%。同时，从认罪认罚情况看，约 80% 的刑事案件被告人是认罪认罚的。根据以上数据，理论上，64% 的刑事一审案件是能够适用刑事速裁程序审理的。其次，从试点情况看，根据《关于在部分地区开展刑事案件认罪认罚从宽制度试点工作情况的中期报告》，截至 2017 年 11 月底，18 个试点地区适用认罪认罚从宽制度审结刑事案件占试点法院同期审结刑事案件的 45%，而在所有认罪认罚从宽案件中，适用速裁程序审结的占 68.5%。[①] 这就意味着刑事速裁程序试点开展 3 年多来，该程序的整体适用率达到 30.82%，远高于 2018 年刑事诉讼法修订以来 17.87% 的速裁程序适用率，当前程序适用率还有较大提升空间。最后，从诉讼结构看，根据上述统计，刑事速裁程序、刑事简易程序、刑事普通程序的适用比例约为 1∶2.5∶2，呈现一种"椭圆型"的一审程序体系

---

① 参见中国法院网：《关于在部分地区开展刑事案件认罪认罚从宽制度试点工作情况的中期报告》，https://www.chinacourt.org/article/detail/2017/12/id/3138224.shtml，访问日期：2021 年 07 月 27 日。

构造。在这个"椭圆型"模式中,简易程序实际上发挥着最为重要的分流作用,普通程序适用比例也明显偏高,速裁程序适用比例最低,整体诉讼结构呈现"头重脚轻"的不协调状态。

以上分析表明,无论从整体角度,还是从区域角度,刑事速裁程序都存在适用率偏低的情况,客观上与我国新时期刑事犯罪结构发生的变化不相适应,表明运用刑事速裁程序处理轻罪案件的优势尚未充分发挥出来。①

三、刑事速裁程序适用率较低的原因分析

从调研情况看,影响刑事速裁程序适用率的因素主要包括以下几个方面:

(一)检察人员内生动力不足是程序适用率低的直接原因

最高人民检察院检察长张军同志在党的第十三届全国人大常委会第二十二次会议上报告称,法院适用认罪认罚从宽制度审理的案件中,检察机关建议适用的占97.3%。② 由此可见,检察官在认罪认罚从宽制度包括刑事速裁程序适用上切切实实地起着决定性、主导性作用。质言之,检察官适用速裁程序的意愿高低直接影响着速裁程序适用率。认罪认罚案件尤其是速裁案件,制度设计强调"速",这就对司法人员在短时间内收集证据、审查起诉、作出裁判等提出更高要求,也对检察人员适用速裁程序带来巨大工作压力。具体而言:

首先,工作压力陡增对冲了速裁红利。刑事速裁程序具有快办、快审、快结的特点,理论上具有节约司法资源、减轻工作负担的优势。但从司法实践看,与简易程序相比,速裁程序单位时间内的工作量并未减少,甚至有所增加。比如,集中起诉的案件,一般在一个星期内要完成阅卷、送达、制作文书、认罪协商、通知辩护人参与等工作,法院可以集中开展庭审,减少工作量,但检察院必须分别会见,其工作强度大大增加。从更深层次的原因来看,主要在于速裁程序要求检察机关在诉前就做好犯罪证明各项工作,这对检察机关办案能力提出了更高要求:一方面,速裁案件证据标准不降、保障层次提升,对案件办理质量提出了更高要求。自2014年试点以来,建议降低刑事速裁程序证明标准的呼声很高,但立法者并未予以回应,反而在"两高三部"

---

① 参见中华人民共和国国务院新闻办公室:《最高检举行"准确适用认罪认罚从宽制度"新闻发布会》,http://www.scio.gov.cn/xwfbh/qyxwfbh/Document/1667042/1667042.htm,访问日期:2021年8月12日。

② 参见最高人民检察院:《最高人民检察院关于人民检察院适用认罪认罚从宽制度情况的报告》,https://www.spp.gov.cn/spp/zdgz/202010/t20201017_482200.shtml,访问日期:2021年8月12日。

《关于适用认罪认罚从宽制度的指导意见》中明确提出"坚持法定证明标准"的要求,明确不得因犯罪嫌疑人、被告人认罪而降低证明要求及证明标准。这就意味着,无论是在定罪层面还是量刑层面,刑事速裁程序都保持了与普通刑事案件,甚至死刑案件无差异的证明标准。与此同时,为充分保障犯罪嫌疑人认罪的自愿性、真实性,刑事速裁程序明确增设了值班律师制度,明确了认罪认罚协商机制,这很好地提升了犯罪嫌疑人的权利保障水平。另一方面,速裁案件工作内容增加、办理时间缩短,对案件办理效率提出了更高要求。在刑事速裁案件中,检察官既要与犯罪嫌疑人及其辩护人面对面沟通,引导做好犯罪嫌疑人认罪认罚工作,又要善于做被害方工作,把维护法律和社会秩序与站在被害方立场考虑案件依法处理相结合,让被害方感受到、能认同、可接受,还必须与辩护律师主动协调、深入沟通,接受律师监督,实现好维护被指控人合法权益的共同目标。① 这与简易程序相比,工作量实际上有所增加。不仅如此,根据《刑事诉讼法》第172条第1款之规定,符合速裁程序适用条件的,审查起诉期限一般为10日,对可能判处有期徒刑超过1年的,可以延长至15日。据此,与简易程序相比,审查起诉阶段,检察机关处理速裁案件的时间缩短了50%以上。综上所述,速裁案件证明标准不降、工作内容增加、办理期限缩短的新特点,对检察官短时间内公正高效办理案件提出了更高要求。然而,更高要求与工作量的关联,加之速裁程序作为新的改革内容,需要一段时间的适应和磨合。

其次,追责机制有待完善。司法责任制是司法体制改革的"牛鼻子",也是制约检察官正确行使权力的"紧箍咒"。要想充分发挥司法责任制"牛鼻子"作用,制定科学合理、明确具体的追责机制既是应有之义,也是重要前提和保障。检察官员额制改革实施后,检察机关办案团队建设、扁平化管理机制等司法模式发生重大变化,检察官权力清单更加丰富,自由裁量权更大,同时也面临案件质效滑坡、监督管理弱化、廉政风险变大等多重隐患。② 因此,无论是从权力监督的维度,还是从满足人民群众对公平正义新需求的角度,司法责任制只能加强,不能削弱。然而,对一线办案的检察官而言,司法责任成为悬在办案人员头上的"达摩克利斯之剑",让检察官在速裁程序面前望而却步、裹足不前。一方面,无论案件繁简,检察机关都要秉持客观公正立场,依

---

① 陈国庆主编:《认罪认罚从宽制度司法适用指南》,中国检察出版社2020年版,第70页。

② 参见《人民法院全面落实司法责任制读本》,人民法院出版社2021年版,第26 - 27页。

法全面审查,强化监督意识,坚持从快不降低质量,确保及时准确惩治犯罪,① 但在较短时间内梳理清楚案情,并作出是否起诉的决定,对检察人员要求本来就很高,稍有不慎很容易出现差错。另一方面,尽管当前追责机制已经从过去"结果"追责机制转向了"行为＋结果"追责机制,② 但在当前司法责任制改革文件中,有关"重大过失"的认定标准较为模糊,可能导致以结果倒追责任。即使不追究错案责任,追究纪律惩戒责任,仍可以给办案检察官带来极大的威慑力。③ 面对可能引发错案的风险,检察官倾向于适用办理期限更长、流程相对简便的简易程序。

最后,考评考核缺位放任了畏错心理。考评考核机制是制度适用的"指挥棒"和"风向标",对提升刑事速裁程序适用率起到督促、引导、激励等作用。刑事速裁程序单独试点期间,程序适用率始终是考评的重点内容之一。在速裁程序被纳入认罪认罚从宽制度试点,特别是认罪认罚从宽制度立法后,各界更多关注认罪认罚从宽制度整体的适用情况,而对速裁程序适用率的关注度有所降低。这一变化直接表现在对检察官的考评考核中:当前基层检察官考核的重点内容之一是认罪认罚从宽制度的适用率是否达到预设标准,而对刑事速裁程序适用率却没有相应的要求。在这样的考评指标指引之下,是否适用刑事速裁程序对检察官个人考核并无影响,叠加部分检察官存在畏错心理,导致一些案件虽然适用了认罪认罚从宽制度,但最终却以简易程序或普通程序审理。这也就很好地解释了案件量大的地区刑事速裁适用率反而不高的原因。

（二）被指控人程序选择权虚化是程序适用率低的重要原因

认罪认罚从宽制度最大创新之处在于体现了协商性司法的特点④,最显著的优势就是通过协商提升事实认定（单向合意）、法律适用（单向合意）、量刑结论、程序选择等方面的控辩合意,进而更高效、人道、文明、经济地解决

---

① 参见中华人民共和国国务院新闻办公室:《最高检举行"准确适用认罪认罚从宽制度"新闻发布会》,http://www.scio.gov.cn/xwfbh/qyxwfbh/Document/1667042/1667042.htm,访问日期：2021年8月12日。

② 陈卫东:《司法责任制改革研究》,载《法学杂志》2017年第8期；马骏、马翔:《司法责任制改革基本问题研究》,载《云南社会科学》2018年第6期。

③ 谢小剑:《司法改革中的司法惩戒：进步、问题与出路》,载《内蒙古社会科学》2019年第2期。

④ 叶青、吴思远:《认罪认罚从宽制度的逻辑展开》,载《国家检察官学院学报》2017年第1期。

刑事案件,[①] 也因此被认为是刑事诉讼的"第四范式"——"放弃审判制度"诉讼模式[②]。而刑事速裁程序作为最简便、最高效的轻罪办理程序,以证据确实充分为前提,且一般不进行法庭调查、法庭辩论,可以说是协商性司法的最集中体现。在刑事速裁程序中,当事人的主动和有效参与以及控辩审三方的良性互动,使得诉讼构造上有重大调整,这正契合了新时代当事人不断增强的参与诉讼、影响诉讼的主体意识,使得程序符合中立性、对等性、合理性、及时性的基本针对程序要求。[③] 可以说,程序选择权是刑事速裁程序正当化的重要基础,速裁程序理论上应当更加强调保障犯罪嫌疑人、被告人的程序选择权利。但在司法实践中,有的基层司法机关在司法实践中将这种程序选择权虚置,程序选择最终沦为"纸面上的权利",主要表现在:

一是权利告知细致性不足。权利告知是犯罪嫌疑人、被告人明知的前提要件。正因此,修改后的《刑事诉讼法》吸收了试点经验,在第120条第2款明确侦查人员在讯问时即应当告知犯罪嫌疑人如实供述可以从宽处理和认罪认罚的法律规定。在审查起诉阶段,《刑事诉讼法》第173条不仅要求人民检察院应当告知犯罪嫌疑人享有的诉讼权利和认罪认罚的法律规定,还要听取被指控方相应的意见。同时,"两高三部"《关于适用认罪认罚从宽制度的指导意见》第26条还突出强调"告知应当采取书面形式,必要时应当充分释明",进一步强化了审查起诉阶段检察机关的告知义务。但在司法实践中,对犯罪嫌疑人、被告人告知往往有格式化文书,这在规范告知内容的同时,也容易使告知工作书面化、形式化,即只是简单照本宣科或者直接让犯罪嫌疑人、被告人在告知文书上签字了事,没有进行深入浅出的解释,达不到让犯罪嫌疑人真正了解和理解的本意。[④] 在犯罪嫌疑人、被告人不能真正了解速裁程序实体和程序意义的情况下,就难以期待其会主动申请适用速裁程序。

二是值班律师帮助有效性不足。在案件质量把关、诉讼权利保障、认罪认罚协助、社会矛盾化解以及为被指控人争取从宽处理结果等方面,辩护律师发

---

① 叶青:《轻罪刑事政策背景下速裁程序构建之思考》,载《江淮论坛》2020年第6期。

② 熊秋红:《比较法视野下的认罪认罚从宽制度——兼论刑事诉讼"第四范式"》,载《比较法研究》2019年第5期。

③ 陈国庆主编:《认罪认罚从宽制度司法适用指南》,中国检察出版社2020年版,第67页。

④ 胡云腾主编:《认罪认罚从宽制度的理解与适用》,人民法院出版社2018年版,第30页。

挥着不可替代的重要作用。不仅如此，刑事诉讼程序的明显简化，也加重了被指控人对辩护律师的依赖。① 因此，认罪认罚从宽制度的成败与刑事辩护的成败是成正比的。② 而从 2019 年速裁案件的裁判文书样本看，全国平均委托律师率加上指定辩护率仅为 12.97%。③ 由此可见，绝大多数刑事速裁案件被指控人接受了值班律师的帮助，值班律师帮助质量在很大程度上影响着刑事速裁案件办理效果。但在司法实践中，部分值班律师参与认罪协商不积极、不深入，在辩护有效性方面问题突出，尤其是对案件处理提出有效意见的职能设置形同虚设。④ 之所以存在上述问题，原因在于：一方面，值班律师主动提出适用速裁程序的主动性不足。值班律师的立法定位是"提供法律帮助"，这一定位与法律援助律师是何关系？立法未予明确。而正是由于值班律师在立法上的定位模糊，导致值班律师在速裁案件中的辩护功能无法得到认可和实现，值班律师参与速裁案件辩护的风险存在很大的不确定性，其介入刑事速裁案件的积极性就大大降低。⑤ 实践中，很多值班律师放弃阅卷和会见的权利，只是为犯罪嫌疑人提供法律咨询，帮助申请变更强制措施、进行量刑协商的很少。⑥ 部分值班律师甚至认为，自己只是对犯罪嫌疑人、被告人认罪认罚起到背书作用，只是公安司法机关节省司法资源的手段。⑦ 另一方面，值班律师意见难以被重视。司法实践中，当前存在的问题是司法机关在充分听取律师意见方面还存在不足，这对值班律师而言问题更加突出。⑧ 同时，值班律师资源紧缺和经费保障不足的问题不同程度存在，西部地区尤为突出，一些案件犯罪嫌疑人主动认罪认罚却缺乏律师参与。⑨ 可以说，一旦缺少值班律师的有效法律帮助做支撑，被指控人的程序选择权也就被实质性地虚化弱化，最终很可能沦为

---

① 熊秋红：《"两种刑事诉讼程序"中的有效辩护》，载《法律适用》2018 年第 3 期。
② 王敏远、顾永忠、孙长永：《刑事诉讼法三人谈：认罪认罚从宽制度中的刑事辩护》，载《中国法律评论》2020 年第 1 期。
③ 李本森：《刑事速裁程序研究》，中国政法大学出版社 2020 年版，第 240 页。
④ 叶青：《轻罪刑事政策背景下速裁程序构建之思考》，载《江淮论坛》2020 年第 6 期。
⑤ 李本森：《刑事速裁程序研究》，中国政法大学出版社 2020 年版，第 245 页。
⑥ 李寿伟主编：《中华人民共和国刑事诉讼法解读》，中国法制出版社 2018 年版，第 412 页。
⑦ 胡铭：《认罪认罚从宽制度的实践逻辑》，浙江大学出版社 2020 年版，第 156 页。
⑧ 顾永忠：《检察机关的主导责任与认罪认罚案件的质量保障》，载《人民检察》2019 年第 18 期。
⑨ 张军：《最高人民检察院关于人民检察院适用认罪认罚从宽制度情况的报告》，载《检察日报》2020 年 10 月 17 日，第 2 版。

"空中楼阁"。

三是被指控人话语权不足。程序参与的基本要求不仅在于实质上保证当事人积极、主动地参与到与之相关的程序中,更在于其有充分的机会实质性地参与诉讼活动并影响裁判结果。① 从理论上看,检察机关享有适用速裁程序的建议权,而被追诉人享有程序适用否决权,双方在程序适用方面处于对等地位,享有同等话语权。而从实践情况看,案件究竟适用何种程序,主导权在检察官而非被追诉人。因而有学者担忧,"在检察机关主导认罪认罚的控辩合意程序的情形下,随之而来的一个风险就是检察官可能滥用司法权力和挤压辩方权利……在检察机关主导认罪认罚关键环节的情况下,由于权利基础体系的薄弱及监督制约机制的不完善,被追诉方往往处于较为被动的地位。"② 这种担忧不无道理:国家专门机关在追究、惩罚犯罪的过程中,往往会不自觉地超越权力、甚至滥用权力,从而侵犯诉讼参与人的权利。③ 个别检察官也可能会不自觉地出于追究刑事犯罪的冲动,凭借其优势地位和条件,主导被追诉人的程序选择,进而影响被追诉人的选择。比如,有地方经验表明,受现实因素影响,有的符合认罪认罚从宽适用条件的案件,由于检察机关未启动适用该制度,而导致自愿认罪认罚的犯罪嫌疑人、被告人丧失从宽处罚的机会。④ 不仅如此,当前立法缺少被追诉方对检察机关不正确行使建议权的程序制约机制,导致在部分轻罪案件中,尽管检察机关没有建议适用速裁程序,当事人却因缺少相关权利救济手段,只能无奈接受案件以其他程序审理的结果,程序选择权也就无从实现。

(三) 诉讼程序体系层次化不够是程序适用率低的根本原因

速裁程序立法的初衷在于构建起层次化、递进式的刑事诉讼程序体系,从而打破简易程序种类单一、简化程度不高的困境,对我国现行的"普通程序/简易程序"格局形成一种必要的补充。⑤ 但从当前立法看,速裁程序与简易程序存在明显的"同质性"特征,其自身独有的特色和作用没有充分展现。具

---

① 宋英辉:《刑事诉讼原理》(第三版),北京大学出版社2014年版,第65页。
② 陈卫东:《认罪认罚从宽制度的理论问题再探讨》,载《环球法律评论》2020年第2期。
③ 陈光中主编:《刑事诉讼法》(第六版),北京大学出版社2016年版,第12页。
④ 《认罪认罚从宽郑州试点经验》,载胡云腾主编:《认罪认罚从宽制度的理解与适用》,人民法院出版社2018年版,第364页。
⑤ 卞建林、吴思远:《刑事速裁程序的实践观察立法展望》,载《中国政法大学学报》2019年第1期。

体而言：其一，从程序定位看，两者都规定在审判编中，性质都属于刑事审判程序。所不同的是，速裁程序是在简易程序基础上进行的试点改革①，其相比简易程序只是审判流程更为简单而已。正如学者所言，与域外国家形成多层级的刑事简易程序体系相比，我国刑事简易化程序的格局仍将维持"简易程序—刑事速裁程序"的双层结构，未能形成更程式化的案件快速处理机制。② 其二，从适用范围看，两者适用范围在很大程度上相互重叠。速裁程序适用于可能判处 3 年有期徒刑以下刑罚的认罪认罚案件，简易程序适用于基层法院受理的认罪案件，考虑到实践中可能判处 3 年有期徒刑以下刑罚的认罪认罚案件占比较大，事实上两者在适用范围上具有高度重叠性。不仅如此，立法或者刑事政策并没有明确在处理轻罪案件过程中，刑事速裁程序具有优先适用性，导致司法人员在办理轻罪案件时，可以在速裁程序和简易程序之间自由选择，这无疑限制了速裁程序分流作用的发挥。其三，从审理方式看，两者审理方式差别不大，都是简化庭审调查和法庭辩论环节，容易导致速裁程序的审理方式与简易程序审理方式的混同。③ 其四，从量刑结果看，两者都是认罪认罚从宽制度的重要内容，且现行立法并未明确规定被指控人选择速裁程序可以获得额外的量刑优惠，"程序从宽"的特点没有得到充分体现，这就难以对被指控方积极适用速裁程序形成有效激励。

四、关于提高刑事速裁程序适用率的若干建议

提高刑事速裁程序适用率，需要紧扣问题症结，着力从流程简化、权利供给、体系优化等各方面进行完善，切实彰显速裁程序改革成效。

（一）精简流程、强化考核，为检察官"减负增压"

要提高刑事速裁程序适用率，首先要从审查起诉流程入手，解决好检察官"不愿用"的问题。对此提出如下建议：一是在速裁案件法律文书上做减法。具体而言，一方面建议参照重庆经验，按照最高人民检察院下发的认罪认罚案件法律文书样本，统一文书简化制作格式，鼓励检察官对于速裁案件制作要素

---

① 胡云腾主编：《认罪认罚从宽制度的理解与适用》，人民法院出版社 2018 年版，第 66 页。

② 林喜芬、王延延：《论刑事速裁程序的模型定位与配套制度之改革》，载《上海交通大学学报（哲学社会科学版）》2019 年第 6 期。

③ 李本森：《刑事速裁程序研究》，中国政法大学出版社 2020 年版，第 295 页。

化审查报告,最大限度精简法律文书。① 另一方面,借鉴杭州市余杭区经验,研究开发轻罪案件办案系统,将电子卷宗数据和信息直接自主回填检察业务系统,实现法律文书自行生成,以智能化手段替代简单重复劳动,让检察官切实摆脱冗长、烦琐法律文书的困扰。② 二是在检察办案流程上做减法。结合速裁案件事实清楚、证据确实充分,被指控人对案件事实、证据和量刑没有异议这一突出特点,在严格遵守刑事诉讼法规定的办案程序的前提下,着力简化权利告知程序,推进告权、提审、具结等诉讼流程深度整合,积极推行远程提审、远程开庭、远程送达的"远程办案模式",通过流程再造,推动速裁案件"一站式"高效办理,既为检察官办案带来实实在在的便利,也节约大量宝贵的办案时间。三是在绩效考核上做加法。刑事速裁程序适用率高低,在一定程度上直接体现着检察官轻罪治理能力。建议强化刑事政策引导,明确检察官"重大过失"司法责任的清晰界限,同时将刑事速裁程序的适用率作为检察官考评考核的内容,对于适用率较低的检察官及时督促其提升运用速裁程序参与轻罪治理的能力水平。

(二)加大程序选择权保障,提升被指控人主动申请适用速裁程序积极性

以什么样的程序办理自己的案件,本质上属于被追诉人的自主选择权利。只有这种权利得到有效保障,配合一定幅度的优惠,被追诉人自然会积极主动地选择适用速裁程序。为此提出以下建议:一是进一步强化被指控人知情权。"告知"虽然是法律明确的程序性要求,但这里的"告知"不能是简单口头告知,或者"一纸告知"让犯罪嫌疑人签字了事,应当是全面告知认罪认罚从宽制度的内容,详细释明认罪认罚产生的实体上和程序上的后果,确保犯罪嫌疑人在知悉认罪认罚性质和后果的基础上,作出理智的选择。③ 二是进一步强化值班律师职能。要想进一步加强值班律师职能作用,首先要明确其具有辩护人的法律属性。对此,笔者认为,从性质上看,不论抽象的"提供法律帮助",还是政策文件所规定的"五项职责",与现行刑事诉讼法规定的辩护人、

---

① 重庆市人民检察院:《围绕"敢用、愿用、会用"出实招 落实用好认罪认罚从宽制度》,载陈国庆主编:《认罪认罚从宽制度司法适用指南》,中国检察出版社2020年版,第215页。

② 浙江省人民检察院:《把握重点 勇于担当 着力推进认罪认罚从宽制度落地见效》,载陈国庆主编:《认罪认罚从宽制度司法适用指南》,中国检察出版社2020年版,第220页。

③ 胡云腾主编:《认罪认罚从宽制度的理解与适用》,人民法院出版社2018年版,第27页。

辩护律师及其履行的辩护职责并无本质区别。值班律师也属于法律援助律师的范畴，不应将他们人为割裂开来。① 在明确值班律师辩护人地位的基础上，建议进一步完善对值班律师意见的听取和反馈机制，明确将值班律师意见入卷并随案移送，同时对值班律师意见进行回复并予以记录，确保值班律师的意见得到充分听取并全面及时反馈。此外，为避免值班律师敷衍塞责、提供法律帮助走过场等现象，建议司法行政机关和律师协会根据刑事速裁案件办理要求，制定相应法律帮助工作的规范性指南，细化工作流程、落实工作责任，切实保障值班律师提供法律帮助的质量。三是进一步强化被指控人话语权。被指控人是刑事速裁程序的重要参与者，其主体性地位必须得到彰显和保障。建议在充分保障被指控人程序否决权的基础上，赋予被追诉人申请适用程序权利，明确被追诉人可以主动向检察机关申请适用刑事速裁程序，并在检察机关未同意适用或者未建议适用的情况下，有权获知检察机关不适用程序的具体理由并提出异议，相关申请及反馈需随卷移送，以此加大被追诉人意志对程序选择的影响。

（三）完善政策制度，实现速裁程序与简易程序的精细化区分和层次化构造

提高刑事速裁程序适用率，最根本的还是要进一步完善政策制度，推动刑事诉讼程序体系层次化、精细化发展。为此提出以下建议：一是明确同等条件下刑事速裁程序具有优先适用性。在前文所述的"椭圆型"诉讼结构中，速裁程序分类作用没有得到充分体现，简易程序事实上成为认罪认罚中部分速裁案件的"避风港"②。为使速裁程序发挥其应有的轻罪分流机制作用，需要在政策层面赋予速裁程序优先适用特点。具体而言，可以通过联合制定意见等形式，明确在既可以适用速裁程序，也可以适用简易程序的情况下，原则上公安司法机关应当适用或者建议适用速裁程序。同时，严格限制速裁程序转为简易程序或者普通程序的条件，充分体现诉讼程序体系的层次性和递进性特征。二是构建全流程简化办案模式。如学者所言，当前讨论速裁效率价值主要以"五分钟"庭审为例，然而，这五分钟背后的成本与其他程序差异有限。③ 因而，将速裁程序定位为审判程序难以充分体现该程序的经济性，要想充分发挥

---

① 顾永忠、李逍遥：《论值班律师的应然定位》，载《湖南科技大学学报（社科版）》2017年第4期；顾永忠：《追根溯源：再论值班律师的应然定位》，载《法学杂志》2018年第9期。

② 李本森：《刑事速裁程序研究》，中国政法大学出版社2020年版，第86页。

③ 叶青：《轻罪刑事政策背景下速裁程序构建之思考》，载《江淮论坛》2020年第6期。

其节约司法资源的重要作用，必须在"审前+审理"全流程简化上做足文章。首先，要从盗窃、走私、贩卖、运输、制造毒品，交通肇事，故意伤害等多发高发但速裁适用率较低的罪名入手，研究制定速裁案件证据收集指引，明确特点案件证据收集、固定、审查、采用等标准，为案件适用速裁程序打牢坚实的证据基础。其次，要合理配置速裁案件侦查和审查起诉期限，从总体上压缩速裁案件办理时限，确保程序从宽的精神得到充分彰显。再次，要结合"轻刑快办"机制，积极探索符合速裁程序需要的审前环节办案流程，如有的试点法院充分发挥"公安机关执法办案中心+检察机关派驻检察室"改革工作模式的职能作用，在区公安分局执法办案中心及看守所分别设立"速裁法庭"，根据犯罪嫌疑人、被告人认罪时间节点不同，对轻罪案件层层及时分流，最大限度压缩简单轻罪案件的办案周期。[1] 三是探索对部分案件实行书面审理。学术界能否对速裁案件进行书面审理争议很大，反对者的一个重要原因就是担心这种书面审理方式会影响实质公正。不可否认的是，当前速裁程序程式化的程序已经很大程度上失去了庭审应有的功能，[2] 实践中也鲜有通过庭审来发现并纠正错误的速裁案例。而鉴于有期徒刑缓刑、拘役缓刑、管制、单处罚金等刑罚并未实际剥夺他人人身自由，即使出现错误也不会对人身权利造成无可弥补的损害，因而建议在判处上述刑罚的案件中，探索适用书面审理的方式，进一步减轻检察机关起诉和法院审理负担，同时也能对检察机关"少捕慎诉"理念之落实起到很好的推动作用。四是建议对选择速裁程序设置独立的量刑从宽幅度。一方面，选择速裁程序能够节约司法资源，国家理应为被追诉人的理性选择设置特殊的优惠，这与学者所探讨的将"认罪认罚作为独立从宽情节"的探讨如出一辙。另一方面，量刑从宽能够对被追诉人起到极大的激励作用，进而进一步鼓励、促进、引导其真诚认罪认罚，努力修复被损害的社会关系，促进社会和谐，进而发挥速裁程序在社会治理中的独特作用。

---

[1] 《认罪认罚从宽北京试点经验》，载胡云腾主编：《认罪认罚从宽制度的理解与适用》，人民法院出版社2018年版，第295页。

[2] 李本森：《刑事速裁程序研究》，中国政法大学出版社2020年版，第17页。

认罪认罚后"无正当理由"上诉案件检察机关抗诉问题探究

岳　阳　刘远歌　杨文慧[*]

自认罪认罚从宽制度推行以来，被告人反悔上诉及检察机关抗诉权的行使一直是实务及理论界争议的焦点问题之一。支持观点认为被告人没有提出新的事实、证据而在判决后提起上诉的，检察机关应当提出抗诉[①]，反对观点则认为适用认罪认罚从宽制度的被告人上诉不应以抗诉应对[②]。

根据刑事诉讼法相关规定，被告人不服一审判决、裁定即可提出上诉，无须特定理由，而检察机关抗诉的前提则必须是认为本级人民法院第一审的判决、裁定确有错误。本文旨在研究一审法院以被告人认罪认罚，采纳检察机关量刑建议作出判决后，被告人"无正当理由"上诉的判断标准及检察机关抗诉权的行使问题。

一、检察机关提出抗诉的正当性和必要性

（一）抗诉的正当性

1.检察机关依法抗诉与被告人的上诉权并不冲突。兼顾公平与效率是刑事诉讼的基本原则之一，认罪认罚从宽制度的改革使得速裁程序与简易程序、普通程序并立、共同组成刑事诉讼的合理程序布局，体现了认罪认罚案件程序上从简的特征。在制度创建的过程中，即使理论与司法实务界均有人主张应对

---

[*] 岳阳，北京市通州区人民检察院第三检察部副主任，一级检察官；刘远歌，北京市通州区人民检察院第三检察部检察官助理；杨文慧，北京市通州区人民检察院第三检察部检察官助理。

[①] 朱孝清：《如何对待被追诉人签署认罪认罚具结书后反悔》，载《检察日报》2019年8月28日，第3版。

[②] 邓恒、关欣：《以"审判为中心"是认罪认罚从宽制度的重要保障》，载《人民法院报》2021年2月23日，第2版。

被告人的上诉权加以限制,但修改后的《刑事诉讼法》和"两高三部"《关于适用认罪认罚从宽制度的指导意见》(以下简称《指导意见》)均未采纳上述意见,可见立法坚持了上诉机制和两审终审制度,意在以刑事诉讼的公正价值为先,正确维护刑法秩序,有力保障人权,避免因程序的增速提效而降低实体正义标准。因此可以明确的是,在我国刑事诉讼两审终审的基本架构下,上诉权是被告人不可剥夺的基本诉讼权利。

有观点认为,检察机关提出抗诉有侵害被告人上诉权之虞。这种观点存在两点误区:一是检察机关应提出抗诉的情形限于被告人"无正当理由"上诉。以某基层院近年来办理的认罪认罚案件为例,在审结的1358人样本中,有58人提出上诉,其中法院采纳确定刑量刑建议而被告人上诉等符合"无正当理由"上诉的仅有14人,约占全部认罪认罚案件的1%左右,上述案件承办人均逐案审查上诉实质诉求,认定检察机关抗诉侵害被害人上诉权没有事实依据。二是在非认罪认罚案件中,检察机关与被告人依据不同理由分别提出抗诉、上诉的案件并不少见,却从未存在抗诉正当性的质疑,同理认罪认罚案件中,检察机关只要依法抗诉,也不应被评价为对被告人上诉权的侵害。其实,问题的关键在于何种情形符合抗诉标准,而不能将抗诉等同于"限制上诉",上述观点有对认罪认罚从宽制度存在偏见之疑。

2. 检察机关抗诉不违反"上诉不加刑"原则。《刑事诉讼法》第237条规定,第二审人民法院审理被告人上诉的案件,不得加重被告人的刑罚,但人民检察院提出抗诉的不受前款限制。因此,被告人"无正当理由"上诉、检察机关也提出抗诉时,不受"上诉不加刑"原则限制。《指导意见》第9条的规定,检察机关认罪认罚的从宽幅度一般应当大于仅有坦白,或者虽认罪但不认罚的从宽幅度。对犯罪嫌疑人、被告人具有自首、坦白情节,同时认罪认罚的,应当在法定刑幅度内给予相对更大的从宽幅度,虽然刑法未将认罪认罚规定为一项法定情节,但无论是从认罪认罚从宽制度作为刑事诉讼基本原则的角度,还是从实践层面对被告人给予更大力度从宽处罚的角度,认罪认罚都是一项重要的量刑情节,主流观点也认为应当将认罪认罚作为单独的量刑情节予以评价①。因此,当被告人"无正当理由"上诉时,由于不再具备这一从宽情节,导致判决认定的情节发生变化、刑期明显不适当,同理于认定自首、立功等法定情节变化,根据《人民检察院刑事诉讼规则》第584条的规定,属于检察机关应当提出抗诉的情形,故不受"上诉不加刑"的限制。

---

① 陈国庆:《认罪认罚制度为何能成为"中国方案"?——最高检副检察长陈国庆为北京师范大学师生作专题讲座》,载最高人民检察院官网,访问日期:2021年7月6日。

(二) 抗诉的必要性

1. 检察机关依法抗诉是维护具结书效力的必然要求。《指导意见》规定，犯罪嫌疑人、被告人认罪认罚的，原则上均应签署具结书，具结书是犯罪嫌疑人、被告人与检察机关就量刑等问题达成一致的书面记载，是个人与代表国家权力的检察机关之间的协商结果。可以充分确认的是，控辩"协商""合作"是认罪认罚从宽制度的一种重要的诉讼模式①，检察机关与犯罪嫌疑人、被告人双方均应以法律的诚信原则为基本遵循。认罪认罚具结书作为双方协商一致的合意结果，对合意双方具有约束力，其对检察机关的约束力体现在检察机关在无新的事实或证据的情况下，不得轻易变更量刑建议；其对犯罪嫌疑人、被告人的约束力体现在被告人"无正当理由"反悔上诉时，不再享受适用该制度所带来的刑罚"优惠"，只有如此，才能树立认罪认罚从宽制度的权威效力，鼓励犯罪嫌疑人、被告人真诚悔罪，进而对检察机关释法说理能力、精准量刑能力、控辩协商能力提出更高要求，逐步减少反悔上诉现象的出现，充分发挥检察机关的认罪认罚案件中的主导作用，进一步提高认罪认罚案件的诉讼效率，更好地实现制度初衷。

2. 依法抗诉是维护认罪认罚从宽制度正确实施的必然要求。如上文所述，被告人"无正当理由"上诉会导致量刑情节变化，致使原判决刑期不当，故应当抗诉。另外，认罪认罚从宽制度的目的之一在于充分发挥刑罚的教育矫治作用，鼓励促使更多的犯罪者认罪服法，促进社会矛盾化解和社会和谐，鉴于此，被告人认罪认罚的程度是考量从宽幅度的重要依据。《指导意见》规定，主动认罪优于被动认罪，早认罪优于晚认罪，彻底认罪优于不彻底认罪，稳定认罪优于不稳定认罪。因此，即使被告人上诉后又撤回上诉，仍说明其认罪态度不稳定、不彻底，是否对其予以从宽处理以及从宽幅度均需要重新考量，故检察机关应当依法提出抗诉，给予认罪态度不同的犯罪嫌疑人以不同的从宽幅度，以实现量刑区分的目的，确保制度均衡、统一适用。

二、实践中存在的突出问题

(一) 抗诉标准不统一，存在理论争议

2019年8月，全国检察机关刑事检察工作会议对于应当同步抗诉的情形给出了相对明确的指向，要求检察机关秉持客观公正的立场，除判决认定事

---

① 樊崇义：《我国当代刑事诉讼模式的转型图景》，载《检察日报》2019年12月25日，第3版。

实、采信证据确有错误等情形外,对于被告人否认指控的犯罪事实、不积极履行具结书中赔礼道歉、退赃、退赔、赔偿损失等义务以及以量刑过重为由上诉的,检察机关应当依法抗诉。此外,张军检察长在河南调研期间也指出,对于想"留所服刑"用上诉拖延时间的被告人,亦应提出抗诉。

然而实践中存在的问题是,有时被告人并不会在上诉状中直接写明"量刑过重",更不会对"留所服刑"的目的直言不讳。例如,在刘某甲等5人组织、领导、参加黑社会性质组织案中①,已适用认罪认罚从宽制度的5名被告人在一审判决后,以"罪名不当"为由提出上诉,检察机关提出同步抗诉获二审判决认可;再如,山西省古交市的一起抗诉案例②,检察机关的确定刑量刑建议已被一审判决采纳,然而被告人在证据没有发生任何变化的情况下,以"要求改判无罪"为由提出上诉,检察机关提出抗诉,二审法院依法改判。可见,不能仅以上诉书中的理由作为判断依据,如何判断"无正当理由"上诉并无直接标准,若只刻板地对以"量刑过重"和"留所服刑"为由的上诉提出抗诉,那么一旦被告人有意在上诉状中避免使用类似表述,检察机关将自陷困境。

(二)受到上诉、抗诉期限制约,存在技术困局

根据《关于适用〈中华人民共和国刑事诉讼法〉的解释》(以下简称《刑诉解释》)第380条规定,不服判决、裁定的上诉、抗诉的期限为10日,均从接到判决书、裁定书的第二日起计算;《刑诉解释》第378条第2款规定,是否提出上诉,以其在上诉期满前最后一次的意思表示为准。这意味着检察机关的抗诉期限和被告人上诉期限并行计算,且法律准许被告人在10日的上诉期内反复作出是否上诉的表示,即使其在得知判决结果时表示不上诉,但若在10日期限内再次作出上诉表示仍然有效,这就会导致检察机关的抗诉期限被侵占,司法实务界形象地称此种现象为"突袭上诉"。

究其原因,是因为与一般抗诉案件相比,对认罪认罚后上诉案件的抗诉具有特殊性,检察机关作出是否抗诉的决定并不取决于一审判决结果,而是取决于被告人是否提出上诉,故检察机关无法在一审判决后立即作出是否抗诉的决定,而是需要等待被告人的最后表示。当被告人有意利用规则在上诉期临近届满时提出上诉,加之上诉状需经由看守所、法院、检察机关案管部门多次流

---

① 花耀兰、李雪:《湖北武汉:依法抗诉将原审判决调整回正常刑期》,载最高人民检察院官网,访问日期:2021年7月6日。

② 梁高峰、冯雪莉:《山西古交:认罪认罚又无故上诉 检察机关提出抗诉》,载最高人民检察院官网,访问日期:2021年7月6日。

转,至承办人手中时,抗诉期间很可能已经消耗殆尽。部分承办人囿于这一技术困局,宁愿在收到上诉状后选择第一时间再次提讯被告人以劝告其撤回上诉,也不愿在所剩无几的期限内贸然提出抗诉。

(三) 法院准许撤回上诉制约抗诉权行使,存在检法分歧

《刑诉解释》第383条规定,上诉人在上诉期限内要求撤回上诉的,人民法院应当准许;上诉人在上诉期满后要求撤回上诉的,第二审人民法院经审查,认为原判认定事实和适用法律正确,量刑适当的,应当裁定准许;认为原判确有错误的,应当不予准许,继续按照上诉案件审理。当前实践中,由于检法机关对于被告人反悔上诉是否属于"原判决确有错误"存在一定认识分歧,尤其是当被告人要求撤回上诉时,部分法院认为其最终愿意认罪认罚,就不需要加重刑罚,故准许撤回上诉;检察机关考虑到抗诉成功率问题,也可能会随之撤回抗诉,即便坚持抗诉,也难获二审判决认可。若长此以往,会有更多被告人效仿,以先上诉后撤回的方式,既实现了拖延时间、留所服刑等目的,又规避了被加重刑罚的风险,严重挑战司法机关权威,亦会使得已决案件的司法成本更加高昂。

三、对策建议

(一) 建立上诉理由审查机制,强化实质审查

如上文所述,仅依据被告人的上诉状判断是否具有"正当理由"是不全面、不深入的。笔者认为,应当以有无事实或证据变化为核心标准对上诉理由分类甄别。检察机关应当根据庭审情况,核实认罪认罚从宽制度的适用过程是否存在事实不清、证据不足、定性错误、量刑不当等情形,以及一审过程中是否出现新的事实或证据,如基于上述理由导致被告人不认罪或不认罚,其行使上诉权具有正当性,检察机关则应当综合全案事实证据进行研判。

只有在无事实证据变化的情况下被告人反悔的,才可能出现"无正当理由"上诉。据笔者调研,具体有以下几种情形:一是认罪认罚案件宣判后,被告人不认可指控的犯罪事实,认为自己不构成犯罪或者不认可检察机关认定的罪名。此种情形下,被告人往往既不认罪也不认罚,是对具结合意的严重违背,不再符合从宽条件,检察机关应当依法抗诉。二是单纯认为刑期过重,不认可量刑建议。此时要区分检察机关的量刑建议是否精准,若检察机关提出精准量刑建议并被法院采纳,或提出幅度刑量刑建议,法院在最低限度判处刑罚,被告人仍以量刑过重为由上诉,则属于"无正当理由"上诉,原则上应当抗诉;反之,如果检察机关提出的是幅度刑量刑建议,而判决刑期超过了被

告人心理预期导致上诉,则检察机关没有抗诉必要性。三是为了避免移送监狱服刑、想要留所服刑的"技术性"上诉,但通常情况下,被告人不会直接表明留所服刑意图,需要承办人结合个案剩余刑期和被告人的实际情况予以认定,若剩余刑期接近3个月或被告人曾经表露过留所意图,则可合理推断其真实意图系通过上诉拖延时间以实现留所服刑目的。"技术性"上诉是被告人为了实现个人目的违背具结书,不仅浪费司法资源,也对自愿下监服刑的被告人不公,易形成反面示范作用,故检察机关应当依法抗诉。

(二) 畅通文书流转机制,提高协同效率

在现有法律框架下,检察机关应当主动作为,加强与看守所及法院的协同互联工作,提高文书流转速度,以有效应对被告人"突袭"上诉难题。一是充分发挥驻所检察室职能,与看守所建立直接对接关系,当在押的被告人提出上诉时,由驻所检察室第一时间通知案件承办部门,通过优化流程设置争取主动地位,改变目前通过法院转递的现状。二是利用信息化手段,实现上诉状先行线上流转,并通过设置流程绑定,确保检察机关与审判机关同步收悉,当非在押的被告人向法院提出上诉时,由法院先通过线上流转将电子文书送达检察机关,缩短文书传递时间。三是检察机关内部提高效率,案管部门应当在收到上诉状后立即通知并送达承办案件的检察官,检察官也须通过实践积累,形成针对不同上诉理由的抗诉书模板,缩短抗诉的准备时间,以实现在被告人上诉的当日进行"同步"抗诉。四是加强法律制度调研,逐步探索从立法层面完善认罪认罚上诉案件的抗诉期限,以检察机关收到被告人上诉材料后10日为限,以实现从源头上遏制"突袭"上诉的目的。

(三) 加强检法沟通,凝聚司法共识

各级检察院与法院应持续加强沟通、协调与配合,对被告人"无正当理由"上诉的处理方式达成共识,打通制约认罪认罚从宽制度有效落实的各个节点,通过开展工作座谈会、学术交流会、案例研讨会等多种方式深化交流,形成贯彻实施合力。

对于被告人在上诉期间内要求撤回上诉的,虽然根据法律规定应当准许,但理论上由于被告人认罪态度的改变,对其从宽的程度也应有所调整,故若检察机关依据个案情况提出抗诉,二审法院也应当秉持客观态度综合考量被告人上诉理由、撤回原因以及其认罪认罚情况,判断是否支持抗诉意见,而非径行驳回;对于被告人在上诉期满后要求撤回上诉的,第二审人民法院应当根据《刑诉解释》第383条第2款的规定不予准许撤回,并继续按照上诉案件审理,根据实际情况对被告人的判决刑期加以调整。

认罪认罚从宽制度中检察机关精准量刑建议的解构与说理

周 康 田培沣[*]

认罪认罚从宽制度主要目的是优化资源配置，优化的基本方式是构建被告人认罪案件和不认罪案件的分流机制。[①] 精准量刑建议的提出是为了进一步完善和推动认罪认罚从宽制度的适用，更好地实现其制度价值。实践中，精准量刑建议工作对检察机关提出了新的挑战，也引起部分专家学者对精准量刑建议的争议。因此解构精准量刑建议蕴含的深层含义，提出精准量刑的说理机制，可以让精准量刑建议更好地服务认罪认罚从宽制度。本文正是基于此逻辑思路进行分析论证。

一、司法实践中精准量刑建议的提出

2010年开始，全国全面推行量刑规范化改革，量刑建议作为改革的重要内容之一，在司法实践中被提到了重要位置。检察机关也更加重视对量刑建议的规范以及发挥量刑建议在刑事诉讼活动中的积极作用。在最高人民法院、最高人民检察院、公安部、国家安全部、司法部《关于加强协调配合积极推进量刑规范化改革的通知》《人民检察院开展量刑建议工作的指导意见（试行）》《人民检察院刑事诉讼规则（试行）》等均明确了检察机关提出量刑建议及其程序，并将提出幅度刑作为提出量刑建议的基本导向。随后，在刑事速裁程序和认罪认罚从宽制度试点工作方案中将量刑建议作为试点工作的重要内容之一，量刑建议的提出方式也以幅度刑为基本导向，但逐渐倡导提出确定刑量刑建议，在财产刑方面更是明确要求提出确定数额的量刑建议。2018年《刑事诉讼法》修订时规定"人民法院依法作出判决时，一般应当采纳人民检察院

---

[*] 周康，四川省内江市人民检察院检务督察部副主任；田培沣，北京市顺义区人民检察院检察官助理。

[①] 熊秋红：《认罪认罚从宽的理论审视与制度完善》，载《法学》2016年第10期。

指控的罪名和量刑建议",为检察机关提出量刑建议提供了法律保障,也进一步提升了量刑建议在刑事诉讼活动中的作用和价值。2019年《人民检察院刑事诉讼规则》和"两高三部"《关于适用认罪认罚从宽制度的指导意见》提出量刑建议以确定刑为一般要求、幅度刑为例外的导向。

以幅度刑为主,到倡导提出确定刑,再到以确定刑为主的量刑建议提出方式的变化,说明检察机关开展量刑建议不是一蹴而就,而是深化推进刑事诉讼改革和适应认罪认罚从宽制度要求的必然结果,是司法实践逐渐摸索总结的经验积累。遵循了量刑规范化改革中"检察机关要坚持积极、慎重、稳妥的原则,由易到难,边实践边总结,逐步扩大案件适用范围。要依法规范提出量刑建议,注重量刑建议的质量和效果"的要求。检察机关提出量刑建议导向的变化,也反映出对量刑建议的基础制度设计到精准化要求的变化,精准化成为量刑建议制度的发展方向和未来趋势。

二、精准量刑建议的解构

(一) 确定刑和幅度刑的争议

量刑建议是认罪认罚从宽制度的核心,检察机关从发挥其在刑事诉讼活动中的主导责任和认罪认罚从宽制度中的主导作用的角度出发,提出了量刑建议的精准化要求。目前,在理论和司法实务中对精准量刑建议的关注点主要在于是应当提出确定刑还是幅度刑量刑建议。有观点认为量刑建议的"精准"是指提出确定刑量刑建议,即对刑种、刑期、刑罚执行方式等提出明确、确定的建议。[1] 主要的论证理由是确定刑建议更符合犯罪嫌疑人对"罚"的期待,更有利于其作出认罪认罚的选择,也就更有利于认罪认罚从宽制度的推进和稳定适用。[2] 通过提出确定刑的方式,可以更好地激活认罪认罚从宽制度的激励机制,鼓励自愿认罪认罚,强化认罪认罚从宽协商过程及其结果的稳定性,进一步发挥该项制度的积极意义,实现繁简分流。[3] 也有观点认为,量刑建议的精

---

[1] 苗生明:《认罪认罚量刑建议精准化的理解与把握》,载《检察日报》2019年7月29日,第3版。

[2] 苗生明:《认罪认罚量刑建议精准化的理解与把握》,载《检察日报》2019年7月29日,第3版。

[3] 樊崇义:《关于认罪认罚中量刑建议的几个问题》,载《检察日报》2019年7月15日,第3版。

准包括确定刑建议、相对确定的幅度刑建议。① 其主要论证理由是量刑建议的分类包括概括的量刑建议、相对确定的量刑建议和绝对确定的量刑建议,精准量刑建议是相对模糊的量刑建议提出的,精准量刑建议相对应的是相对确定和绝对确定的量刑建议,精准量刑建议应根据不同案件类型有不同的呈现方式。这两种认识分歧引发更大的争议在于,提出精准量刑建议是否与以审判为中心原则相悖,是否超越了检察机关量刑建议的求刑权范畴,是否有先定后审侵犯审判权之嫌,是否会弱化人民法院的审判权、削弱审判人员的办案积极性。

可以看出,上述两种争议的观点是从应然的角度、从对量刑建议的提出方式和内容的角度来理解"精准"的,即精准量刑建议中的"精准"应当是什么样的。但如果从实然的角度出发,则涉及对检察机关量刑建议的准确度的评价,即什么样的量刑建议是"精准"的?量刑建议的"精准"的评价标准是什么?两个角度的区别主要在于,前者是以过程为导向来解释和构筑量刑建议的"精准",后者是以结果为导向来解释和构筑量刑建议的"精准"。本文认为,对检察机关精准量刑建议的关注不仅应当从应然和过程的角度关注检察机关量刑建议的提出方式和内容的精准,更应从实然和结果的角度关注对检察机关量刑建议是否精准的评价和判断,这对推进认罪认罚从宽制度的适用具有实践价值,也有利于反向推进检察机关提出量刑建议的精准化,这也符合当前的认罪认罚从宽制度中量刑建议的制度设计。

(二) 以结果为导向的评价标准

精准量刑建议是对检察机关在认罪认罚案件中提出量刑建议的价值取向和目标追求。从实然和结果的角度来评价量刑建议的精准,大致可分为两个标准,即评价的形式标准和实质标准。形式标准是检察机关提出的量刑建议能否推动认罪认罚从宽的适用,能否在形式意义上得到刑事诉讼参与各方的认可、接受和理解,能否实现检察机关在刑事诉讼活动中的主导责任和认罪认罚从宽制度中的主导作用,以此来考量检察机关提出的量刑建议是否"精准"。而实质标准则更多地从对具体个案处理结果的公平、正义的层面来考量的。从认罪认罚从宽制度的试点及正式施行的适用情况来看,评价精准量刑建议的形式标准大致包括检察机关提出的量刑建议是否得到辩方(犯罪嫌疑人、被告人和辩护人)的认可和接受、是否得到审判方的采纳、是否符合同类案件的判罚平衡(即实现同案同判)、是否得到被害方的理解和支持等方面。具体而言:

---

① 周习武、张宝印:《认罪认罚案件量刑建议精准化的实现路径》,载《检察日报》2020年6月8日,第3版。

一是得到辩方的认可和接受,认罪认罚从宽制度下,犯罪嫌疑人、被告人在与检察机关沟通协商达成一致意见基础上,自愿认罪认罚并签署具结书,实质上是在个人与检察机关之间达成的合意。① 检察机关提出的量刑建议得不到辩方的认可和接受,那认罪认罚从宽制度将无法得以适用,则更谈不上在认罪认罚从宽范畴内的量刑建议的精准。二是得到审判方的采纳。在认罪认罚从宽制度框架下,虽然规定了人民法院依法作出判决时,一般应当采纳人民检察院的量刑建议,但量刑建议根本上仍是控方建议,审判方审查认定后才具有司法终局性,因此如果量刑建议因为违背自愿性、真实性、合法性或者量刑建议明显不当的,审判方有建议调整和不采纳量刑建议的权利。检察机关提出的量刑建议没有被采纳,则从结果评价的角度很难称之为是精准的量刑建议。三是符合同类案件的判罚平衡,同案同判是国民对司法公平正义的一般认知标准,也是对司法机关的要求。虽然我国刑法规定的大部分案件的刑罚允许各地根据经济社会发展水平的差异在规定的幅度内进行具体调节,但是同案同判至少应当在地区实现一定的平衡。检察机关提出的量刑建议如果因失当严重偏离一般的司法认知,则在形式意义上也难以被国民评价为精准。四是是否得到被害方的理解和支持,认罪认罚从宽制度的价值不仅在于实现司法的效率价值,更在于通过认罪悔罪缓和消解因犯罪带来的社会冲突和矛盾,相关规定也明确检察机关适用认罪认罚案件应当听取被害方的意见、促进和解谅解和被害方异议的处理的程序,因此量刑建议是否得到被害人的理解和支持也是评价是否"精准"的形式标准。

从域外的经验和我国的司法实践来看,实质标准大致包括四个方面:一是符合证据裁判规则。检察机关提出的量刑建议是建立在坚持常规证明标准的基础上,犯罪是真实的,定罪量刑的标准是"案件事实清楚,证据确实、充分",提出量刑建议的依据是有充分证据支撑的。二是合意的真实性。检察机关提出的认罪认罚量刑建议是建立在犯罪嫌疑人或被告人认罪认罚的自愿性、真实性基础上的,不存在犯罪嫌疑人或被告人违背意愿认罪认罚和接受检察机关量刑建议的情形。三是程序的合法性。检察机关提出认罪认罚量刑建议的程序符合法律和司法解释的规定,犯罪嫌疑人或被告人同意量刑建议以及签署具结书的过程符合规定。四是实现罪责相适。检察机关提出的量刑建议符合个案的犯罪事实和量刑情节,达到个案的罪与罚的相当,能够实现刑罚的功能和价值。

---

① 陈国庆:《认罪认罚从宽制度若干争议问题解析》,载《法制日报》2020年5月11日,第9版。

形式标准和实质标准共同构成检察机关量刑建议的精准评价,两者是有机统一的。如果检察机关提出的量刑建议仅符合形式标准,则可能引发司法机关为了推动认罪认罚从宽制度的适用和过度追求效率的价值而导致产生冤假错案,也会引起因申诉等问题导致的司法资源浪费和司法诉累,与认罪认罚从宽制度的诉讼价值追求背道而驰,刑事诉讼在效率和公正的价值取向上始终是公正优于效率。如果检察机关提出的量刑建议仅符合实质标准,则可能不能有效促成认罪认罚从宽制度的适用,不能实现认罪认罚从宽制度对提升司法效率和促进社会矛盾化解的价值追求。

(三)精准量刑建议的解构

推动认罪认罚案件量刑建议的精准化应当更注重从结果导向来解构量刑建议的精准。首先,如果片面、过度地从量刑建议的提出方式和内容来要求精准、要求确定刑,在司法实践中存在现行量刑指导意见案件范围较小,提出量刑建议难度较大,检察官对量刑的规律把握不够、对量刑的方法掌握不准等问题。[1] 在理论上也产生前述关于求刑权与审判权的争议,不利于推动量刑建议的精准化。其次,从结果导向来解构精准量刑建议,通过结果的评价考核标准,可以让检察机关在提出量刑建议时积极追求和实现"精准",起到反向推动量刑建议精准化的作用。最后,以结果为导向评价量刑建议的精准,不管是确定刑还是幅度刑,根据个案情况,符合结果评价的标准都应当评价为"精准"的量刑建议,这也符合现行认罪认罚量刑建议提出确定刑和幅度刑的双重选择规定和司法实践规律。

三、精准量刑建议说理的必要性

适用认罪认罚从宽制度,检察官要更加负责、明确地在庭前即与犯罪嫌疑人就案释法。[2] 相关规定要求检察机关提出量刑建议要注重效果,"两高三部"《关于适用认罪认罚从宽制度的指导意见》也明确规定提出量刑建议应当说明理由和依据,这种当然说理义务决定着检察机关在提出量刑建议时,必须说理和论证,说理也是实现量刑建议效果的重要方法和途径,说理也有利于量刑建议的精准评价。精准量刑建议的形式标准和实质标准都要求量刑建议必须说理。精准量刑建议说理有助于在形式意义上得到刑事诉讼各方的认可、接受和

---

[1]《量刑建议如何做到精准化、规范化、智能化?最高检提出五大对策》,载最高检官网,http://www.spp.gov.cn/SPP/zdgz/201904/T20190428_416627,最后访问日期:2020年7月27日。

[2] 张军:《关于检察工作的若干问题》,载《人民检察》2019年第13期。

理解,在实质意义上更好地实现个案的公平正义。

(一) 更有利于实现认罪认罚从宽制度的价值

认罪认罚从宽制度的初衷是化解矛盾、促进和谐,其重要价值还体现在诉讼分流、节约司法资源。① 检察机关开展量刑建议说理,一方面通过向犯罪嫌疑人或被告人说理可以让其充分认识和理解检察机关提出量刑建议的依据和理由,促成其认罪认罚,认可并接受量刑建议,自愿签署具结书,促成认罪认罚从宽的适用,实现诉讼分流和提升效率的价值。另一方面,通过向被害方说理可以减少被害方对司法机关适用认罪认罚和量刑建议的误解和抵触,获取理解和支持,还可以促进刑事和解,促成犯罪嫌疑人或被告人通过退赃退赔、赔偿损失、赔礼道歉等方式与被害方达成调解或者和解,化解和消弭因犯罪带来的社会矛盾和冲突。

(二) 更有利于增强量刑建议的权威性和公信力

刑事诉讼法规定对于认罪认罚案件,人民法院依法作出判决时,一般应当采纳人民检察院指控的罪名和量刑建议。这在一定程度上为检察机关量刑建议的权威性和公信力提供了法律保障,但检察机关量刑建议的权威性和公信力不仅体现在法律保障层面,更应体现在司法实践中审判机关和诉讼参与方的实质认可。检察机关开展量刑建议的说理工作,向审判方进行充分说理并提供充分依据,尊重审判方的调整建议权,可以保障审判方的参与性,获得审判方的采纳,实现量刑建议的权威和公信。如果在检察机关提供充分的量刑建议依据和理由前提下,审判方无充分的不采纳理由,则检察机关可以依法通过行使法律监督权来捍卫量刑建议的"刚"性。对于其他刑事诉讼参与方而言,检察机关对提出的量刑建议进行充分的说理,充分尊重参与方提出的意见和异议进行量刑建议调节,从而得到认可、理解、接受和支持,如果犯罪嫌疑人或被告人反悔,则可以通过程序转换、抗诉等方式保障检察机关量刑建议的权威性和公信力。

(三) 更有利于防范检察官量刑建议工作的廉洁风险

认罪认罚从宽制度的实施赋予检察机关量刑建议在刑事处罚方面的较大话语权,这为检察官带来了较大的权力,随之而来的是检察官在量刑建议方面的司法廉政风险增加,最高人民检察院就此出台了《人民检察院办理认罪认罚案件监督管理办法》。本文认为,通过量刑建议的说理,可以增强检察官量刑

---

① 苗生明:《认罪认罚量刑建议精准化的理解与把握》,载《检察日报》2019 年 7 月 29 日,第 3 版。

建议的公开性和透明度,让说理成为检察官公正廉洁行使权力的监督方式,在一定程度上可以防范检察官在量刑建议工作中的司法廉洁风险。

四、精准量刑建议的说理机制

(一)精准量刑建议说理的法理基础

量刑作为司法裁量活动,必须遵循一定的原则、标准或思路。现代司法的基本原则如罪刑法定、平等适用等原则在量刑时应当予以普遍遵守。此外,精准量刑建议还应当遵循均衡化原则、个别化原则,以及宽严相济的刑事政策。均衡化原则针对的是犯罪行为的社会危害性,个别化原则针对的是犯罪人的人身危险性。前者体现报应刑的需求,后者主要满足预防刑的目的。① 刑事政策受国家治理、社会变迁等因素影响,具有时代性特征,因此在量刑时,两个原则和刑事政策并非同等适用,而是有一定层次。应首先考虑行为人的行为是否构成犯罪及构成犯罪的社会危害性程度,再考虑犯罪人的人身危险性,即应当首先考虑均衡化原则,其次是个别化原则,最后是刑事政策。精准量刑建议说理要充分说明量刑建议的法理基础,同时要区分均衡化、个别化和刑事政策以实现量刑建议精准化的效果。

(二)精准量刑建议说理的规范基础

量刑必须要有法律依据是罪刑法定原则的基本要求。考察我国现有法律关于量刑的规定,基本包含在刑法、刑事诉讼法以及司法机关出台的量刑指导意见,尤其是量刑指导意见,对常见罪名的量刑幅度、范围、情节②都作了比较详细的规定,也明确了在基准刑基础上的具体加减比例,为检察机关对认罪认罚案件中的常见罪名提出精准量刑提供了充分指引。检察机关在精准量刑建议说理时,应当说明以上量刑的法律依据和规范基础,说明基准刑及加减刑期的计算过程,以体现量刑建议的精准。

---

① 均衡化原则要求量刑应当根据犯罪事实、犯罪性质、犯罪情节、社会危害程度,重罪重罚,轻罪轻罚。个别化原则要求考虑犯罪人的人身情况、罪中情节、罪前与罪后情节。参见陈兴良主编:《刑法总论精释》(第三版),人民法院出版社2016年版,第785页。

② 根据刑法有无明确规定,情节可以分为法定情节和酌定情节。法定情节包括自首、坦白、从犯、累犯、犯罪时系未成年人等法定的量刑情节。酌定情节则需要根据刑事立法精神与刑事政策,综合考虑予以提出,如犯罪动机、犯罪对象、犯罪人犯罪前后对犯罪的态度以及悔改表现。有量刑情节才有量刑建议,才谈得上精准量刑建议。

（三）精准量刑建议说理的判例基础

法律具有稳定性，同案同判是平等适用法律的基本结果和必然要求。"同案同判"源于"同等情况同等对待"的朴素法谚①，要做到同案同判，必然要尊重和参考指导案例、本地区既往判例。随着人工智能和司法数据库的不断更新完善，判例检索已经十分便利。最高人民法院出台的《关于统一法律适用加强类案检索的指导意见（试行）》要求对公诉机关等提交指导性案例作为控诉理由的，人民法院要在裁判文书中说理回应是否参照，因此尊重和参照指导案例、既往判例对检察机关精准量刑建议具有重要作用。检察机关精准量刑建议说理时，充分说明尊重和参考指导案例情况，有利于量刑建议被法官、犯罪嫌疑人或被告人、辩护人、被害人接受，也有利于回应一般公众的普遍认知从而被大众接受。

（四）精准量刑建议说理的合意基础

认罪认罚从宽制度中，检察官提出量刑建议之前，需要就量刑与犯罪嫌疑人、被告人、辩护人进行沟通协商，需要听取被害人的意见，也可以与法官沟通。一般来说，量刑建议越具体，犯罪嫌疑人及其辩护律师与检察机关协商的动力越大，达成一致的可能性也越大。② 在这些合意的基础上形成的量刑建议更符合精准的形式标准，也为检察机关精准量刑建议提供了充分的依据。检察机关开展精准量刑建议说理，应当充分说明这些合意情况。

五、结语

认罪认罚从宽制度作为我国刑事诉讼法规定的一项新的制度，需要诸多配套制度予以完善。本文仅是对精准量刑建议的机构、说理作出分析和论证，司法实践中还应总结和提炼说理的方式、程序等，才能更好地实现精准量刑建议的效果和认罪认罚从宽制度的价值。

---

① 陈焘、刘宇琼：《"同案同判"的涵摄与超越——兼论区域法律统一适用与司法协同治理》，载《山东社会科学》2020年第3期。

② 苗生明、周颖：《认罪认罚从宽制度适用的基本问题》，载《中国刑事法杂志》2019年第6期。

认罪认罚案件中的检察官客观公正义务

李梦呓[*]

2019 年修订的《检察官法》第 5 条第 1 款规定,检察官履行职责,应当秉持客观公正的立场,首次以法律条文的形式明确了检察官客观公正的履职义务,要求检察官在履职过程中,应当秉持客观公正的立场,忠实于案件事实真相,以司法公正为目的开展活动。2018 年修改后的《刑事诉讼法》正式确立了认罪认罚从宽制度,检察机关在其中由"审前阶段过滤把关"扩展为"整个刑事诉讼阶段主导责任"。在认罪认罚从宽制度中,检察官客观公正呈现出与此前明显不同的新要求,对被追诉人的权利影响更大,已成为能否公正处理案件的关键。

一、客观公正义务的新要求

(一)证据审查客观公正

区别于辩诉交易制度,适用认罪认罚从宽制度案件的证明标准仍为《刑事诉讼法》第 55 条规定的"排除合理怀疑",但是证明对象侧重点由"案件事实清楚、证据确实充分"转变为"认罪认罚真实性、自愿性"。认罪认罚案件的证据审查围绕主要犯罪事实进行,即有证据证明行为人实施了犯罪行为,无须再按照非认罪认罚案件中"七何要素"(即何人、何事、何时、何地、何种方法、何因、何果)[①]进行审查认定。这一新变化符合认罪认罚案件特点,有效简化了诉讼程序,在保障嫌疑人、被告人权利的同时,节约了司法资源,提高了办案质效。

(二)程序处理客观公正

根据《刑事诉讼法》第 173 条、第 174 条的规定,犯罪嫌疑人认罪认罚的,人民检察院应当告知其享有的诉讼权利和认罪认罚的法律规定;犯罪嫌疑

---

[*] 李梦呓,北京市顺义区人民检察院第一检察部检察官助理。
[①] 参见樊崇义教授在"认罪认罚从宽制度检法同堂培训班"的授课内容。

人自愿认罪认罚,同意量刑建议和程序适用的,应当在辩护人或者值班律师在场的情况下签署认罪认罚具结书。司法实践中,检察机关会通过法律文书告知犯罪嫌疑人诉讼权利义务,确保其认罪的自愿性和真实性。如在受理案件3日之内送达犯罪嫌疑人权利义务告知书(认罪认罚从宽制度相关权利义务内含于告知书中)。与非认罪认罚案件不同,认罪认罚案件中缺少诉讼经验和法律知识的嫌疑人对认罪认罚的性质及法律后果缺乏明确认知,需要检察人员充分释法说理,以确保其理解检察机关认定的罪名、拟适用的刑罚及审判程序,以及认罪认罚后翻供可能引起加重刑罚或者抗诉后果等。需要注意的是,应当审查侦查机关是否明确告知认罪认罚相应的权利义务,以及犯罪嫌疑人是否理解认罪认罚的法律后果。

(三)量刑协商客观公正

在适用认罪认罚从宽制度时,量刑建议呈现出全面性、普遍性、协商性和精准性等新特点[①]。此前,检察机关在提起公诉时直接提出量刑建议,无须与犯罪嫌疑人协商。而在认罪认罚案件中,基于犯罪嫌疑人积极悔过的认罪态度,赋予其参与量刑协商的权利。另外,检察机关提起公诉的,应当就主刑、附加刑、是否适用缓刑等提出量刑建议,并且以确定刑量刑建议为主。一方面,通过证据开示、确定量刑,给犯罪嫌疑人一个明确的预期,有效减少后期翻供,提升办案质效,节约司法成本;另一方面,犯罪嫌疑人自愿认罪认罚,并通过退赃、赔偿、赔礼道歉等途径展现其认罪悔罪态度,有效弥补被害人的经济损失和心理伤害,尽可能修复受损的社会关系。因此,检察官在办理认罪认罚案件时,应当注重听取犯罪嫌疑人的意思表达,全面考量犯罪嫌疑人与被害人的意见,化解矛盾纠纷。另外,"两高三部"《关于适用认罪认罚从宽制度的指导意见》进一步细化了量刑建议调整的问题,即人民法院经审理认为量刑建议明显不当,或者被告人、辩护人对量刑建议有异议的,法院应当告知检察院,检察院可以调整量刑建议。只有当检察院不调整量刑建议或者调整后仍然明显不当的,法院方能依法判决,这对检察官确定刑量刑提供了保障,同时也对精准量刑的办案能力提出了更高要求。

(四)控辩关系客观公正

以办案基数较大的基层检察院为例,认罪认罚案件中,轻罪案件(可能判处3年以下有期徒刑的案件)占比相对较大,此类案件的犯罪嫌疑人通常

[①] 谢小剑:《认罪认罚从宽中的量刑建议:制度创新与困境破解》,载《内蒙古社会科学》2020年第4期。

没有聘请辩护人或者辩护律师,依靠作为"急诊律师"的值班律师提供有限的法律帮助。结合办案实践,非认罪认罚案件中,当犯罪嫌疑人没有辩护人时,应当通知法律援助机构指派法律援助律师为其提供法律帮助。值班律师不具有法定的阅卷权等权利,也无须对"见证"具结的行为承担法律责任。而法律援助律师享有与辩护人同等的权利义务,也承担相对等的法律责任。两相对比,值班律师对于其提供法律帮助的犯罪嫌疑人及案情了解不足,需要检察官保障犯罪嫌疑人能够向值班律师充分询问相关法律问题、值班律师能够了解基本事实、量刑情节、证据情况和量刑计算方法,以保障犯罪嫌疑人获得有效的法律帮助。

二、实践问题

案例一:张某某故意伤害案。张某某得知其妻与被害人K某存在不正当男女关系,至K某家中理论,后张某某持菜刀将K某面部砍伤。侦查机关以故意伤害罪移送检察机关审查起诉,建议适用认罪认罚速裁程序审理。侦查阶段,张某某供述稳定,K某的伤是张某某造成的。审查起诉阶段,承办检察官经初步阅卷,发现所谓的"供述稳定"实则为"不构成犯罪的供述与辩解"。

张某某在侦查机关四次供述基本一致。张某某"认罪认罚",承认自己造成了对方的伤。检察官经审查,张某某在第一次讯问时称,被害人K某从窗户看到自己进院,进房间锁上了门。张某某踹门进屋时K某手中拿着菜刀,其在与K某抢刀过程中,划到了K某面部。根据张某某的供述,不能排除其行为具有正当防卫性质,亦不能排除其实施行为时不具有犯罪故意。为判断张某某辩解的真实性,承办检察官开展了以下工作:一是核对四次讯问同步录音录像。经查看,发现张某某自始至终均辩解抢刀时"划"到了被害人面部,而非笔录中记载的"砍"的行为。二是针对行为细节多次讯问。本案由于发生在封闭空间内,且只有被告人和被害人在场,因此被告人供述对于案件审理至关重要。承办检察官就案发时双方的站位、用哪只手拿刀、刀掉落在什么位置、房间布局、被害人伤口情况等细节方面多次讯问张某某,找到其供述矛盾之处。三是结合在案其他证据形成内心确信。通过部分证据开示及教育转化释法说理,介绍认罪认罚从宽制度红利。最终,张某某承认其持刀砍伤被害人面部的犯罪事实,自愿认罪认罚,并感谢检察官给予其多次机会。

案例二:宁某某危险驾驶案。宁某某酒后驾车起步时,与停放在路边的机动车发生交通事故。宁某某与证人B、C称事发前已找朋友A过来代驾,准备将车挪至路边等待,倒车过程中发生事故。三人所称基本事实相符,坚称是在等朋友A代驾过程中"挪车"。另外,"代驾司机"A也确实出现在录像中。

该案供证一致，"事实清楚"，但是作为关键证人的 A 没有在侦查阶段做笔录。承办人通过电话询问 A，其称案发时好像是有人让其去代驾，其肯定到过现场，但是告知时间、告知方式等具体细节记不清了，且自己长期跑长途运输，目前不在北京，没有时间制作笔录。A 在案发如此短的时间内却称不记得案发当天具体情况，这引起了承办检察官的怀疑。十天的审查期限近在眼前，然而证据间的细节性矛盾无法作出合理解释，承办检察官再次讯问宁某某，针对供证间的矛盾点，引导其多次、反复供述确定真伪。在基本事实与现有证据达不到定罪起诉标准的情况下，及时对宁某某改变强制措施为取保候审，并全力寻找本案关键证人 A。在取保候审期间，检察官多次与 A 协调时间、耐心释法说理，成功向其取得真实笔录。后根据 A 的证言，逐个瓦解"伪证人同盟"，获取并固定证人 B、C 真实的证言。最终用充足证据和认罪认罚从宽制度红利成功完成了教育转化，引导宁某某主动说出实情，并且追诉涉嫌伪证罪、包庇罪的 B、C 二人。

上述两个案例均是对认罪认罚自愿性、真实性的审查，体现了检察官客观公正审查核实证据，正确适用认罪认罚从宽制度实现对犯罪嫌疑人的教育转化。不同的是，案例一中，犯罪嫌疑人认罪容易降低证据标准。假设被告人张某某的辩解为真，犯罪嫌疑人不理解认罪认罚的法律后果。在此情况下，如果对认罪认罚真实性审查不足，没能及时发现讯问笔录与犯罪嫌疑人实际供述存在不一致，极有可能导致一件"事实清楚"的错案，影响司法公信力。小案不小看，小案不小办。检察机关应当对阅卷过程中发现的细节性矛盾点重点审查，尤其对定罪量刑产生重大影响的关键证据，充分发挥法律监督职能，保证被告人真正认罪认罚。

案例二中，涉及"出罪"的案件必须严格把控证据标准，不能因为案情简单、审限短就草率结案。该案如果按照在案证据结案，在关键证人不配合时便放弃，很可能会导向另外一种完全不同的结果，而且是"证据确实充分"的结果。因此，对于犯罪嫌疑人不认罪认罚，其他证据亦无法达到定罪起诉标准的案件应及时改变策略，全面评估取证对象特点，多途径收集核心证据。当其自以为逃脱了法律制裁之时，将固定好的证据摆在其面前，一举击破其心理防线。同时，案例二中，承办检察官强化诉讼监督职责，积极追诉涉案人员，实现了树立正确法治观念的良好社会效果。

从上述两个案例可以总结出，检察官客观公正义务贯穿于认罪认罚案件的证据审查、程序处理、认罪协商、法律监督等方方面面。办理认罪认罚案件，检察官如何实现客观公正履行职责？笔者将在下文中进行分析并试图提出实现路径。

三、客观公正义务的实现路径

(一) 全面审查认罪认罚自愿性、真实性

"认罪"不是宣告性的表示,而应当是实质性的承认[①]。审查"自愿真实性",应当明确是哪一次供述的、案卷中是否清楚、是在什么情况下交待的、如何提问嫌疑人才供述等。在对证据审查核实时避免先入为主作出有罪推定,应当不偏不倚地进行审查认定。实践中,部分侦查人员因犯罪嫌疑人认罪认罚即定罪结案,检察院审查阶段应当综合判断对犯罪嫌疑人有利、不利的所有事实和证据,一方面化解以口供草率定案风险,另一方面履行法律监督职能深挖余罪漏犯。在全面审查证据的基础上,引导犯罪嫌疑人对案件关键情节多次供述,寻找漏洞与矛盾点,对于细节性矛盾点、非常规行为都要重点审查。明确有没有代人受过情况、有没有被威胁或者受引诱而认罪等。经过全面审查案件,若认为事实不清、证据不足的,应当坚持疑罪从无原则,依法作出不起诉决定,避免因犯罪嫌疑人认罪而降低证据要求和证明标准。

(二) 及时告知权利义务,充分释法说理

基层检察院轻罪案件量占比较大,且通常系认罪认罚案件。由于适用简易程序不以犯罪嫌疑人、被告人认罪认罚为前提,轻罪认罪认罚案件常常建议适用速裁程序审理。适用速裁程序案件审查起诉期限一般为 10 日,可能判处有期徒刑 1 年以上的案件延长至 15 日。办案期限短,程序简化,更加需要及时、全面告知权利义务以及充分释法说理。然而实践中,有时会出现送达权利义务告知书、讯问及签署认罪认罚具结书工作同时进行,难以保证犯罪嫌疑人在讯问和签署具结书之前明白认罪认罚相应的权利义务。尤其是在当前疫情防控期间应用远程视频提讯,更应当切实保证犯罪嫌疑人在讯问前阅读并了解相关权利义务,理解认罪认罚从宽制度和审理适用程序。无论是否已经送达权利义务告知文书,办案人员在讯问基本案情之前,都应当结合相关法律规定以通俗易懂的语言告知犯罪嫌疑人申请回避、约见值班律师、选择适用程序等基本权利义务以及认罪认罚从宽制度,问清楚其在侦查阶段是否自愿认罪、有无违法不当侦查行为。

(三) 保障犯罪嫌疑人认罪认罚协商的主体地位

首先,合理对待犯罪嫌疑人的辩解,坚持证据裁判基本原则,注重证据间

[①] 陈国庆主编:《认罪认罚从宽制度司法适用指南》,中国检察出版社 2020 年版,第 168 页。

相互印证，而非对于辩解一律不予采信。基于无罪推定原则，被追诉人适度辩解是行使辩护权的形式，应当结合在案其他证据分析其辩解是否成立，不能据此认为其不具有认罪悔罪态度，甚至将该辩解作为在后续诉讼中对其不利的情节。其次，就量刑情节、基准刑、量刑建议计算方法向犯罪嫌疑人充分释明，增强其对于量刑情况的预期性，降低翻供的风险。同时，值班律师不只是签署具结书的见证者。检察官在认罪认罚案件中承担主导责任，应当告知值班律师案件基本事实、证据、量刑情节等情况，使值班律师实质参与到认罪认罚程序中来。检察机关可以在认罪认罚具结书中写明各个量刑情节及量刑计算方法，采用执法记录仪等设备对认罪认罚具结过程进行全程同步录音录像，确保具结全过程规范化运转。

（四）精准量刑，慎重调整量刑建议

首先，认罪认罚案件量刑建议以确定刑为主、幅度刑为辅。检察官可借助量刑数据库等量刑分析辅助工具，依托检察官联席会、专业化办案组等形式，加强量刑建议精准性研判，对于认罪认罚轻罪案件提出确定刑量刑建议，非认罪认罚案件仍以幅度刑为主、确定刑为辅。另外，"兼听则明"，听取被害人一方对于量刑建议的意见，并如实记录在案。其次，犯罪嫌疑人自愿签署认罪认罚具结书，在案件基本事实、证据、量刑情节没有发生变化的情况下，检察机关主动对量刑建议进行调整需要正当理由。如果被告人一方对量刑建议有异议，检察机关应当综合全案事实情节，决定是否重新签署认罪认罚具结书并及时移送法院。最后，法院认为量刑建议明显不当，告知检察机关调整量刑建议，需要充分释明调整原因。检察机关应当与法院良性沟通，慎重调整量刑建议。如果需要重新签署具结书，应当向被告人释法说理，说明调整量刑建议原因，尊重被告人意见。

论轻罪检察体系下审前羁押制度的完善

赵 磊 汪玥君[*]

一、审前羁押制度理论概述

(一) 审前羁押的定义

当前我国学术界对于审前羁押存在观点上的争议,部分学者将审前羁押看作未决羁押,认为其是犯罪嫌疑人、被告人在法院作出生效裁判之前被剥夺人身自由者的状态。[①] 另有学者认为审前羁押指的是把未决犯关押在看守所或者其他规定的场所,暂时限制其人身自由的强制措施。[②] 两者之间有"状态"和"措施"的差别。由于我国刑事诉讼法仅规定了五种强制措施:拘传、取保候审、监视居住、拘留和逮捕,审前羁押并非我国法定的强制措施,实践中的审前羁押,更多是指通过剥夺刑事被追诉人一定期限的人身自由以保障诉讼顺利进行的一种诉讼保障制度。在我国,审前羁押主要是由拘留、逮捕这两种刑事强制措施所引发的必然后果。笔者认为,审前羁押是指在法院对刑事案件审判之前,为了保障刑事诉讼活动的顺利进行或防止犯罪嫌疑人再犯罪,将其置于看守所或其他法定场所之中,并对其人身自由加以限制的一种措施。

(二) 审前羁押的特点

1. 法定性。审前羁押是按照刑事诉讼法的规定,由合法的主体在合法的前提之下运用合法的手段来开展的强制措施。立法方面,通过法律明确规定实体和程序适用,体现出审前羁押的正义性与合法性;司法方面,当前有权作出

---

[*] 赵磊,北京市昌平区人民检察院第三检察部负责人;汪玥君,北京市昌平区人民检察院第三检察部检察官助理。

[①] 陈瑞华:《问题与主义之间——刑事诉讼基本问题研究》,中国人民大学出版社2004年版,第199页。

[②] 熊俊勇:《试论我国审前羁押制度的改革与完善》,载《警官教育论坛》2006年第2期。

审前羁押决定的是法律明文规定的司法机关;执法方面,法定的执行机关要严格按照刑事诉讼法的规定遵守审前羁押的程序要求,合法有序地进行刑事诉讼活动,限制司法机关的权力滥用。

2. 强制性。审前羁押是以国家强制力剥夺犯罪嫌疑人的人身自由为标志。一方面,拘留、逮捕行为对于犯罪嫌疑人具有强制力,通过剥夺其人身自由,能够进一步起到预防犯罪、减少社会危险性的作用;另一方面,审前羁押建立在国家法律规定的强制措施基础上,依照法定的程序进行,不以犯罪嫌疑人或被告人的意志为转移,犯罪嫌疑人或被告人在审前羁押中始终处于一种被动的地位。①

3. 时限性。处于羁押之中的犯罪嫌疑人的状态并不是一成不变的。《刑事诉讼法》第95条对羁押必要性审查制度作出明确规定:犯罪嫌疑人、被告人被逮捕后,人民检察院仍应当对羁押的必要性进行审查。对不需要继续羁押的,应当建议予以释放或者变更强制措施。根据我国法律规定,羁押必要性审查是指根据被羁押的犯罪嫌疑人、被告人涉嫌犯罪的性质、情节以及证据的收集固定情况、犯罪嫌疑人、被告人的悔罪态度等,审查其是否具有再次犯罪或者妨碍诉讼的危险性,如果对其取保候审、监视居住是否足以防止发生这种危险性。② 由此可见,审前羁押状态只是暂时的,具有时限性。

(三) 审前羁押的功能

1. 实体保障功能。由于犯罪嫌疑人在实施犯罪后往往有逃避犯罪的倾向,存在隐匿、毁灭证据、伪造证据、串供等情形,逃避法律的制裁。在侦查阶段,通过剥夺其人身自由的方式将犯罪嫌疑人置于司法机关控制之下,降低其对案件审查工作带来的消极影响。实践中,犯罪嫌疑人被关押前期属于侦查人员攻克其心理防线的黄金阶段,更容易使犯罪嫌疑人主动交代犯罪事实。

2. 程序保障功能。审前羁押可以确保犯罪嫌疑人在刑事诉讼中能够及时到案,防止其逃跑、隐匿而拖延诉讼进程,有助于开展各种诉讼活动。同时能够有效阻断犯罪嫌疑人毁灭、伪造证据,切断犯罪嫌疑人相互之间串供的可能性,在一定程度上降低侦查难度,保证刑事诉讼活动顺利进行。与此同时,审前羁押制度为执行将来可能判处的羁押性刑罚提供了必要的保证。

3. 预防保障功能。犯罪嫌疑人在犯罪之后往往有畏罪潜逃的倾向,可能发生自残、自杀、再犯罪的情况,审前羁押能够让"高墙之内"的犯罪嫌疑

---

① 涂达:《我国审查羁押制度之完善》,武汉大学2017年硕士学位论文。
② 童建明:《新刑事诉讼法理解与适用》,中国检察出版社2012年版,第116页。

人处于被监控和管教状态,保障其本人及他人的人身和财产安全,降低了社会危险性,在一定程度上起到预防保障的功能。

二、审前羁押制度现状分析

(一)审前羁押制度的具体规定

我国审前羁押制度在立法层面上并不完善,羁押更多的是在适用拘留或逮捕之后产生的结果或状态。对于普通刑事案件,拘留由公安机关在侦查的过程中行使决定权与执行权,逮捕由检察机关决定、由公安机关执行。作为审前羁押活动的监督机关,检察机关还具有逮捕后羁押必要性审查权等。

我国刑事诉讼法规定的拘留对象一般是现行犯或者重大嫌疑分子,采取拘留后的羁押期限不超过14日,对于流窜作案、多次作案、结伙作案的重大嫌疑分子的最长拘留期限为37日。虽然我国刑事诉讼法增加了羁押必要性审查的相关内容,但本质上并未将审前羁押从羁押中剥离开来,只是在其必要性上进行把控。由此可见,审前羁押的适用条件即等同于逮捕的适用条件。根据《刑事诉讼法》第81条的规定,对有证据证明犯罪事实的、可能判处徒刑以上刑罚的犯罪嫌疑人、被告人,采取取保候审不足以预防下列社会危险性的,应当予以逮捕:可能实施新的犯罪的;有危害国家安全、公共安全或者社会秩序的现实危险的;可能毁灭、伪造证据,干扰证人作证或者串供的;可能对被害人、举报人、控告人实施打击报复的;企图自杀或者逃跑的。与此同时,刑事诉讼法规定,应当将犯罪嫌疑人、被告人涉嫌犯罪的性质、情节、认罪认罚等情况,作为是否可能发生社会危险性的考虑因素。

(二)轻罪检察中审前羁押制度的实施现状

当前阶段,轻罪检察中存在审前羁押率较高这一明显特点。以 A 市 B 区为例,2018—2020 年,该区刑事案件审结审查逮捕人数为 5700 余人,其中不批准逮捕人数共 2100 余人,三年来不捕率平均为 36.74%(分别为 39.45%、34.27%、36.86%),且不捕案件中无逮捕必要不捕率逐年上升,2018—2020 年,无逮捕必要不捕人数共 680 余人,无逮捕必要不捕率平均为 32.42%(分别为 28.26%、32.56%、36.26%),呈逐年上升趋势。调研发现,无逮捕必要不捕案件范围较为集中在盗窃罪、故意伤害罪、敛财类寻衅滋事罪等轻罪案件中,无逮捕必要不捕人数盗窃罪有 197 人、故意伤害罪有 97 人、寻衅滋事罪有 80 人。

2021 年上半年,A 市 B 区人民检察院轻罪部共受理审查逮捕案件 430 件 506 人,其中盗窃案件审结 310 件 382 人,检察机关作出无逮捕必要不捕决定

154 件 183 人,无逮捕必要不捕率为 47.91%；超市盗窃提捕案件 174 件 208 人,检察机关作出无逮捕必要不捕决定 134 件 161 人,无逮捕必要不捕率为 77.40%；故意伤害案件审结 70 件 76 人,检察机关作出无逮捕必要不捕决定 10 件 10 人,无逮捕必要不捕率为 13.16%。由此可见,刑拘后提捕率过高是当前轻罪案件办理中存在的一项突出问题。

三、审前羁押制度的现实困境

（一）司法理念有所滞后

理论上羁押应当只适用于犯罪嫌疑人、被告人可能实施逃跑、毁灭证据等妨害诉讼的行为,或是因严重暴力犯罪而具有较强社会危险性等情形。从司法实践看,部分司法办案人员尚未切实领会"羁押是例外,取保是常态"的现代刑事法治原则。无论是刑事拘留、批准逮捕还是逮捕后的羁押必要性审查,更多关注的是司法需求下羁押的有效性及便利性,而对被羁押对象的诉求重视不够。① 即使是在轻罪案件办理中,仍存在侦查机关将侦查羁押期限等同于侦查办案期限的情况,存在以押代刑的错误观念。

同时,个别办案人员仍存在重口供、轻其他证据的办案思维,实践中为保证口供的连续性和有效性,更倾向于对被追诉人采取强制措施并持续羁押状态,从而巩固证据链条。但过分依赖犯罪嫌疑人、被告人供述在证据体系中的地位与作用,会导致实践中适用审前羁押的比率大幅上升。

（二）适用标准尚不明确

由于审前羁押在某种程度上会严重损害犯罪嫌疑人的各项权利,因此在设计审前羁押的适用条件时应当特别慎重。我国刑事诉讼法对罪行轻重不同、可能判处刑罚不同的犯罪嫌疑人之间如何区别适用审前羁押、适用时间长短并没有明确的规定。这在一定程度上与审前羁押制度所蕴含的精神有所背离。若公安、司法机关将审前羁押作为保证侦查活动顺利进行的主要手段,将会使其最终变为一种透支的刑罚。②

虽然《刑事诉讼法》《人民检察院刑事诉讼规则》和《公安机关办理刑事案件程序规定》均对逮捕的条件作出了具体规定,但实际适用中各个环节仍存在认识上的不同。实践中,公安机关对于报捕条件把握较为宽松,尤其体现

---

① 龚培华:《更新司法理念准确认识审前羁押》,载《检察日报》2019 年 10 月 13 日。
② 刘仕华:《论我国审前羁押适用条件的立法完善》,华中科技大学 2013 年硕士学位论文。

在超市盗窃等轻罪案件中，部分情节轻微且已赔偿取得谅解的犯罪嫌疑人仍会被公安机关纳入报捕范围，而检察机关在考虑犯罪的轻重程度、犯罪嫌疑人再犯可能性等因素后，对大部分犯罪嫌疑人会综合作出无逮捕必要不捕决定，此为导致该类案件不捕率较高的重要原因之一。

（三）替代措施运用不足

在我国，逮捕的替代措施主要包括监视居住和取保候审。一方面，实践中监视居住与取保候审多适用于怀孕、疾病、羁押期限届满案件尚未办结等特殊情况，适用范围较窄。① 另一方面，办案过程中，侦查机关并不能完全恰当地判断犯罪嫌疑人、被告人是否可能被判处管制、拘役或者独立适用附加刑，以及是否"不致发生社会危险性"，且羁押相比于取保候审对诉讼顺利的保障更为有利。但轻罪案件的特殊性在于其犯罪情节轻微且犯罪嫌疑人的社会危险性较小，在此基础上，实践中公安机关仍存在大量案件未适用取保候审措施的情况，且部分刑事案件的犯罪嫌疑人只要实施了符合犯罪构成要件的行为，检察机关就会认定其符合具有社会危险性的条件而进行羁押以及持续羁押。导致取保制度适用不高的原因在于：取保制度的保障机制并不健全，存在影响诉讼效率的情况。由于取保无法保证犯罪嫌疑人随传随到，这在一定程度上与轻罪案件速裁程序对时间的要求有冲突。由于审前释放的安全性无法得到保障，以致公、检、法各机关不得不对尚未被法院宣告为有罪之人适用羁押措施。②

（四）矛盾化解仍需加强

在刑事案件中，很多被害人及家属会要求对犯罪嫌疑人予以严惩，目前制约我国审前非羁押常态化的一个重要因素在于被追诉人和受害人对非羁押措施存在一定误解，认为只有逮捕才是有罪认定。一方面增加了受害方认为办案人员轻纵犯罪而上访缠访的社会风险；另一方面被追诉人认为被采取非羁押措施即案结事了，之后因害怕再次被追究刑事责任而不敢到案，致使诉讼中断。

实务中，公安机关基于案件指标压力及求稳怕错思想，往往将刑拘、逮捕作为最稳妥的强制措施广泛适用，同时基于缓解转移矛盾风险，"能报捕尽报捕"，导致即使是轻罪案件，仍会有大量犯罪嫌疑人进入检察机关审查逮捕环节。检察机关在审查案件过程中，有时也会基于被害方压力作出逮捕决定，导

---

① 刘凤珠：《审前羁押问题与制度完善》，载《哈尔滨师范大学社会科学学报》2018年第2期。

② 王长水、田雅静：《限制我国审前羁押程序改良的主要原因及对策》，载《河南工程学院学报（社会科学版）》2018年第3期。

致犯罪嫌疑人是否赔偿取得谅解成为司法办案中逮捕与否的关键条件。被告人因审前羁押被判处实刑,亦成为司法机关减轻取保责任、规避缓刑风险的最终结果。

四、审查羁押制度的完善路径

(一) 完善审查羁押的立法规范

德国、法国对审前羁押的适用条件进行了明确规定。《德国刑事诉讼法典》第112条第1款规定:"如果构成审前羁押理由,对具有重大犯罪嫌疑的被指控人允许适用审前羁押。若与案件的重大程度和可能的刑罚、矫正及保安处分不相称的,不允许适用审前羁押。"《法国刑法典》将犯罪分为重罪、轻罪和违警罪,《法国刑事诉讼法典》第145条规定:"在轻罪案件中,羁押不得超过四个月;在重罪案件中,对被审查人的羁押不得超过一年。"结合我国目前的实践情况,由于轻罪案件基数较大、情节轻微,但审前羁押率居高不下,从轻罪案件入手,通过立法上明确审前羁押的适用幅度,若符合审前羁押适用理由则可以适用,若与案件的重大程度和可能判处的刑罚不相符的,则谨慎适用审前羁押。另外,通过规范与法定刑相适应的审前羁押时限,对于轻罪案件,可以将审前羁押严格控制在4个月以内,从而降低审前羁押率,真正发挥审前羁押制度的效果。

(二) 完善案件办理的工作机制

1. 制定详细移送标准。鉴于当前公安机关将大量盗窃超市及故意伤害等轻罪案件纳入提捕范围,通过联合公安机关完善报捕案件移送标准,可以进一步控制审前羁押比例。例如,盗窃超市案件,对无前科、认罪认罚、积极赔偿并取得谅解的犯罪嫌疑人,若盗窃次数在10次以内且盗窃数额在1000元以内,可建议公安机关取保直诉,不再提捕。故意伤害案件,对无前科、未使用凶器、因邻里或感情纠纷而实施侵害行为致被害人轻伤二级的犯罪嫌疑人,若认罪认罚、积极赔偿取得谅解,可建议公安机关取保直诉,不再提捕。寻衅滋事案件,对行为方式为毁坏财物、造成1万元以下经济损失、无前科的犯罪嫌疑人,若认罪认罚、积极赔偿取得谅解,可建议公安机关取保直诉,不再提捕。通过制定详细的案件移送标准,可从侦查阶段减少案件的提捕数量,从而降低轻罪案件呈捕率,均衡刑事检察结构比。

2. 完善内外部工作模式。严格落实"数量是基础、质量是关键、结构调整是重点"的工作要求,检察机关可通过进一步完善内外部工作模式,实现降低羁押率的最终效果。一方面,加强与公安机关的沟通,通过召开座谈会、研讨会,定期对不批捕案件进行分析通报;在立案、提请逮捕和审查逮捕三个环节实行过滤分流,降低逮捕率;明确非羁押诉讼的适用条件、案件范围和类案提捕标准,统一司法尺度。① 另一方面,在检察机关内部以开展检察官联席会、案例研讨会的形式,统一内部办案标准。通过制定具有较强指导性、可操作性的办案指南,定期通报不捕情况,使每一个司法环节、每一项司法行为均有章可循。

3. 深入结合认罪认罚工作。检察机关应在推进认罪认罚从宽制度中合理运用批捕裁量权,主动适用非羁押措施,全流程推进认罪认罚情形下的非羁押诉讼。侦查初期,对于犯罪嫌疑人认罪认罚的轻微刑事案件,建议公安机关取保直诉;审查逮捕环节,对于符合条件、认罪认罚的,依法作出不捕决定;审查起诉阶段,及时启动羁押必要性审查,对认罪认罚不需要继续羁押的,及时变更强制措施,审慎退补延长,严格把控案件流程,在降低羁押率的同时降低"案-件比"。

(三)扩大取保候审的适用比例

1. 细化认定标准。扩大取保候审制度的适用范围,首要的任务即为细化"社会危险性"量化标准,合理划分证明责任,从而审慎适用羁押措施。明确"社会危险性"证明标准,参考《人民检察院刑事诉讼规则》,具体可以考虑犯罪嫌疑人的主观恶性、是否认罪认罚、共同犯罪中所起的作用、是否具有特殊身份、是否取得被害人的谅解等情况。增加社会危险性认定标准的可操作性,限制办案人员的自由裁量权,使社会危险性的认定更加客观。

为了使"社会危险性"的认定更加全面合理,充分保障犯罪嫌疑人的权利,认定过程需要多方主体的共同参与。检察机关在审查公安机关递交的材料时,应注重对社会危险性证明材料的审查,可以要求公安机关补充侦查或自行补充侦查,同时应当允许犯罪嫌疑人对自己的社会危险性程度进行自证,注重辩护律师在认定过程中的作用,同时应该考虑被害人的意见。轻罪案件为保证诉讼时效,可以要求公安机关在移送案件的同时提交有关犯罪嫌疑人社会危险性的相关材料,以避免审查时限过长的情况出现。

2. 强化非羁押监管措施。由于现行监管手段较为落后,办案单位将犯罪嫌疑取保候审、监视居住后,通常将其移交当地公安派出所管理,而如今基层派出所承担大量职责,事实上造成移而未管、移而脱管现象的出现,一定程度上限制了取保候审制度的适用。有鉴于此,一方面,应当充分运用智能化时代

---

① 束斌:《三措并举降低审前羁押率》,载《检察日报》2020年7月22日。

科技成果，对未在押的犯罪嫌疑人佩戴电子手环或电子脚环。同时进一步完善相关法律法规，对于恶意破坏电子监控设备并逃避监管的，规定为刑事犯罪。另一方面，参考杭州部分地区试点使用"非羁码"App，实现对犯罪嫌疑人的数字监控。犯罪嫌疑人与办案人员同步安装"非羁码"，"码"上对嫌疑人进行实时管控、动态监督和自动记录。通过外出提醒、违规预警、定时打卡和不定时抽检等多重功能，确保被监管人能够在必要的管控下回归日常生活。①

3. 改良机械化考核机制。当前司法考核体制下，办案人员仍更多关注于办案的效率与风险。取保候审期间与缓刑考验期内可能引发的风险是司法办案过程中会考虑到的重要因素。在短期自由刑的弊端和快速稳定的司法需求之间，往往会倾向于后者。造成这一现象的主要原因在于当前对司法人员仍是机械化考核机制，以结果论，缺少对司法风险的包容度。改良考核机制，加重对案件效果的考核，强调办案的终极效果，在每一起案件中探索对犯罪嫌疑人的最佳刑罚方案；同时，加大对司法风险的包容度，加强对司法人员的信任，让司法人员敢于、善于适用取保候审制度，真正发挥该制度的现实作用。

（四）发挥不起诉权的从宽优势

捕诉一体改革下，承办检察官在审查批捕案件时往往会以审查起诉标准要求逮捕，这无形当中促成了少捕与慎捕的结果，在一定程度上缓解了轻罪案件逮捕率较高的问题。相较于量刑从宽，酌定不起诉从宽可能更有利于激励犯罪嫌疑人认罪认罚。轻罪案件中逮捕率较高会挤压酌定不起诉的适用空间，反之，酌定不起诉未能充分适用会导致承办人在审查逮捕时作出逮捕决定，亦不利于充分发挥认罪认罚从宽制度的作用。突破酌定不起诉权的适用困境，敢于运用非羁押性强制措施，让不起诉权在认罪认罚背景下有更大的运行空间，有助于降低轻罪案件审前羁押率，节约司法资源，提高诉讼效率。

五、结语

轻罪检察体系下审前羁押制度的完善，是有效落实认罪认罚从宽制度的有力抓手，是全面贯彻宽严相济刑事政策的必然要求，是检察机关促进社会治理现代化的重要路径。降低轻罪案件审前羁押率，对教育转化犯罪、维护社会和谐、促进国家治理体系与治理能力现代化具有重要意义。

---

① 姜涛、王藤儒：《数字化非羁押监管运用前瞻》，载《检察日报》2020年12月16日。

非法捕捞水产品罪的适用研究

曹 骥[*]

密云水库是北京重要的地表饮用水源地、水资源战略储备基地,水安全是第一位,也正是密云"保水责任"的集中体现。加强对于密云水库生态环境的全方位保护,是应有之意。水产资源作为水生态环境的重要组成部分,科学保护水产资源对保护生态环境、打造践行习近平生态文明思想典范之区有重大意义。

自 2019 年 3 月密云区检察院环境资源办案组成立以来,严重破坏水产资源的非法捕捞水产品罪案件呈现不断上升趋势,截至目前已经占到密云区本院每年办理环境资源类案件的一半以上。一方面,该类犯罪的发生,与密云区打造践行习近平生态文明思想典范之区的目标大相径庭,有悖于密云区保水是第一政治责任的工作要求,更与群众对"清水绿岸、鱼翔浅底"美好水生态环境的需求相背离。另一方面,自 2020 年 3 月北京市扩大了禁渔区的范围,密云区所有河流(除密云水库外)基本全年禁渔,导致密云区群众以及外地来京务工人员一些危害性较小的使用禁用工具、禁用方法捕鱼的行为归罪,案件数量不断上升,此类案件的打击过于严厉,与当前少捕慎诉慎押的刑事政策不相符,也不利于社会长期发展稳定。因此,必须加强本案由在适用中的反思与研究,以适应密云区"保水、护山、守规、兴城"的生态文明建设要求。同时,以刑法手段作为打击此类犯罪最严厉的法律手段,为生态文明的保护提供精准、有力的法治保障。

一、非法捕捞水产品罪适用现状及困难

(一)密云区非法捕捞水产品案件特点

经统计分析,密云区院自 2018 年以来办理的非法捕捞水产品案件主要呈现以下四大特点:

---

[*] 曹骥,北京市密云区人民检察院第一检察部检察官。

1. 案件数量逐年上升。2017 年 1 件 2 人，2018 年 1 件 2 人，2019 年 2 件 5 人，2020 年 6 件 15 人（不含 2020 年提前介入 3 件 3 人，建议公安机关不移送批准逮捕），2021 年 1—8 月 4 件 10 人。

2. 案件主体均为个人，且多为两人以上共同犯罪。密云区对于渔业资源保护起步早，严格执行捕鱼许可制度，基本上杜绝了单位犯罪，只有个人为谋取暴利或者为了一己私利铤而走险。鉴于捕鱼行为一人难以完成，多为多人合伙作案，且身份较为集中，主要为本地农民或者外地务工来京的农民。

3. 犯罪手法和犯罪地点逐年扩大。2017—2019 年间，密云区院办理的非法捕捞水产品案主要集中于在禁渔区、禁渔期使用电鱼这种禁用方法，犯罪地点主要集中在密云水库内湖和一级圈以内。到了 2020 年，犯罪手段逐渐扩大到使用地笼、鱼叉等禁用工具，同时犯罪地点也随着 2019 年北京市农业农村局扩大禁渔区和禁渔期，由密云水库一级圈范围扩大到普通群众居住的城镇周围水系，比如在区检察院附近的鸭子湖河道内已发生 3 件 8 人非法捕捞水产品案。

4. 渔获物的数量逐年降低。随着密云区保水工作力度不断加大，对于此类违法行为查获的及时性逐年上升，2019 年之前办理的非法捕捞水产品案，都有数量较大的渔获物，但是到了 2020 年，多起案件均为刚刚到现场开始实施犯罪行为就被巡逻执法队员发现，尚未有渔获物或者渔获物极少仅为几条十厘米长的小鱼。

（二）现行执法中遇到的困难

非法捕捞水产品罪属于行政犯，以违反保护水产资源法规为前提，在刑事案件立案前，通常已经过行政机关前期调查和行政认定工作。密云区行政执法体系与其他区不同，除农业农村局渔政执法队外，专门成立了针对密云水库管理和保护具有 130 余项执法权的密云水库综合执法大队。因此，在本罪的行刑衔接过程中，两个部门都可能涉及。尽管具有行政执法权的单位不同，但是在前期座谈、调研中遇到的问题基本一致，主要涉及以下五个方面：

1. 从行为危害性上看，同样是法律所禁止的禁用方法和禁用工具，其危害性存在严重差异，不利于刑事打击的一致性。

第一，禁用工具认定较为简易，与禁用方法的危害性不统一。根据北京市 2013 年颁布的《关于禁用渔具的通告》中禁用渔具主要包括张网、拖网、地笼、迷魂阵、鱼叉以及其他破坏渔业资源的渔具。这些禁用工具的共性特点就是对于渔业资源的破坏是灭绝性的，幼鱼、幼虾进入其中，均难以逃脱，是竭泽而渔、杀鸡取卵的捕鱼方式，为法律所不容。但是此类工具较之电鱼、毒鱼、炸鱼的社会危害性存在显著差异。电、毒、炸等禁用方法一旦在水中实施,不论是否有渔获物,均对潜在的渔业资源和水生态环境造成严重破坏,其危害性不言而喻。但是对于上面列举的各类渔网、地笼等禁用工具,属于物理性捕鱼,其危害性判断可以依赖于渔获物的种类以及数量大小,仅放入水中,尚未有任何的渔获物的情况下,对于渔业资源和水生态环境资源破坏程度极其有限。

第二,禁用工具内部,使用不同禁用工具对于生态资源造成的损害存在差异。其一,如使用鱼叉类工具,其对渔业资源和生态资源破坏程度较之电鱼、毒鱼、炸鱼等禁用方法,以及地笼、迷魂阵等捕鱼工具对于渔业资源和水生态资源损害程度存在显著差异,尤其是行为人刚到现场进行捕鱼即被查获的情况,该行为尚未对生态环境造成实际损害,予以刑事打击显失于重。其二,从密云区已经查处的案件看,目前群众进行非法捕捞的禁用工具多为网上或者市集购买的网具等,购买渠道较为容易,容易使群众产生侥幸心理。其三,购买网具等尺寸及规模差异较大,但是均认定为禁用工具。如查处水库一级圈内使用地笼捕鱼案件,犯罪嫌疑人使用的地笼长达20余米,直径为40—50厘米;而后期在办理的一起在密云区院附近河道捕鱼案件,犯罪嫌疑人使用的地笼长度仅为6米,直径也只有30余厘米,较之第一个网具二者均为地笼,在使用中危害性也会存在明显差异。因此,不利于执法的统一性。

2. 从行为要件上看,非法捕捞行政违法行为与刑事违法行为的界线过于简单,不利于准确把握行刑打击的界线。依照《渔业法》第38条规定:凡使用炸鱼、毒鱼、电鱼等破坏渔业资源的方法进行捕捞的,没收渔获物和违法所得,处5万元以下罚款;情节严重的,没收渔具,吊销捕捞许可证;情节特别严重的,可以没收渔船;构成犯罪的,依法追究刑事责任。随着检察机关行刑衔接和公益诉讼检察工作的不断推进,提升了行政机关全面依法履职的意识,当违法行为已经达到禁渔区、禁渔期,使用了禁用工具或者禁用方法,也就是达到非法捕捞水产品罪的基本入罪标准,如果不移送刑事案件,担心检察机关认为其存在压案不查、降格处理问题。因此,行政机关对于查获的非法捕捞案件,一律移送司法机关。尽管检察机关在审查过程中认为有些案件情节显著轻微,无刑事处罚必要,但是均已进行程序性流转,浪费了大量的人力、物力,同时也给在案行为人造成了诉累。此外,从深层次意义看,对于社会危害性较小的行为人作为罪犯打击范围过大,造成刑事打击的泛化,反而不利于刑事犯罪手段打击的震慑意义,普通公民也会产生抵触心理而降低法律规制的效果。

3. 现有群众对于禁渔区、禁渔期,以及非法捕捞水产品罪行为的违法性认识不足。从密云区的地域特点来看,水系众多一直是密云的特点,很多密云群众都有从小亲水、戏水的生活习惯。通过多年保水工作，群众对于水库一级圈围网内使用电鱼、毒鱼、炸鱼等方式捕鱼的违法性和危害性认知较为充分，但是对于密云城镇附近水系不能捕鱼，不能使用地笼、粘网、迷魂阵等禁用工具的意识仍有待加强，尽管在河道周边都明确竖立了警示牌，但是仍存在犯罪嫌疑人对于刑事违法性认识相对薄弱的问题。

4. 犯罪行为的隐蔽性较强。随着打击力度和禁渔宣传不断加强，违法者多为夜间作案，驾驶橡皮船或者身穿皮裤背着电瓶在水域中捕鱼作业，隐蔽性进一步增强；作案地点的选择，远离村镇、草木丛生的区域，不易被人发现；时间上大多选择凌晨作案，昼伏夜出；经常借助气候条件相对恶劣、光线较暗的多雾、阴雨天气作案，善于与执法人员打"擦边球""游击战"和"时间差"，让执法人员难以察觉。

5. 新型捕捞方式层出不穷应引起关注。随着社会发展，新技术也被应用到非法捕捞水产品中，密云区行政机关执法中已遇到使用类似弩的可弹射鱼叉非法捕捞，从工具类型上判断不属于禁用工具，但是其危害性比一般的鱼叉更容易破坏渔业资源和具有人身危险性。此外，通过借鉴外省案件，一些光诱捕鱼、可视化设备捕鱼等新型捕捞工具层出不穷，给公安机关案件办理中的立案标准和法律适用等带来难题，在今后执法办案中应予以关注。

二、非法捕捞水产品罪的定义及基本情况

（一）基本概念

根据我国《刑法》第340条规定，非法捕捞水产品罪是指违反保护水产资源法规，在禁渔期、禁渔区或者使用禁用的工具、方法捕捞水产品，情节严重的行为。也就是说，构成非法捕捞水产品罪，必须同时满足以下几个要素：（1）违反保护水产资源法规；（2）在禁渔期、禁渔区或者使用禁用的工具、方法；（3）达到情节严重。

对在内陆水域非法捕捞水产品的案件，认定情节严重可以参照最高人民检察院、公安部《关于公安机关管辖的刑事案件立案追诉标准的规定（一）》第63条关于非法捕捞水产品案应予立案追诉之规定。也就是说，对违反保护水产资源法规在内陆水域捕捞水产品的行为，具备下列情形之一的，皆可认定为非法捕捞水产品情节严重，构成非法捕捞水产品罪：（1）在禁渔期、禁渔区内，非法捕捞水产品500公斤以上或者价值5000元以上的；（2）在禁渔期、禁渔区内，非法捕捞有重要经济价值的水生动物苗种、怀卵亲体或者在水产种质资源保护区内捕捞水产品50公斤以上或者价值500元以上的；（3）在禁渔期内使用禁用的工具或者禁用的方法捕捞的；（4）在禁渔区内使用禁用的工

具或者禁用的方法捕捞的；（5）其他足以造成与前述 4 种情形后果相当的情形。

对于海洋水域非法捕捞水产品情节严重的认定参照，虽然最高人民检察院、公安部《关于公安机关管辖的刑事案件立案追诉标准的规定（一）》第 63 条也有规定，但因其施行时间较长，已与我国海洋渔业经济迅猛发展不相协调，为此，最高人民法院在 2016 年 8 月 1 日出台《关于审理发生在我国管辖海域相关案件若干问题的规定（二）》，对在海洋水域非法捕捞水产品情节严重认定另行作出明确规定。因此，认定海洋水域非法捕捞水产品情节严重，应以最高人民法院《关于审理发生在我国管辖海域相关案件若干问题的规定（二）》第 4 条之规定为依据。也就是说，对违反保护水产资源法规在海洋水域捕捞水产品的行为，具备下列情形之一的，皆应认定为非法捕捞水产品情节严重，构成非法捕捞水产品罪：（1）非法捕捞水产品 10000 公斤以上或者价值 10 万元以上的；（2）非法捕捞有重要经济价值的水生动物苗种、怀卵亲体 2000 公斤以上或者价值 2 万元以上的；（3）在水产种质资源保护区内捕捞水产品 2000 公斤以上或者价值 2 万元以上的；（4）在禁渔期内使用禁用的工具或者方法捕捞的；（5）在禁渔区内使用禁用的工具或者方法捕捞的；（6）在公海使用禁用渔具从事捕捞作业，造成严重影响的；（7）其他足以造成与前述 6 种情节后果相当的情形。

密云区属于典型内陆地区，捕鱼业呈现季节性且不发达，尚没有形成固定较大规模渔业作业，只有密云水库在每年 9 月中旬至次年 3 月 31 日可以持证打渔，水域面积有限，捕捞量极其有限，涉嫌以捕捞数量入罪的可能性极小。在日常办案中主要依据最高人民检察院、公安部《关于公安机关管辖的刑事案件立案追诉标准的规定（一）》第 63 条中第 3 项 "在禁渔区内使用禁用的工具或者禁用的方法捕捞的" 和第 4 项 "在禁渔期内使用禁用的工具或者禁用的方法捕捞的" 两项进行认定。

（二）本罪的历史沿革

非法捕捞水产品罪在我国刑法条文中第一次出现是在 1979 年《刑法》第 129 条，即违反保护水产资源法规，在禁渔期、禁渔区或者使用国家禁止使用的工具、方法捕捞水产品，情节严重的，处 2 年以下有期徒刑、拘役或罚金。该条文规定在刑法分则第三章 "破坏社会主义经济秩序罪"，该条文的出现体现了国家对于水产资源的保护已经引起重视。

随着我国经济社会的发展以及公众环保意识的提高，1997 年《刑法》在分则第六章 "妨害社会管理秩序罪" 中另辟专章设置 "破坏环境资源保护罪"，并将非法捕捞水产品罪归入其中。该罪的法定最高刑从 2 年更改为 3 年，且刑种增设了管制。同时，该罪的犯罪主体也从仅仅只有自然人增加到单位亦可成为该罪的犯罪主体。这次对于非法捕捞水产品罪条文的修改更明确彰显了随着我国立法技术的不断发展与完善，我国环境保护的决心也愈加体现于刑法法条之中，也开始不仅仅把水产资源当作公私财产来保护，而是开始注重保护环境法益。

三、关于厘清行刑处罚界线的建议和对策

（一）对禁用方法、禁用工具合理区分，厘清认定非法捕捞水产品罪的刑事入罪标准

在办理非法捕捞案件时，严格贯彻宽严相济的刑事政策，综合考虑行为人的主观罪过、犯罪动机、行为手段、获利数额、危害后果以及认罪悔罪态度、修复生态环境等因素，准确认定犯罪事实，依法作出妥当处理，确保不拔高、不降格，对于根据渔获物的数量、价值和捕捞方法、工具等情节，认为对水生生物资源危害明显较轻的，可以认定为犯罪情节轻微，依法不起诉或者免予刑事处罚，但曾因破坏水产资源受过处罚的除外。

1. 对使用禁用方法的，通过该行为的危害性进行实质判断

因电、毒、炸等禁用方法对于水生动植物以及水生态环境均具有不加区分的严重破坏性，较之其他非法捕捞行为应当从严处罚。具体应区分该行为地点、实施该行为的目的、禁用方法破坏力大小、行为持续时间以及渔获物多少等加以甄别：如行为人在密云水库内湖以及密云水库一级圈以内实施该行为，建议在有期徒刑以上判处刑罚，并通常情况下应判处实刑，以保证用最严厉措施保护密云水库；如行为人在一级圈以外的入库口附近实施该行为，可以在拘役幅度内量刑，亦应当判处实刑；如行为人在距离水库较远位置实施该行为，并且危害性较小，积极履行生态修复责任的，可以酌情适用缓刑或相对不起诉；如行为人实施行为的地点属于季节性河流或者水流极小支流的末端等，尽管该区域可能有少量鱼类，但是不具有大量鱼类生存的空间，且水生植物、水生环境均较为简单，实施禁用方法捕鱼根本无法对渔业资源发生破坏，应坚持刑法的实质判断，不认为构成犯罪。

2. 对于使用禁用工具的，应坚持对于该使用行为危害性的实质判断

行政机关在办理行政执法案件中，应进一步规范对于禁用工具的认定工作，根据行为人使用工具的具体特征以及该工具可造成的实际危害性进行详细说明，在此基础上，由司法机关进行独立的刑事定罪量刑。根据适用工具的特性、实施该行为的目的、时间长短、渔获物种类、数量等情况判断该非法捕捞行为的社会危害性大小、应受惩罚性，从而精准定罪量刑。既要保证罪当其

罚，有力打击和震慑此类犯罪，同时也要有力保护犯罪嫌疑人的合法权益，罪责刑相适应，确保案件办理后法律效果、政治效果和社会效果的有机统一。对于使用单支鱼叉捕鱼或者其他禁用工具，未能形成经营性、长期性或者贪利性行为，没有对渔业资源和生态资源造成损害或者造成损害较小的，应当予以行政处罚，无须进入刑事诉讼程序；对于达到刑事定罪标准的，进一步区分该非法捕捞行为社会危害性的大小，如对于处于水库内湖、一级圈范围内，一律从严打击，判处有期徒刑、拘役等实刑；对于该区域以外地区，可以依照实际造成的损害大小，决定判处有期徒刑、拘役，可以适用缓刑。

（二）规范非法捕捞水产品罪中的缓刑适用

通过规范缓刑适用的考量因素，审慎适用缓刑。经过实质审查，符合刑法总则关于适用缓刑规定基础上，不存在其他加重处罚情况下，自愿认罪认罚，主动承担环境修复责任的，结合本罪行为危害性较轻的，予以适用缓刑。司法实践中，需要依赖于加重处罚的情形、危害性较小的情形的科学厘定而加以认定。对于此两种情形的细化，参照下面关于"情节严重"的论述部分。同时，应注重对适用缓刑后执行情况的监督以及教育、参加相关普法宣传义务活动等，确保执行效果。

（三）扩大罚金刑的适用范围，落实少捕慎诉慎押刑事政策

结合目前办理案件特点，呈现出犯罪情节均较轻、社会危害性较小，但是尚未有直接单处罚金的情况，建议可以按照行为人获取渔获物多少、危害性大小、认罪认罚态度等综合评价，慎用自由刑，予以罚金刑并没收犯罪工具，对犯罪人进行批评教育，在剥夺其再犯罪能力的同时，起到必要的教育、震慑作用，杜绝再犯罪。

（四）细化"情节严重"的判断标准，精准打击犯罪行为

经比照现行司法解释中关于盗窃、诈骗、敲诈勒索等刑事犯罪的规定，参照《依法惩治长江流域非法捕捞等违法犯罪的意见》，初步梳理出"情节严重"主要包括以下情形：

1. 一年内因非法捕捞水产品行为受过两次行政处罚又非法捕捞水产品的。此规定体现了非法捕捞屡教不改的主观恶性以及"以非法捕捞水产品为业"的特点。

2. 二年以内多次非法捕捞水产品的。"多次"通常理解为至少三次以上（包括三次），但行为人虽有三次非法捕捞而每次发生的时间跨度较大，又没有其他严重情节的，一般不宜定罪。有必要对多次非法捕捞水产品的行为作出时间跨度限制，参照其他法条规定，以两年为宜。同时规定，二年内二次以上

未经处理的,数量数额累计计算。

3. 以暴力、威胁方法阻碍渔政管理人员依法执行职务①,尚不构成妨碍公务罪、故意伤害罪等其他犯罪的。首先,行为人如仅是单纯消极不配合而抗拒渔政管理,而又不具备其他情节严重的情形,则该行为危害性较小而不宜将其纳入本罪的兜底情形"其他情节严重的情形"加以定罪。其次,如果以暴力、威胁方法阻碍渔政管理人员依法执行职务达到情节严重的程度,则应单独构成妨碍公务罪,如果其具有明显的人身伤害等行为,构成故意伤害罪等其他犯罪的,应以该罪名定罪处罚,不属于本罪的兜底情形"其他情节严重的情形"。最后,"其他情节严重的情形"应参照袭警罪的规定,不限于"殴打渔政管理人员",暴力阻碍也应包括对执法车辆或其他执法工具的暴力行为。

4. 依法严惩非法渔获物交易犯罪。明知是在密云区重点水域非法捕捞犯罪所得的水产品而收购、贩卖,价值 3000 元以上的,应当依照《刑法》第 312 条的规定,以掩饰、隐瞒犯罪所得罪定罪处罚;对于事前存在通谋的,以非法捕捞水产品罪的共同定罪处罚。

---

① 王道玮、刘莹:《长江中游城市群生态保护刑事司法协作机制的完善——以武汉市江汉区法院 143 份非法捕捞水产品刑事判决为例》,载《长江论坛期刊》2018 年第 3 期。

浅谈"多次盗窃"中次数的认定问题

王玉柱[*]

2011年2月25日,全国人大常委会通过《刑法修正案(八)》对《刑法》第264条盗窃罪的条文进行了修订,本次修订增加了入户盗窃、携带凶器盗窃、扒窃成立盗窃罪的规定,使盗窃罪的入罪标准呈现出以犯罪数额为主、次数和特定行为犯罪为辅的立案追诉模式。

2013年4月2日,最高人民法院和最高人民检察院出台《关于办理盗窃刑事案件适用法律若干问题的解释》,对入罪标准进行解释细化,其中认定两年内盗窃三次以上的,为"多次盗窃"。从而确立了"多次盗窃"入罪标准的时间界限和次数界限。对于两年的时间跨度界限,理论和实务界均无分歧,但是对于次数的界定,理论和实务界均存在较大分歧,特别是对于同一时间段内连续盗窃多个被害人财物的行为,是否构成多次盗窃争议较大。本文笔者拟从对"多次盗窃"进行解读,以明确"多次盗窃"中次数的认定规则。

一、"多次盗窃"中"次"的含义

"多次盗窃"中,"盗窃"为行为模式,"多次"为数量标准。对于"多"这一量词,理论与实践均认为三及以上为多。但是对于"次"即单个标准存在不同理解。

(一)汉语中"次"的含义

《现代汉语词典》中"次"作为量词的含义是指用于反复出现或可能反复出现的事情,如第一次。关于"次数"的解释为名词,指动作或实践重复出现的回数。按照《辞海》的解释,"次"为"回数",如三番五次。由此可见,在汉语语境中,一次就是一回,表示一个动作的一个完整模式,进而多次就是多个同一动作的重复出现。

---

[*] 王玉柱,北京市怀柔区人民检察院第一检察部检察官。

(二) 刑法中有关次数的规定

我国刑法中的"多次"规定按其规范功能可以分为三种法定类型，即作为犯罪成立条件的"多次"、作为法定刑升格条件的"多次"和作为累计载体的"多次"。①

例如：《刑法》第264条中"多次盗窃"的"多次"就属于犯罪成立条件的多次，即入罪标准的多次；第263条中"多次抢劫"的"多次"就属于法定刑升格条件的多次，即改变量刑区间的多次；第347条第7款"对多次走私、贩卖、运输、制造毒品，未经处理的，毒品数量累计计算"中的"多次"，就属于作为累计载体的多次，即影响量刑的多次。可见刑法中关于"多次"的运用，基于不同的法律规制目的，"多次"作为数量词的作用也有很大不同。

(三) "多次盗窃"中"次"的含义

1. "多次"界定的理论分歧

理论上关于"多次"的界定主要有以下三种观点：第一种观点认为，多次盗窃中的"次"，应按照同时同地规则加以认定。所谓同时同地规则，是指行为人在一个相对集中的时间和相对固定的地点进行连续犯罪的，只能认定为一次犯罪的规定。同时同地是一个相对的概念，由司法人员凭经验确定。行为人在作案的时间上具有连续性，地点又相对集中的，即可以认定为作案一次。② 第二种观点认为，"次"是指在同一时间、同一地点，在侵害行为侵害能力范围内针对所有对象的单个侵害行为。③ 第三种观点认为，基于一个概括的犯意，而完整地实施的一系列连贯的盗窃动作。如在一辆公交车上，犯罪嫌疑人扒窃了甲又接着扒窃乙即为一次。④

上述三种观点表达了两种完全相反的意见。一种意见和目前通说的观点一样，认为成立一次盗窃，主要是看行为是否在同一时间、同一地点，针对同一对象一次性实施，是的话，就是"一次"，否则，就不是"一次"，即是否"多次盗窃"，只要形式上判断就可以了；相反地，另一种观点则认为，是否"一次"，不能仅仅只看客观的行为个数，还要看行为人的主观意思、是否在

---

① 徐洪祥：《刑法第264条中"多次盗窃"的理解与适用》，载《法制博览》2013年第6期。
② 贺平凡：《论刑事诉讼中的数量认定规则》，载《法学》2003年第2期。
③ 王飞跃：《论我国刑法中的次》，载《云南大学学报（法学版）》2006年第1期。
④ 马家福、刘一亮：《刑法关于"多次盗窃"的重新解读》，载《福建公安高等专科学校学报》2007年第5期。

相对集中的时间、相对集中的地点实施。换言之,是否"多次盗窃",必须进行实质判断。①

2. "多次"界定的实践争议

司法办案实践中,对于多次盗窃的争议焦点主要集中在犯罪嫌疑人在同一时间段内,连续作案,盗窃多名被害人的财物,而犯罪数额未达到较大标准的情况下,对此盗窃行为如何评价,能否以多次盗窃入罪。例如,犯罪嫌疑人张某在同一晚先后对一商业街临街的十家门脸房进行盗窃,所窃得财物未达到数额较大。又如,犯罪嫌疑人赵某在同一晚先后在不同路段对路边停放的汽车采取砸碎车窗窃取车内包裹的方式,先后砸坏 20 辆汽车的车玻璃,窃得财物未达到数额较大标准,车玻璃损失亦未达到故意毁坏财物罪的立案追诉标准。对上述类似案件,实践中能否以多次盗窃入罪存在不同分歧。

一种意见认为犯罪嫌疑人基于一个犯罪故意,连续实施盗窃行为,其行为处于持续状态中,应认定为一个完整的盗窃行为,故不能以多次盗窃入罪。其依据就是司法解释中关于"多次抢劫"中"多次"的解释,即"对于行为人基于一个犯意事实的,如在同一地点同时对在场的多人实施抢劫的;或者基于同一犯意在同一地点实施连续抢劫犯罪的,如在同一地点连续对途经此地的多人进行抢劫的;或在一次犯罪中对一栋居民楼房中的几户居民连续实施入户抢劫的,一般应认定为一次犯罪。"对于"多次盗窃"中的"多次",参照该解释中的"多次"予以理解执行。

另一种意见认为犯罪嫌疑人虽然在同一时间段内连续作案,但其犯罪行为毕竟是侵害多个被害人,仅就每一个被害人被侵害的情况来看,犯罪嫌疑人都实施了一个完整的窃取行为。其连续作案其实是一个窃取行为接着一个窃取行为进行,直至其认为盗窃所得达到其预期或者出现其他变量因素,其才结束该时段的连续作案行为。其每完成一次窃取行为,一次盗窃即宣告成立。故上述类似案件均应以"多次盗窃"入罪,以惩罚这种次多量少的窃取行为。

二、"多次盗窃"的立法本意探讨

基于理论与实践对"多次盗窃"理解和执行上的重大分歧,有必要对于"多次盗窃"的立法背景和立法本意进行探讨,以明确刑法对此种行为规制的目的。

(一)"多次盗窃"的由来

《刑法修正案(八)》对 1997 年《刑法》盗窃罪构成要件进行了较大幅度

---

① 黎宏:《论盗窃罪中的多次盗窃》,载《人民检察》2010 年第 1 期。

的修正,将原来的"多次盗窃"分解为"多次盗窃""入户盗窃"和"扒窃"三个构成要件,之所以说上述构成要件是由1997年《刑法》的"多次盗窃"分解而来,主要在于1998年最高人民法院《关于审理盗窃案件具体应用法律若干问题的解释》对"多次盗窃"的界定,该解释第4条规定,"一年内入户盗窃或者在公共场所扒窃三次以上的,应当认定为'多次盗窃'"。显然,该解释通过行为方式、场所和次数对"多次盗窃"进行了限定,从而划定了司法实践中的"多次盗窃"之构成要件的适用范围。在上述司法解释的基础上,《刑法修正案(八)》对盗窃罪构成要件进行了重新量定,将原构成要件一分为三并赋予各构成要件不同内涵,从而使得《刑法修正案(八)》中的"多次盗窃"与1997年《刑法》中的"多次盗窃"入罪标准已大不相同。① 由此可见,"多次盗窃"经历了1997年《刑法》的确立,到1998年司法解释的细化,再到《刑法修正案(八)》对其进行拆分重构,到2013年司法解释再次对其细化,其作为入罪数额标准的补充规定的地位更加明确了。从立法沿革来看,"多次盗窃"构成类型是1997年《刑法》新增加内容,在处罚基准上强调行为人的主观恶性及人身危险性,与强调客观危害的"数额较大"构成类型各有侧重又相互补充,体现了严密刑事法网的立法思想。②

(二)"多次盗窃"的立法本意

盗窃罪作为财产犯罪,其入罪的核心当然是犯罪数额这一关键性标准。但是随着社会经济的发展,盗窃犯罪不断增加,作案方式手段以及犯罪后果均已超出原有盗窃罪侵犯财产权益的保护范围。特别是随着劳教制度的废止,在治安管理处罚与盗窃罪之间出现了一些空白地带。对于司法实践中常见的盗窃惯犯,其盗窃数额不大,却次数颇多,行政拘留的处罚力度已经难以对犯罪嫌疑人起到惩戒作用。特别是将主观恶性、再犯可能性作为对犯罪嫌疑人人身危险性的评价在侵犯财产型犯罪中予以更多关注的背景下,盗窃罪的规制网格越来越密集。

犯罪数额作为入罪标准之一,将大额盗窃犯罪嫌疑人纳入刑法规制范围内,再通过入户盗窃、携带凶器盗窃、扒窃等对被害人人身、居住场所具有威胁性的盗窃行为纳入刑法规制范围后,实践中仅剩这种次多量少、屡教不改的惯犯行为和单次数额较小的偷窃行为。此时通过多次盗窃的刑法规制,将治安

---

① 邵栋豪:《"多次盗窃"的立法检讨与司法适用》,载《上海政法学院学报》2016年第1期。

② 徐洪祥:《刑法第264条中"多次盗窃"的理解与适用》,载《法制博览》2013年第6期。

管理处罚与刑事处罚的边界界定清晰的功能凸显。因此，《刑法修正案（八）》及之后的司法解释所确立的"多次盗窃"，目的在于对余下盗窃行为进行剥离，区分不同情况予以刑法规制，对于这种次多量少，再犯可能性极大的犯罪嫌疑人予以打击，从而扎密刑法的法网。

三、"多次盗窃"中次数的认定规则

通过对立法本意的探讨和"多次"在刑法条文中的不同作用，笔者认为认定"多次盗窃"中具体的次数问题，应坚持以下三个规则：

（一）时空规则

时空规则是限制一个完整犯罪活动实行完毕的时间界限和空间界限。作为犯罪活动，都是由一个个犯罪行为组合而成，包括实施该犯罪活动的预备行为和实行行为。在一个完整的盗窃活动中，包括犯罪的预备行为，如观察犯罪环境、准备犯罪工具等，也包括犯罪的着手行为，如撬开门锁、拉开抽屉、打碎车玻璃等，还包括实现犯罪目的的既遂行为，如窃得财物等。因此，在评价一个犯罪活动是否完整、是否达到刑法规制的条件时，需要对其时空范围进行限定。

时间规则，即一个犯罪活动需要在一个持续的时间段内完成，包括实施犯罪预备、着手、既遂的全过程。在盗窃犯罪中，犯罪嫌疑人从观察门脸房有无人员值班、周边环境有无人员看守开始，直至其撬开门锁、拉开抽屉、取得财物、离开现场，该犯罪活动的时间界限即告结束。

空间规则，即一个犯罪活动需要在一个相对固定的活动场所内完成。在盗窃犯罪中，犯罪嫌疑人在门脸房外观察作案环境，在门脸房房门处实施破门行为，在门脸房内寻找财物，窃得财物后离开门脸房。这一连贯犯罪行为均围绕门脸房实施，故该门脸房房前屋内即是本次盗窃活动的空间范围。

因此，在"多次盗窃"的情形中，时间固定、空间唯一即是确定一次盗窃活动的时空认定规则。

（二）被害人规则

任何犯罪活动都是针对法律所保护的权益而实施的，因此也必然侵害了受法律保护的被害人的权益。只是对这里的"被害人"应作广义理解，即包括国家、社会组织（单位）及自然人。因此，每一次犯罪活动必然侵害一个及以上的被害人。

被害人规则，即从被害人角度评价犯罪活动的认定次数，被害人作为独立个体，其遭受的犯罪侵害，从其角度而言就是唯一的，因此一个被害人遭受一

次犯罪侵害即为一次犯罪活动。在多次盗窃犯罪案件中,犯罪嫌疑人可能存在实施一个持续的盗窃中,盗窃空间相近的多个被害人财物的情况。如犯罪嫌疑人张某对相邻的五家门脸房依次实施破门、窃取财物行为的情况下,从被害人角度出发,应认定其实施了五次盗窃活动,每一次都是一个完整的预备着手既遂的过程。

(三)犯意规则

任何故意犯罪活动都不可避免地带有犯罪嫌疑人的犯罪意图,有图财的、有报复的、有寻求精神刺激的、有满足性欲的等各式各样。因此,每一个故意犯罪活动必然都有各自的犯罪意图。

犯意规则,即从犯罪嫌疑人角度评价犯罪活动的认定次数。不同的犯罪意图,必然是不同的犯罪活动,在此需要探讨的是同种犯罪意图的情况下,如何区分犯罪活动的次数。在多次盗窃犯罪过程中,犯罪嫌疑人在不同时间段实施的盗窃活动,必然存在一个产生犯罪意图、实现犯罪意图的过程。每一个过程即随之带来一次犯罪活动。但是对于在相对固定的时间段内,持续实施了盗窃活动,是数个相同的犯罪意图,还是一个犯罪意图的不断延续,其实只是一个问题的不同展示面而已。对于一个决定实施盗窃的犯罪嫌疑人来讲,其犯罪意图在于获取财物,当其窃得的财物达到其心理预期,犯罪意图即告终结;当其窃得的财物没有达到其心理预期,其犯罪意图不断强化生成,从而产生与之前相同但是内心获得感更强的犯罪意图,而这样的犯罪意图会随着每次窃取财物的情况而不同,窃得会减弱,未果会加强,直至客观环境不允许犯罪意图实现而结束。

因此,从犯罪意图的产生、强化、消亡的过程来认定犯罪活动的次数,持续盗窃中,每一次犯罪意图强化,其实都是生成一个新的犯罪意图。

(四)"多次盗窃"的认定方法

在多次盗窃犯罪中,坚持时空规则为主、被害人规则和犯意规则为辅的认定方法。即按如下顺序分步认定:在多次盗窃中,盗窃财物的时间地点有一点不同,即可区分为多次;在犯罪时间间隔很近,窃得财物地点相邻的情况下,被害人不同,即可区分为多次;在相对固定的时间内,盗窃地点一致、被害人相同的情况下,区分犯意生成情况,没有强化生成情况,即为一次,有犯意不断强化,心有不甘的情况下,可区分为多次。

实践案例编

赵某某、洪某某伪造国家机关证件案

——充分发挥自行补充侦查职能，实现案件突破，
积极参与社会治理，提升办案质效

【关键词】

自行补充侦查　笔迹鉴定　认罪认罚　检察建议　社会治理

【要旨】

本案为发生在北京市东城区的首例涉及伪造北京市居住证的犯罪案件，犯罪行为涉及出入境管理、车务管理、旅游等领域。本案被告人作案时间历时一年、作案手段隐蔽、案件侦破难度大，被告人伪造的居住证数量大，社会影响大，妨害政府的公信力。如何迅速破案，查明案情，改进公安机关对流动人口管理秩序，是该案办理的关键。检察机关充分发挥主动性，克服各种困难，开展自行补充侦查，并进行司法鉴定，实现案件侦查重大突破，完善证据链条，确保公诉精准有力。发挥检察职能，及时向相关单位提出整改建议，促进整改的落实。

【基本案情】

2018年3月至2019年2月，被告人赵某某在北京市公安局东城分局某派出所居住证办理大厅担任流管员期间，为非法牟利伙同被告人洪某某伪造《居住证申领表》等材料，为不符合申领条件的刘某、张某甲、仲某某等人办理北京市居住证、北京市居住登记卡共计109张。

2018年3月至2019年2月，被告人赵某某在北京市公安局东城分局某派出所居住证办理大厅担任流管员期间，伪造《居住证申领表》等材料，为不符合申领条件的张某乙等人办理北京市居住证、北京市居住登记卡共计62张。

2019年3月15日被告人赵某某向公安机关自动投案，2019年7月7日被告人洪某某被查获。

北京市东城区人民检察院以被告人赵某某、洪某某犯伪造国家机关证件罪向北京市东城区人民法院提起公诉。东城区人民法院经审理，判处被告人赵某某犯伪造国家机关证件罪，判处有期徒刑1年4个月，并处罚金人民币1万元；判处被告人洪某某犯伪造国家机关证件罪，判处有期徒刑1年2个月，并处罚金人民币5000元。

【工作开展情况】

被告人赵某某系某派出所办证大厅的流动人口管理员，于2018年3月至2019年3月间，与社会人员洪某某勾结，为不符合申领条件的外地来京人员办理《北京市居住证》《北京市居住登记卡》。本案作案时间历时一年多，手段隐蔽，涉及人员较多，犯罪嫌疑人拒不供认，给侦查取证工作带来较大难度。检察官在办案过程中，认真履行自行侦查和诉讼监督职能，积极引导侦查，使案件在审查起诉过程中获得重大突破，侦查机关移送检察机关审查起诉时认定的赵某某、洪某某伪造《北京市居住证》5张，经过补充侦查，检察机关提起公诉时增定伪造《北京市居住证》《北京市居住登记卡》170余张，并确定了赵某某、洪某某非法牟利的事实，获得法院有罪判决。

一、重视案件办理效果，加大引导侦查力度

2019年4月，东城分局以犯罪嫌疑人赵某某违规为他人办理《北京市居住证》5张，以伪造、买卖身份证件罪提请检察机关审查逮捕。《北京市居住证》是来京人员在京居住、作为常住人口享受基本公共服务和便利、通过积分申请登记常住户口的证明，近年来发现多起《北京市居住证》造假案件，不仅严重破坏了北京市人口管理秩序，甚至可能引发其他违法犯罪，给社会安全带来隐患。因此检察机关高度重视，对该种犯罪必须严厉打击。同时，本案作案时间长、涉及人员多，案情复杂，必须加强引导侦查，确保案件质量。

一是高度重视，随时关注案件进展。与案发单位及时沟通，指出该单位在人口管理工作中存在的问题与漏洞，要求该单位及时整改，并且配合侦查取证工作。检察机关积极发挥主动性，自行补充侦查，获取关键证据。到派出所办证大厅调取申领办证的纸质档案，从几千份档案中查找涉案材料，及时获取第一手资料，并联系北京市人民检察院鉴定中心进行笔迹鉴定。面对鉴定结论，犯罪嫌疑人赵某某不得不承认这些申报材料系自己亲手伪造或者自己指使他人帮助伪造的事实，从而使案件获得突破性进展。

二是加强引导公安机关调查取证力度。检察官多次与侦查机关办案人员当面沟通、会商，提出侦查方向、方法以及具体证据标准，通过以住址查数量等方法，查出了200余个伪造《北京市居住证》《北京市居住登记卡》的信息，远远超出了侦查机关移送审查起诉时认定的5张，为本案的犯罪嫌疑人伪造居住证数量的突破奠定基础。

二、发挥检察主导作用，自行开展补充侦查，实现案件侦查重大突破

一是加大追捕同案犯力度。经过分析，犯罪嫌疑人赵某某与社会人员洪某某内外勾结，共同伪造《北京市居住证》，从中牟利，洪某某具有犯罪嫌疑，因此要求侦查机关继续抓捕洪某某。后公安机关经过工作，将洪某某捉拿归案。

二是积极开展自行侦查工作。由于赵某某拒不供认，检察官经过对犯罪嫌疑人手机鉴定中上万条微信记录、赵某某与洪某某上千条微信转账记录等材料进行整理、分析，寻找二人作案规律以及涉及的有关人员，进行归纳，寻找线索，列出补充侦查提纲，引导侦查取证。

三是自行开展补充侦查，并对大量书证委托北京市检察院鉴定部门进行笔迹鉴定，确定系犯罪嫌疑人赵某某所写，为本案犯罪嫌疑人伪造证件数量的认定奠定基础。

四是细致审查，改变定性。通过审查，居住证是由公安机关为流动人口核发的、证明其在本行政区域内居住的有效凭证，属于国家机关证件。居住证的核心功能是证明在京居住情况，不属于身份证件，因此检察官将该案定性变更为伪造国家机关证件罪。

三、积极进行教育转化适用认罪认罚从宽制度，提高庭审效率

检察官多次讯问二犯罪嫌疑人，一方面出示证据，通过确切证据促使犯罪嫌疑人认罪认罚；另一方面从法律政策角度耐心进行教育转化，最终二犯罪嫌疑人均表示认可增定的伪造《北京市居住证》《北京市居住登记卡》170余张的事实，承认非法获利，并表示认罪认罚。检察机关将二犯罪嫌疑人以伪造国家机关证件罪移送法院审查起诉，法院经过审理，采纳了检察机关对案件的定性、事实的认定以及量刑建议，对二人作出有罪判决。

四、发挥检察职能，积极参与社会治理创新

北京市是人口上千万的现代化大都市，流动人口数量较大，对流动人口的管理是社会治理的重要组成部分，加强对北京市居住证的管理也是社会治理的新课题。办案过程中，发现发案单位在居住证办理工作中存在管理漏洞、监管不力、责任不清等问题，并进行了梳理和归纳，如个别领导对此项工作重视不够、疏于监督检查、工作人员对办证流程执行不规范、密钥管理混乱、个别申领材料缺失等，就这些问题及时向相关单位予以反馈并提出三点建议：一是高度重视流动人员的管理工作，准确把握居住证的功能定位，切实加强居住证管理；二是加强监管力度，一方面强化权力制约，另一方面加强规范化建设，建立、完善相关制度，规范受理、审核、办证各个环节；三是加强对流管员队伍的管理和建设等。发案单位表示认真整改，健全机制，堵塞漏洞，积极回复整改结果。通过本案的办理，实现了政治效果、法律效果和社会效果的有机统一。

【指导意义】

一、自行补充侦查作为检察机关审查案件和完善证据链条的重要手段，对于充分发挥审前主导作用起到重要作用

在审查起诉中，退回公安机关补充侦查中退而不查、查而不透的现象屡有发生，不但损害当事人程序上的正当利益，也损害司法机关公信力。检察机关在案件办理中自行补充侦查，发挥主动性、能动性和参与度，进一步提升案件办理质效。

二、强化自行侦查、积极教育转化，成功办理东城区首例伪造北京市居住证案

本案被告人作案时间历时一年、作案手段隐蔽、案件侦破难度大，被告人伪造的居住证数量大，社会影响大，妨害政府的公信力。如何迅速破案，查明案情，改进公安机关对流动人口管理秩序，是该案办理的关键。由于案件办理难度大，检察机关领导对该案高度重视，对办案工作给予指导与支持。本案中，案件检察官积极引导侦查，在侦查机关取证遇到困难时，发挥主动性，自行开展补充侦查，调取关键证据，完善证据链条，确保公诉精准有力，将犯罪数量由伪造居住证5张增加到170余张，使案件得到重大突破。并委托北京市检察院司法鉴定中心进行笔记鉴定，突破口供，积极进行教育转化适用认罪认罚从宽制度，提高庭审效率。

三、延伸检察职能参与社会治理，堵塞治理漏洞

北京市居住证制度的实施是北京市对流动人口管理的重要措施之一，居住证持有人在京依法享受劳动就业、参加社会保险、缴存提取和使用住房公积金的权利，以及办理出入境证件、机动车登记等便利。因此，北京市居住证成为一些违法犯罪分子非法牟利的目标。近年来北京市接连破获涉及伪造、买卖北京市居住证的犯罪案件，本案为发生在东城区的首例涉及伪造北京市居住证的犯罪案件，犯罪行为涉及出入境管理、车务管理、旅游等领域。检察机关认为对流动人口的管理是社会治理的重要组成部分，加强对北京市居住证的管理也是社会治理的新课题。办案过程中，检察机关发现发案单位在居住证办理工作中存在管理漏洞、监管不力、责任不清等问题，及时向发案单位提出整改意见，并制发书面检察建议，帮助发案单位堵塞漏洞。通过本案的办理，实现了政治效果、法律效果和社会效果的有机统一。

(撰稿人:北京市东城区人民检察院 王平、冯立)

曹某某盗窃案

——利用检察技术辅助办案挖出"案中案"

【关键词】

技术辅助　追捕漏犯　准确定性　企业合规检察建议

【要旨】

利用计算机信息系统实施犯罪的案件,往往存在犯罪嫌疑人隐蔽性强、犯罪手段智能化、犯罪对象复杂化等特点,导致侦查阶段取证难,审查阶段定性难。本案的亮点在于充分利用检察技术辅助功能,从复杂的案件中抽丝剥茧、层层突破,不仅从案件中深挖线索追捕另案犯罪嫌疑人一人,又对检察官准确分析定性,促使犯罪嫌疑人认罪认罚起到助推作用。同时检察官根据企业在经营管理中暴露出的漏洞等问题,向被害单位制发企业保密合规检察建议,帮助企业合规经营,达到良好的法律效果与社会效果的有机统一。

【基本案情】

2014年6月至2018年12月,被告人曹某某在北京市东城区某科技有限公司技术研发中心任职高级研发主管,负责产品线的技术研发。2018年12月29日曹某某因公司业务调整离职,曹某某对公司的裁员制度略有不满,便利用自己在职期间负责研发产品的技术手段以及系统研发漏洞报复公司。2019年1月21日至2020年8月28日期间,曹某某在自己的住所内,利用一款软件运行公司查档平台后台管理系统,以储存在自己电脑里的测试代码替换系统里付款代码的方式,多次窃取公司微信账户内资金共计人民币3万余元。

2020年8月,被害单位发现公司账目问题后报警。后曹某某主动投案。

【工作开展情况】

一、检察技术辅助办案,挖出"案中案"

被害单位报案时向侦查机关提供了两个可疑微信账号,由于曹某某用其中一个账号关注了公司的微信公众号，侦查机关很快就确定了曹某某的身份，但是另外一个可疑账号由于未关注公司微信公众号，被害单位和侦查机关迟迟没有线索，曹某某到案后只承认盗窃3万余元的事实，而另外一个盗窃金额高达28万余元的账号，侦查机关仍然怀疑是曹某某所为。检察官为了查明两个微信账号的关系，确定是否为曹某某一人所为，委托本院检察技术部门利用电子数据分析，共同研究确定审查方案。经过调取两个微信账号登录的日志历史记录进行比对发现，两个账号登录的IP地址不同，结合腾讯公司出具的一份open-id实名认证信息，最终确定另一个盗窃28万余元的嫌疑人身份为被害单位的前技术总监张某某，张某某离职时间早于曹某某半年左右。据此，检察机关依法向侦查机关发出追捕函，张某某于2021年1月19日到案，对利用微信红包及转账功能盗窃公司微信账户资金28万余元的犯罪事实供认不讳。

二、细致研判证据，准确分析定性

由于曹某某利用计算机信息网络实施犯罪，其行为构成盗窃罪还是破坏计算机信息系统罪，存在分歧。检察官经与技术部门对曹某某电脑的鉴定意见进行联合审查以及询问被害单位相关证人，查明了因产品平台的付款功能与公司内网脱离，系独立运行，曹某某登录公司产品后台程序，不存在侵入公司内网系统的情况，其在管理系统里将动态运行代码更改为测试代码的行为，未影响或干扰产品运营系统平台的正常运行，不属于对计算机信息系统配置的侵入或破坏，因此不构成非法破坏计算机信息系统罪。曹某某以非法占有为目的，采取秘密手段窃取公司微信账户中的自有资金，其行为符合我国《刑法》第264条盗窃罪的构成要件，曹某某在确凿的证据面前认罪认罚，2021年4月检察机关依法对曹某某以盗窃罪提起公诉，获得法院判决支持。

三、制发检察建议促企业合规经营

检察官在办理曹某某盗窃案、张某某盗窃案中发现，二人身为公司前高管人员，离职之后均发现公司计算机终端及信息系统存在保密漏洞，利用在职期间掌握的涉密信息及权限，从公司产品后台管理系统的平台上，持续窃取公司资金长达两年之久。曹某某和张某某在犯罪时无共谋，盗窃手段却如出一辙，给被害单位造成重大经济损失。从两个独立的案例分析可见，被害单位在经营管理中违反了《网络安全法》《信息安全等级保护管理办法》中关于网络安全等级保护、安全保护义务等有关规定及相关标准，未制定并落实符合计算机终端及信息系统安全保护等级要求的安全管理制度，在信息系统保密管理、人员管理、财务管理等方面存在诸多漏洞及隐患。2021年7月13日，检察机关向被害单位制发保密合规检察建议，建议公司进一步完善保密制度，重新制定保密信息分层管理机制，定期进行财务审计，并收到整改回函。

【指导意义】

一、充分运用检察技术辅助检察办案，提高审查质效

技术辅助工作是轻罪案件鲜有的协作工作，本案中积极探索技术性证据专业同步辅助审查工作在轻罪案件办理中的应用，建构了良好的辅助合作模式。通过专业技术辅助解决案件中涉及的专业性问题，为案件提供切实可靠的审查判断依据，通过法律与技术优势互补，精准把握取证方向，提升案件审查质效，实现了"一案多赢"。

二、切实发挥检察建议规范企业合规经营，凸显社会治理水平

检察建议是检察机关践行为民服务宗旨，参与社会治理的重要途径。本案中，深挖案件背后的被害单位管理问题，通过对企业经营合规审查形成的检察建议，助推被害单位在建立完善信息安全、保密及财务审计制度等方面进行合规整改，被害单位积极自查自纠，重新制定了保密信息分层管理机制，定期进行财务审计，进一步加强了公司保密合规建设。检察建议的监督实效在助力公司合规经营健康发展上发挥了重要作用。

（撰稿人：北京市东城区人民检察院　王蕾蕾、秦腾）

朱某某以危险方法危害公共安全案

——检律协作做好"由轻转重"案件犯罪嫌疑人认罪认罚工作

【关键词】

教育转化　改变定性　辩护人参与　认罪认罚

【要旨】

对于改变定性的认罪认罚案件，往往由重改轻易、由轻改重难。如何让犯罪嫌疑人自愿接受更重的罪名及刑罚，是本案的难题。检察官通过正确认定犯罪性质，积极开展释法说理，说服辩护人切实从对犯罪嫌疑人角度出发做通工作，延伸赔偿谅解至审判阶段，全面用足从宽政策，促使犯罪嫌疑人真心认罪悔罪，真正做到罪责刑相适应。同时积极开展法制宣传工作，达到良好的社会效果。

【基本案情】

被告人朱某某居住在北京市东城区某沿街的居民楼六层。其因生活失意，为发泄心中不满，于2019年4月至8月间，使用从附近批发市场购得的弹弓和钢珠，多次向楼下停放的车辆进行射击，将车辆的风挡玻璃、反光镜击碎。经统计，共有至少17辆车被不同程度损坏。2019年8月7日被告人朱某某被民警抓获。

公安机关以寻衅滋事罪移送起诉，检察官变更定性，以以危险方法危害公共安全罪向法院提起公诉，获得法院支持。

【工作开展情况】

本案在办理过程中存在多个难点。首先在侦查方面，高空抛物案件确定犯罪嫌疑人并收集证据存在较大难度。此类案件往往第一次发生时难以确定犯罪嫌疑人，对于仅仅打坏车玻璃，没有造成人身重大伤亡的案件很难达到启动技术侦查、进行弹道鉴定等工作的标准。侦查人员又无法确定犯罪嫌疑人下一次的作案时间，长期蹲守对于警力也是较大的浪费。同时此类案件也很难将每次的犯罪事实与犯罪嫌疑人的行为进行直接关联，给案件的全面侦查和准确定性都带来较大难度。其次在审查批捕阶段，犯罪嫌疑人朱某某有翻供意图。其对于供述的作案时间跨度、购买的弹珠数量以及造成的车辆损失等都与此前的供述存在不同程度的翻供情况。在案件证据本就不充足的情况下，犯罪嫌疑人供述是否稳定对于事实认定具有较大影响。最后在审查起诉阶段，如何让犯罪嫌疑人接受以危险方法危害公共安全的罪名并自愿认罪认罚是本案办理的难点之一。犯罪嫌疑人朱某某在此前辩护人的影响下，对于自己行为的证据情况以及辩护策略等已经有了较为明确的方向，出现了为逃避司法制裁而避重就轻的倾向。如何让其接受较重的定罪量刑是考验检察官工作能力的难点之一。

针对上述难点，检察官从以下几个方面开展工作，既实现了犯罪嫌疑人认罪认罚，也达到了较好的社会效果。

一、坚持证明标准和定性意见，把握案件方向不偏

公诉人经审查认为，该人虽然以路边停放车辆为目标发射弹珠，造成17辆车不同程度损毁，但其购得的上百枚弹珠中，除去在案扣押的三四枚外，大部分射出后不知去向。其居住位置临街，对面为一大型批发市场，人流车流密集，且朱某某射击弹珠的时间均为白天，甚至部分车辆车主刚将车停在路边尚未下车即遭射击，朱某某的行为显然已经对该地区不特定多数人的安全造成严重威胁。

如果简单按照公安机关移送的寻衅滋事罪起诉，虽然也能够使犯罪嫌疑人认罪认罚，但部分被害人的损失无法弥补，也没有做到罪责刑相统一。彼时最新刑法修正案尚未出台，根据相关指导意见对于高空抛物行为应当以危险方法危害公共安全罪定罪处罚。检察官秉持案件定性准确和证明标准不能有丝毫放松的办案理念，全面审查案件证据，准确把握罪名认定，最终决定以以危险方法危害公共安全罪提起公诉。

二、积极开展释法说理，发挥辩护人作用，内外发力使被告人真心悔过

检察官通过与辩护人进行反复沟通，明确告知其朱某某的行为定性以及律师的独立辩护权应当以委托人的利益最大化为基本原则，促使其放弃坚持寻衅滋事的不切实际的辩护意见，转而争取让朱某某尽早自愿认罪认罚，获得更大的从宽幅度。在检察官与辩护人的共同努力下，犯罪嫌疑人朱某某打消了与司法机关的对抗心理，认识到自己行为的危害性，放弃了翻供的想法，从犯罪时间、射击数量以及行为与结果的关联性等全方面供述了犯罪事实，达到了自愿认罪认罚的标准。

三、充分适用从宽政策，延伸赔偿谅解，被告人认罪服判

在审查起诉阶段，检察官通过积极适用认罪认罚从宽政策，充分听取律师意见，全面考虑案件量刑情节，认为被告人朱某某的行为虽然符合以危险方法危害公共安全罪的定罪标准，但其行为仅造成部分财产损失并未造成重大人身伤亡的情节，结合其经鉴定在案发期间处于限制刑事责任能力，家属赔偿了部分被害人的损失，加上其在审查起诉阶段的认罪认罚，具有较大的从轻情节。综合以上情况，检察官提出了有期徒刑1年6个月的量刑建议。在审判阶段，通过检察官与办案法官进行沟通，办案法官又协助其他被害人与被告人家属达成赔偿谅解协议。检察官根据其悔罪态度，在开庭前又向法官建议再给其减去一个月的量刑建议，获得法院支持。最终判决其有期徒刑1年5个月。

四、及时开展法律宣传教育，取得良好社会效果

本案当时在案发地周边造成较为恶劣的影响，检察官通过撰写信息、联系记者制作节目等方式，对案件的办理经过进行了有效宣传。一方面使人民群众了解了高空抛物行为的恶劣影响，同时也通过对被告人的有罪处理平息了周围群众以及被害人的负面情绪，有效化解了社会矛盾。另一方面也向看守所其他在押人员以及人民群众宣传了认罪认罚从宽制度的典型意义和制度优势。

【指导意义】

一、以检察官主导为立足点，开展认罪认罚工作

认罪认罚从宽制度是充分发挥检察官主导作用、落实检察官主体责任的优良制度平台。在认罪认罚过程中，检察官要正确定位角色，既是诉讼程序监督者更是罪案处理的决策者，应当充分掌握主动权，在完善的证据体系和充分的法律论证基础上，主导认罪认罚的时机和方法，整体把握案件大方向不走偏。

二、以红线思维为着力点，秉持客观公正立场，坚持原则不放松

检察官既要积极主动全面推进认罪认罚从宽制度的适用，也要坚持政治意识与法治思维的统一把握，严格依法适用从宽，决不能无原则地放纵犯罪，要坚持证明标准和案件定性不放松，清楚意识到我国的认罪认罚从宽制度与西方辩诉交易的本质区别，牢牢绷紧这根弦。

三、以控辩协商为发力点，充分发挥律师的"关键一招"作用

以检察官为主导的认罪认罚协商的决定权在检察机关，但是协商是在三方见证下的双向交流机制，因此检察官在开展认罪认罚工作时，要充分与辩护律师进行沟通，听取合理意见，尊重辩护律师的诉讼地位，使辩护律师体会到认罪认罚从宽制度的优势，放弃与司法机关的对抗情绪，从而使辩护人积极促成被告人真心悔过认罪认罚。

（撰稿人：北京市东城区人民检察院　高乐奇、陈沭江）

于某某诈骗案

——引导侦查深挖犯罪线索，教育感化促成认罪认罚

【关键词】

普通程序　引导侦查　深挖犯罪　认罪认罚

【要旨】

2019年10月24日"两高三部"下发《关于适用认罪认罚从宽制度的指导意见》中指出：办理认罪认罚案件，应当以事实为依据，以法律为准绳，严格按照证据裁判要求，全面收集、固定、审查和认定证据。坚持法定证明标准，侦查终结、提起公诉、作出有罪裁判应当做到犯罪事实清楚，证据确实、充分。该案的办理深入贯彻了"两高三部"《关于适用认罪认罚从宽制度的指导意见》，并且通过检察机关引导侦查，深挖犯罪线索，固定相关证据。通过证据开示、释法说理及思想教育促成被告人认罪认罚。

【基本案情】

于某某系北京市西城区某美容店工作人员，2019年7月至2020年8月间，于某某在该美容店内虚构店里开展充值返现、理财活动等事由，通过伪造公司印章及协议等方式，骗取22名被害人的信任，让被害人向其个人微信、支付宝转账，涉案金额共计244759元。该案在立案阶段确定涉案金额仅9万余元，后检察机关积极引导侦查，最终确定被害人20余名，涉案金额24万余元。检察机关对于某某开展释法说理和思想教育工作，于某某表示愿意认罪认罚并同意检察机关提出的有期徒刑4年8个月，并处罚金人民币5万元的量刑建议。2021年4月1日北京市西城区人民法院判处于某某犯诈骗罪，有期徒刑4年8个月，并处罚金人民币5万元。

【工作开展情况】

一、根据在案证据，深入挖掘线索，引导公安机关继续侦查

查明案件事实是从实质上落实认罪认罚从宽制度的必然要求。审查逮捕阶段，检察机关根据在案手机鉴定及其他相关证据，发现本案可能存在其他被害人，遂引导公安机关继续侦查，根据在案手机鉴定报告，调取被告人于某某微信、支付宝转账记录，逐一核对被害人信息，并做好证据收集与固定工作，最终确定被害人共20余名，涉案金额达24万余元。

二、审查逮捕阶段打好"预防针"，释法说理、思想教育并重推动认罪认罚

审查逮捕阶段，检察官根据在案证据，预测该案有可能涉及多名被害人、犯罪金额巨大、量刑突破3年以上有期徒刑。为了推动认罪认罚工作顺利开展，检察机关将释法说理工作做在前面，在审查逮捕讯问环节给犯罪嫌疑人打好"预防针"，使其对案件事实及相关证据予以明确，对涉案金额的增加有所预期，切实体会到检察机关实事求是的办案宗旨及客观公正的执法准则。审查起诉环节，因犯罪数额显著增加，犯罪嫌疑人即将面临3年以上的刑罚。检察官结合证据开示、心理疏导等方法，注重法律宣讲与教育感化并行，做到了对犯罪嫌疑人情法兼顾的深入讯问。与此同时，检察官及时与辩护人在法律适用、量刑情节方面进行沟通，准确适用法律，严格把握从宽标准，综合考虑犯罪情节提出精准量刑建议，促成犯罪嫌疑人真诚认罪认罚。

【指导意义】

司法实践中，一些涉及较多被害人的案件，被害人人数、涉案金额等关键因素往往在审查起诉阶段较审查逮捕阶段发生一定变化，甚至被告人要面临刑期上档的问题。本案中，检察机关一方面通过深入挖掘犯罪线索，引导公安机关侦查，及时固定案件证据，最终确定准确的涉案金额。另一方面妥善利用捕诉一体办案优势，工作前置，通过积极释法说理、证据开示及思想教育促使被告人认罪认罚。

（撰稿人：北京市西城区人民检察院　赵雯娜、王嘉成）

王某某盗窃案

——精准适用认罪认罚从宽制度，"少捕慎诉"办好群众身边"小案"

【关键词】

认罪认罚从宽　促成刑事和解　自行补充侦查　公开听证　更新司法理念　不起诉　释法说理　化解矛盾　社会治理

【要旨】

检察机关在办理轻微刑事案件时，要坚持以人民为中心的根本立场和自觉融入基层社会治理的站位格局，准确理解和适用认罪认罚从宽制度，促进刑事和解和矛盾化解，贯彻落实"少捕慎诉慎押"，最大限度地释放认罪认罚从宽制度善意。通过扎实办好人民群众身边的"小案"来赢得民心。本案是生活困难的老年人实施的轻微盗窃案件，检察官综合运用促进刑事和解、自行补充侦查、检察公开听证、不起诉、释法说理等各项检察"工具"，以"求极致"的精神办好认罪认罚从宽案件，最终解决了群众困难，化解了社会矛盾，实现了案结事了，案件办理取得良好的法律效果、政治效果和社会效果。

【基本案情】

王某某系北京市人，男，68岁，企业退休人员，案发前无前科劣迹。2020年9月至10月间，王某某在北京市朝阳区某超市内，利用自助结账设备，以少扫码、少结账的方式分9次盗窃超市内在售的食品类商品，盗窃商品价值共计人民币244.55元，后被抓获。

【工作开展情况】

一、积极宣讲认罪认罚从宽制度，努力促成涉案双方刑事和解

在办理案件过程中，一方面，检察官积极向犯罪嫌疑人宣讲认罪认罚从宽

制度，鼓励其如实供述犯罪事实，真诚认罪悔罪，引导其主动向被害单位赔礼道歉，退赃退赔，争取谅解和从宽处理。另一方面，检察官及时联系被盗超市代表，认真听取和记录被害单位意见，详细宣讲认罪认罚、刑事和解等法律制度，推动被害单位与犯罪嫌疑人开展沟通与和解。王某某多次前往被害单位退赃退赔，但由于赔偿数额未能与被害单位协商一致，双方未能达成刑事和解，被害单位拒绝接受王某某退赔人民币244.55元。

二、自行补充侦查全面查清事实，准确理解和把握"认罚"条件

王某某向检察官反映了退赔意愿和身患重病、生活困难的情况。检察官及时开展自行补充侦查，调查核实了王某某的生活现状。经查，王某某已经68岁，其配偶已经70岁，两人均患重病，常年就医，生活困难。检察官依据"两高三部"《关于适用认罪认罚从宽制度的指导意见》的相关规定，结合王某某多次主动去被害单位退赃退赔的表现，认定其悔罪态度是真诚的，悔罪表现是客观的，因其他原因未能与被害单位达成刑事和解，不应当影响对犯罪嫌疑人的从宽处理。

三、善用不起诉落实从宽政策，积极公开听证确保司法公正

检察官综合考虑王某某犯罪情节轻微、主观恶性较小、真诚认罪认罚、确有生活困难等因素，认为依法不需要判处刑罚，拟对王某某作出不起诉处理。为了依法规范行使不起诉权，充分保障涉案双方合法权益，检察官组织召开公开听证。听证会广泛邀请社会各界人士担任听证员，详细阐述案件事实和拟不起诉处理的理由、依据，听证员经过评议，一致同意检察机关的处理意见，认为检察机关对王某某作出不起诉决定于法有依、于理有据、于情有度，体现出法律的人文关怀，是司法为民的生动体现。

四、全面充分开展释法说理，努力提升认罪认罚案件办理司法公信

在作出不起诉处理前，检察官多次与被害单位进行沟通，对适用认罪认罚从宽制度作出不起诉处理的事实、理由、法律依据和刑事政策进行释法说理，对王某某的生活现状进行说明，对举行公开听证的情况进行介绍，获得了被害单位的理解和信任，其对不起诉决定表示认可和信服。同时，检察官着力加强法律文书的释法说理，在不起诉决定书中展开兼顾法理情的充分论述，通过文书公开，让被害单位、侦查机关、社会公众充分了解检察机关办理认罪认罚案件的思路和依据，提升执法办案的公信力。

【指导意义】

一、精准理解和适用认罪认罚从宽制度，保障案件双方当事人的合法权益

在办理案件时，应当精准理解和适用认罪认罚从宽制度。一方面，依法保障犯罪嫌疑人的权益。首先应当精准理解和把握"认罚"。"认罚"考察的重点是犯罪嫌疑人的悔罪态度和表现。对于犯罪嫌疑人自愿退赃退赔、赔礼道歉,由于其他原因导致未能取得被害人谅解、达成刑事和解的,不应影响对其"认罚"的认定。其次应当精准理解和把握"从宽"。对罪行较轻、人身危险性较小的,特别是初犯、偶犯、过失犯、未成年犯、生活困难人群犯罪、老年人犯罪,一般应当体现从宽,从宽幅度可以大一些。另一方面,充分保障被害方的权益。首先应当认真听取和记录被害人的意见,将被害方是否得到赔偿、谅解对方作为从宽处罚的重要考虑因素。积极促进双方当事人赔偿、谅解,努力维护被害人的合法权益。其次应当依法妥善处理被害方异议。对于犯罪嫌疑人自愿认罪并且愿意积极赔偿损失,由于被害方赔偿请求明显不合理,未能达成调解或者和解协议的,一般不影响对犯罪嫌疑人作出从宽处理。

二、坚持"少捕慎诉"办好群众身边"小案",释放认罪认罚从宽制度善意

近年来,严重暴力犯罪有所下降,轻微刑事案件不断上升,犯罪态势发生了新的变化,对检察机关的司法理念和执法能力提出新的要求。检察官应当顺应新时代新要求,纠正一味强调追诉的旧司法理念,树立理性、文明、平和的新司法理念。在办理轻微刑事案件时,贯彻落实"少捕慎诉慎押"要求,运用认罪认罚从宽制度,引导犯罪嫌疑人悔过自新,敢用、善用不起诉权,为行为人回归融入社会创造条件,充分释放认罪认罚从宽制度的善意,减少司法对抗和社会对立。

三、用足用好检察"工具箱"提升履职水平,积极融入基层社会治理

检察官应当以"求极致"的精神,用足用好检察"工具箱",努力提升检察履职水平,积极融入基层社会治理。应当及时开展引导侦查取证和自行补充侦查,夯实认罪认罚案件办理的事实基础;应当充分开展释法说理,推动认罪认罚,促进刑事和解,落实少捕慎诉,把各种社会矛盾化解在基层;对适用认罪认罚从宽制度拟作不起诉处理的案件,应当做好公开听证,听取各方意见,自觉接受监督,体现司法公正,提升司法公信;应当强化检察宣传,向人民群众宣传认罪认罚从宽制度,传播现代法治价值和精神。用足用好检察"工具箱",积极融入基层社会治理,充分发挥检察治理效能。

(撰稿人:北京市朝阳区人民检察院 胡静、许宁、阳雄剑)

邢某故意伤害案

——用好认罪认罚从宽制度，积极化解社会矛盾，办好亲属间轻伤害案件

【关键词】

认罪认罚从宽　自行补充侦查　检调对接　刑事和解　化解矛盾　不起诉　释法说理　社会治理

【要旨】

检察机关在办理因家庭矛盾、民间纠纷引发的轻微刑事案件时，要坚持以人民为中心的根本立场和自觉融入基层社会治理的站位格局，充分运用认罪认罚从宽制度开展教育转化，积极发动社会各界力量促成矛盾化解，贯彻落实"少捕慎诉慎押"理念释放司法善意。通过扎实办好人民群众身边的"小案"，切实解决人民群众的愁心事、烦心事，增强人民群众的获得感、幸福感。本案是因家庭矛盾引发的亲属之间的轻伤害案件，检察官运用认罪认罚从宽制度，鼓励行为人认罪悔罪，及时启动检调对接机制，促成涉案双方刑事和解，敢用善用不起诉权，充分落实"从宽"政策，以"求极致"的精神办好认罪认罚从宽案件，实现了案结事了、人和政和，案件办理取得了良好的法律效果、政治效果和社会效果。

【基本案情】

邢某甲与邢某乙、邢某丙系亲属关系，因家庭矛盾素有积怨。2020年6月9日20时许，邢某乙、邢某丙酒后到邢某甲的居住地北京市朝阳区某住宅楼内找邢某甲理论。双方在邢某甲家门口楼道内发生口角和肢体冲突，邢某甲将邢某乙、邢某丙打伤，致一人轻伤二级，一人轻微伤，邢某甲亦受轻微伤。案发后，邢某甲投案自首。

【工作开展情况】

一、综合运用引导侦查取证和自行补充侦查，全面查明案件事实，夯实认罪认罚的证据基础

检察官受理案件后发现，一方面被害人坚称行为人在家庭矛盾中是过错方，案发时行为人主动攻击将人打伤。被害人情绪激烈多次信访，要求检察机关严惩行为人。另一方面行为人坚称被害人是过错方，两名被害人上门闹事，对行为人进行殴打，行为人被迫还击，是正当防卫。案件事实不清、双方矛盾激化，案件办理难度大，涉检信访风险高。为了全面查明案件事实，一方面，检察官积极引导侦查取证，与侦查员多次当面沟通，引导侦查员围绕涉案双方争议的两个焦点，即以往处理家庭矛盾时被害人是否曾经多次到行为人家中闹事，此次案发时是行为人主动实施伤害行为还是被殴打后被迫自卫，开展大量调查取证工作。另一方面，检察官及时自行补充侦查，对涉案双方进行讯问、询问，对邢家其他家庭成员进行走访，深入了解刑事案件发生背后的家庭矛盾，调查案件的起因和发生过程。通过综合运用引导侦查取证和自行补充侦查，查明了行为人实施故意伤害的案件事实，为后期开展认罪认罚工作奠定了坚实的证据基础。

二、及时启动检调对接机制促成刑事和解，化解家庭矛盾纠纷，疏通认罪认罚的堵点难关

案发后，行为人曾多次找到被害人，表达赔偿意愿，但被害人均不接受，情绪激烈多次信访，要求检察机关严惩行为人。为了化解矛盾，检察官多次对涉案双方进行讯问、询问，面对面向其宣讲认罪认罚从宽、刑事和解等法律制度，晓之以理、动之以情，为促成双方理性沟通、化解矛盾铺垫基础。检察官及时启动检调对接机制，主动联系邢家所在地的人民调解委员会，联合制定检调对接工作方案，引导涉案双方在调解团队的主持下当面进行沟通，开展刑事和解。经过坚持不懈地开展调解工作，最终促成涉案双方达成调解协议，行为人向被害人支付了赔偿，被害人对行为人表示了谅解，不要求追究行为人的刑事责任。长久以来累积的家庭矛盾在调解中也得到化解，涉案双方的对立情绪得到缓解，为后期促进行为人认罪认罚疏通了其心理上的堵点难关。

三、充分发挥认罪认罚从宽制度优势，鼓励行为人真诚认罪悔过，用好不起诉权提升办案效果

在查明案件事实、化解家庭矛盾的基础上，检察官持续耐心开展释法说理，充分发挥认罪认罚从宽制度的感召力，鼓励行为人真诚认罪悔过。最终行为人如实供述了因家庭矛盾积怨已久，引发双方互殴，将被害人打伤的犯罪事实,表达了悔罪伏法、改过自新的意愿。检察官充分考量案件因家庭矛盾引发,行为人一时激动对亲属实施轻伤害,案发后主动投案自首,自愿认罪认罚,赔偿被害人并取得谅解等因素,从执法办案要有利于促进矛盾化解与稳定和谐的立场出发,依法对行为人从宽处理,作出不起诉决定。着力加强法律文书的释法说理,在不起诉决定书中展开兼顾法理情的充分论述,通过文书公开,让行为人、被害人、侦查机关、社会公众充分了解检察机关办理认罪认罚案件,作出不起诉从宽处理的思路和依据,提升执法办案的公信力。案件办结后,被害人致电检察官表达感谢,行为人向检察官送来锦旗"秉公执法,和谐促稳"表达感激,案件办理取得了三个效果的有机统一。

【指导意义】

一、运用检察智慧,发挥认罪认罚从宽制度感召力,鼓励引导犯罪嫌疑人认罪认罚

在办理涉案双方矛盾较深、对立情绪较强的案件时,经常会遇到犯罪嫌疑人拒不认罪认罚的情况。检察官应当充分运用检察智慧,开展教育转化。一是要坚定信心,敢于迎难而上。制定有针对性的教育转化方案,持续推进认罪认罚教育转化。二是要瞄准靶心,用证据说服人。通过综合运用引导侦查取证和自行补充侦查,全面查明案件事实,为开展认罪认罚夯实证据基础。适当开示证据,用扎实的证据打消行为人的侥幸心理。三是要保持耐心,用真情感动人。调动社会各方力量,帮助当事人化解矛盾,缓解行为人与被害人、与社会的对立关系,促成刑事和解。为开展认罪认罚疏通心理堵点,用文明、规范、有温度的办案取得行为人的信任。四是要政策攻心,用制度引导人。通过耐心细致的释法说理,发挥认罪认罚从宽制度的感召力,鼓励引导行为人自愿认罪伏法。

二、践行"枫桥经验",深化检调对接促进矛盾化解,将检察办案融入基层社会治理大局

检察官应当积极践行和发展新时代"枫桥经验",在执法办案过程中促进矛盾化解。一是要加强风险防范。发现执法办案风险,及时启动检察"三同步"工作机制,做好风险防范和矛盾化解预案。二是畅通诉求表达。主动、认真听取各方当事人的意见和诉求,为人民群众疏通表达诉求的渠道。三是要加强释法说理。加强法律政策宣讲和情感疏导,为促成案件当事人理性沟通、化解矛盾奠定基础。四是要深化检调对接。将刑事和解、息诉罢访的工作纳入"大调解"工作格局中,联合人民调解委员会等基层综治力量,共同制定矛盾化解方案,组建矛盾调解团队,充分发挥人民调解员、律师、检察官的不同职

能定位和优势，合力开展调解，促进刑事和解和矛盾化解，促成"定分止争、案结事了"，积极融入基层社会治理，发挥好检察机关社会稳控器、减压阀的作用。

三、更新司法理念，以"少捕慎诉慎押"释放制度善意，用心用情办好人民群众身边"小案"

近年来，严重暴力犯罪有所下降，轻微刑事案件不断上升，犯罪态势发生了新的变化，对检察机关的司法理念和执法能力提出了新的要求。检察官在办理轻微刑事案件时，应当自觉提升政治站位，坚持以人民为中心的根本立场，深刻认识到，越是贴近人民群众生活的"小案"，越能让人民群众切身体会到司法的公正和温度，反映出党的为民司法。应当积极顺应时代要求，及时更新司法理念，纠正一味强调追诉的旧司法理念，树立理性文明平和的新司法理念。以"求极致"的作风和标准开展办案工作，积极推动认罪认罚从宽制度适用，贯彻落实"少捕慎诉慎押"要求，敢用、善用不起诉权，为轻微刑事案件的行为人回归融入社会创造条件，充分释放认罪认罚从宽制度的善意。依法用心用情办好人民群众身边"小案"，以过硬的办案质量和良好的办案效果，赢得人民群众发自内心的信任和拥护。

（撰稿人：北京市朝阳区人民检察院　胡静、许宁、刘淼）

焦某某故意伤害案

——检察履职促进矛盾化解，司法为民助力基层治理

【关键词】

认罪认罚　刑事和解　引导侦查取证　自行补充侦查　相对不诉

【要旨】

在办理轻伤害案件时，强化检察官在诉讼程序中的主导作用，着力加强人民内部矛盾的妥善处理和有效化解，综合、灵活运用刑事和解、认罪认罚从宽，准确适用不起诉种类等多项制度机制，把宽严相济刑事政策落到实处，切实发挥好检察机关社会稳控器、减压阀的作用。

【基本案情】

2018年7月6日16时许，被不起诉人焦某某（男，60岁）酒后驾驶两轮电动车违章通过北京市朝阳区双桥路十字路口，与被害人李某某（男，63岁）正常驾驶的小轿车发生碰撞。交通事故发生后，双方就行车问题发生纠纷并互殴。焦某某用拳头击打李某某面部，李某某于当日就医，诊断出鼻骨骨折、鼻中隔骨折，经鉴定为轻伤二级。

李某某用拳头击打焦某某面部右侧，焦某某于2018年7月8日就医检查左耳听力，于2018年10月8日诊断出左耳感音神经性耳聋，经鉴定为轻伤二级。

公安机关对焦某某、李某某采取取保候审措施，于2019年12月4日将焦某某故意伤害案和李某某故意伤害案移送北京市朝阳区人民检察院审查起诉。焦某某、李某某的矛盾一直没有化解，对抗情绪非常激烈，均不承认对方的伤情是自己殴打造成的。李某某还提出焦某某酒后驾驶摩托车涉嫌危险驾驶罪，公安机关未依法立案追究，要求检察机关进行监督。

【工作开展情况】

一、及时开展引导侦查取证和自行补充侦查，准确认定案件事实

准确认定案件事实是依法妥善处理案件和化解矛盾的前提和基础。在办理焦某某故意伤害案、李某某故意伤害案时，两人均不承认殴打过对方面部，否认对方的伤情是自己造成的。公安机关移送了案发现场监控录像，但图像不清晰，无法看清焦某某、李某某击打对方身体的具体部位。为了准确及时查明案情，检察官引导侦查取证，要求公安机关对案发现场监控录像进行图像清晰化处理，公安机关经工作未能调取到上述证据。检察官自行补充侦查，联系检察技术部门对案发现场监控录像进行放大、高清、慢速播放、截图等处理，查清了案发现场焦某某用拳头击打李某某面部正中位置的事实，以及李某某用拳头击打焦某某面部右侧的事实。

焦某某辩解称怀疑李某某的就医材料造假。检察官引导侦查取证，要求公安机关调取李某某全部就医材料。检察官在审阅全部就医材料基础上，自行补充侦查，对接诊李某某的多位医护人员进行了询问，有效证明了被害人李某某面部受到外力击打，导致鼻骨骨折、鼻中隔骨折的事实。

李某某辩解称案发后焦某某没有第一时间就医和说明受伤情况，其左耳听力障碍与李某某没有任何关系。检察官引导侦查取证，要求公安机关调取焦某某全部就医材料，对焦某某左耳听力障碍的致伤原因进行司法鉴定。公安机关调取了全部就医材料，经联系多家司法鉴定机构，均答复称无法对致伤原因进行司法鉴定。检察官自行补充侦查，对接诊焦某某的医生进行询问，查明了焦某某左耳部感音神经性耳聋可能由多种因素引发，无法确定是面部受到外力击打造成的情况。

二、用足认罪认罚从宽制度，耐心开展教育转化

犯罪嫌疑人自愿认罪、真诚悔罪是适用认罪认罚从宽制度的前提和基础，是实现执法办案法律效果、社会效果、政治效果相统一的重要保障。在办理焦某某故意伤害案时，针对焦某某拒不认罪的情况，检察官最大限度地开展教育转化，通过合理开示监控视频，打消了焦某某的侥幸心理；通过合理开示就医材料和医护人员证言，消除了焦某某的内心疑问；通过耐心细致的释法说理，宣讲认罪认罚从宽制度，以规范、文明、有温度的司法办案逐渐消减了焦某某的对抗情绪，多措并举，最终促使焦某某自愿认罪、真诚悔罪，签署了《认罪认罚具结书》。

三、用好刑事和解制度，促进矛盾实质性化解

案发一年多，焦某某、李某某的矛盾一直没有化解，双方对抗情绪激烈。疫情期间，检察官在及时查清案件事实的基础上，反复通过面谈、电话、微信视频等方式向焦某某、李某某开展释法说理、宣讲刑事和解、了解真实诉求,最终赢得了焦某某和李某某的信任。检察官了解到,焦某某已经 60 岁,身患癌症,经济能力有限,因为担心无力承担高额赔偿,一直拒绝与李某某开展和解。李某某已经 63 岁,因为不满焦某某酒后违章驾驶车辆引发交通事故,先动手打人,还拒不道歉,一直拒绝与李某某开展和解。检察官结合焦某某、李某某的实际情况和内心诉求,有针对性地开展了大量的情绪疏解和矛盾化解工作,最终促成焦某某向李某某赔偿人民币 3000 元并道歉,双方对互殴相互谅解,有效地促进了矛盾实质性化解。

四、用准不起诉权,履行检察官主导责任

在前期开展大量工作的基础上,对焦某某故意伤害案,考虑到其认罪认罚、刑事和解,检察官落实宽严相济刑事政策,依法对焦某某作出相对不起诉处理,依托不起诉公开宣告机制,要求焦某某赔礼道歉,向公安机关制发检察意见,要求公安机关依法对焦某某予以行政处罚。对李某某故意伤害案,经过退回补充侦查,结合全案证据仍无法认定李某某击打焦某某面部右侧一下的行为和焦某某左耳听力障碍的伤情存在因果关系,依法对李某某作出存疑不起诉处理。通过耐心向焦某某开展释法说理,消除了焦某某内心疑虑,焦某某对检察机关的存疑不起诉决定予以认可,未提出异议。

五、用实检察监督权,切实提高司法公信力

审查起诉阶段,李某某向检察官提出,焦某某酒后驾驶摩托车涉嫌危险驾驶罪,公安机关未依法立案追究,要求检察机关开展监督。针对上述情况,检察官及时移送监督线索,并对立案监督线索开展调查,查明焦某某驾驶车辆系两轮电动车,不属于机动车,不构成危险驾驶罪。检察官及时将监督过程和结果告知李某某,通过释法说理,消除了李某某的疑惑,赢得了李某某的认可,切实提高了司法公信力。

【指导意义】

一、引导侦查取证与自行补充侦查相结合,为查明案件事实夯实基础

在办理焦某某与李某某相互伤害案时,起初双方对伤害行为、受伤结果、伤害行为与受伤结果的因果关系均提出质疑,拒不认罪,使案件办理陷入僵局。检察官通过制定详细的引导侦查取证提纲,与侦查员开展面对面的沟通交流,引导侦查机关及时调取焦某某、李某某的全部就医材料,为进一步查明案件事实夯实基础。在公安机关未能对案发现场监控录像进行清晰化处理时,检察官自行补充侦查,借助检察技术部门的专业力量对监控录像实现了清晰化处理,有效查明了伤害行为;在焦某某提出怀疑李某某就医材料造假,怀疑公安机关侦查活动合法性时，检察官自行补充侦查，对接诊李某某的医护人员进行询问，有效证明了李某某面部受到外力击打导致鼻骨骨折的事实；在李某某提出焦某某左耳听力障碍与李某某没有任何关系，公安机关多方联系司法鉴定机构，未能对焦某某的致伤原因进行鉴定时，检察官自行补充侦查，对接诊焦某某的医生进行询问，查明了焦某某左耳部感音神经性耳聋可能是由多种因素引发，无法确定是面部受到外力击打造成的情况。通过引导侦查取证与自行补充侦查相结合，全面查明了案件事实，为依法妥善处理案件、后续开展释法说理、赢得当事人信任认可奠定了坚实基础。

二、妥善化解基层矛盾，积极参与社会治理

焦某某与李某某相互伤害案，是典型的轻微犯罪，是当前严重暴力犯罪呈下降趋势、轻微犯罪比重明显上升大背景下的一个缩影。与严重暴力犯罪不同，轻微犯罪多由民间矛盾偶然引发，属于人民内部矛盾，能不能在基层化解矛盾、妥善处理关系到老百姓日常生活，关系到基层社会运转稳定，十分考验检察机关参与社会治理的能力和水平。检察官在办理轻微犯罪案件时，应当将工作对象和工作重点落脚在人民内部矛盾的正确处理、有效化解上，综合运用刑事和解、认罪认罚从宽、相对不起诉、刑事速裁程序等多元方式落实好宽严相济刑事政策，发挥好检察机关参与社会治理、化解基层矛盾的社会稳控器、减压阀的作用。

三、严守法定证据标准，依法适用认罪认罚从宽制度

适用认罪认罚从宽制度，必须严守法定证据标准，既不人为拔高也不降格凑数。犯罪嫌疑人自愿认罪认罚，双方当事人达成刑事和解，符合相对不起诉条件的，可以作出相对不起诉处理。但经依法审查，现有证据不能认定犯罪事实的，即使犯罪嫌疑人表示认罪，即使双方当事人达成和解，也应当严格依法作出存疑不起诉处理。依法准确适用认罪认罚从宽制度，在提升效率的同时，严守公正这一制度红线，努力提升办案质效，为人民群众提供满意的、能经得起时间检验的优良法治产品。

四、履行检察官主导责任，敢用善用不起诉权

检察官应当切实承担起主导责任，树立敢用、善用、绝不滥用不起诉权的司法理念，在国家治理和社会治理中发挥能动作用。作出相对不起诉时，依托不起诉公开宣告机制，强化释法说理，开展法治教育，同时向公安机关制发检察意见，要求其依法对被不起诉人予以行政处罚，完善"刑行衔接"，形成教育改造"组合拳"，提升相对不起诉的法律效果和社会效果。

（撰稿人：北京市朝阳区人民检察院　贾晓文、许宁、阳雄剑）

王某某、汤某、聂某某、郎某某涉嫌虚假诉讼案

—— 积极发挥两主作用"求极致"，
全面提升办案质效"过得硬"

【关键词】

审查引导侦查　诉讼监督　羁押必要性审查

【要旨】

在办理犯罪嫌疑人不认罪的虚假诉讼案件时，一方面，充分发挥两主作用，突出实质审查，审查引导侦查，开展自行侦查，促进侦查取证取得重要进展，不仅对多名犯罪嫌疑人依法批捕、起诉，获得法院有罪判决，而且成功追加认定案件事实和罪名、改变移送审查起诉的罪名；积极开展教育转化，启动羁押必要性审查，精准适用认罪认罚从宽制度分化瓦解攻守同盟。另一方面，充分发挥法律监督职能，全面提升执法办案质效。成功追捕漏犯，移送民事检察监督线索，民事再审检察建议获法院采纳，执法办案取得良好的法律效果和社会效果。轻罪案件虽小，办案责任重大。检察官通过依法充分履职，切实达到了积极发挥两主作用"求极致"，全面提升办案质效"过得硬"的高标准严要求。

【基本案情】

2015年1月，被告人王某某在隐瞒被害人孙某某的情况下，以篡改公司章程、伪造孙某某签名的方式在河北省保定市满城区工商局注册登记了A公司，并在公司章程中将孙某某的出资方式篡改为土地，王某某成为公司法人。此后，被告人王某某、汤某伙同律师谷某某经预谋后，于2016年4月至5月间，在北京市朝阳区某大厦内，指使汤某实际控制的B公司会计被告人聂某某、出纳被告人郎某某伪造借款合同等证据，捏造了A公司向B公司借款

1020 万元的事实。B 公司于 2016 年 5 月将 A 公司诉至北京市朝阳区人民法院，要求偿还欠款及利息，诉讼过程中双方提交了伪造的借款凭证及伪造的孙某某名下的国有土地使用证复印件等证据，致使北京市朝阳区人民法院于 2016 年 7 月 29 日出具民事调解书，内容包括：被告 A 公司于 2016 年 8 月 31 日前偿还原告 B 公司本金 1020 万元，于 2016 年 8 月 31 日前支付原告利息 270 万元等。后 B 公司向北京市朝阳区人民法院申请强制执行。北京市朝阳区人民法院于 2017 年 1 月 10 日出具强制执行裁定书，查封了孙某某名下土地的使用权。孙某某提出执行异议后，北京市朝阳区人民法院于 2017 年 8 月 17 日中止对上述土地使用权的查封。

2018 年 2 月至 2019 年 1 月间，被告人聂某某、郎某某在北京市朝阳区朝阳公安分局及办理王某某涉嫌虚假诉讼一案中，多次故意向办案机关作虚假证明，意图证明 B 公司与 A 公司之间的借款真实存在，妨害了司法秩序。

2015 年 5 月至 6 月间，被告人王某某在河北省保定市满城区、高开区等地，以收取项目保证金为由，骗取被害人何某人民币 20 万元。

被告人王某某、汤某、聂某某、郎某某后向公安机关投案，并签署《认罪认罚具结书》。

【工作开展情况】

一、充分发挥检察机关的主导作用，实现案件重大进展

一是积极履行审查引导侦查，促进案件有效突破。在前期办理王某某虚假诉讼案件过程中，在被公安机关刑事拘留前，王某某与汤某、谷某某等人达成了攻守同盟，在被刑拘之后一直拒不认罪，检察官在对王某某进行审查批准逮捕期间，在梳理案件证据时发现公安机关未能调取完整的法院审判卷宗和执行卷宗，检察官立即要求公安机关向法院调取了审判卷宗和执行卷宗的电子光盘，经审查后发现借款合同、支出凭证等客观证据有伪造的重大嫌疑，后对王某某批准逮捕，在批捕后又针对借款事实的资金来源、借款过程、资金去向等提出十余条补侦提纲。在审查起诉阶段除了继续要求公安机关做好有关虚假诉讼事实的相关证据外，检察官还发现王某某在河北保定利用涉案土地进行诈骗的相关事实，为此检察官引导朝阳分局将发生在河北保定相关诈骗事实的证据材料移送检察机关，并最终对王某某增加一起诈骗罪的犯罪事实。

二是自行侦查与引导侦查相结合，突破犯罪嫌疑人口供。本案审查的难点在于王某某一直拒不认罪，且汤某、聂某某、郎某某等人均未被采取强制措施，故一直拒不承认虚假诉讼的犯罪事实，只能依靠客观证据定案，在审查起诉阶段检察官积极进行自行侦查，对汤某、聂某某、郎某某分别进行询问，针

对案件证据中借款合同中的数额错误、支出凭证中的时间错误等问题进行专门询问,并发现三人言词证据中的重大问题,为此检察官将相关询问笔录移送侦查机关并引导公安机关对三人采取刑事强制措施,三人在被刑拘后口供取得了重大突破,均如实供述了虚假诉讼的事实,之后王某某也终于认罪伏法,使案件最终得以顺利审判。

二、加强论证,细致审查

在王某某涉嫌虚假诉讼案中,王某某始终拒不认罪,缺乏直接证据,定案只能依靠客观证据和间接证据。在审查起诉阶段检察官细致审查,认真梳理相关证据,通过分析论证,认为从本案借款过程上看,借款手续等客观证据存在明显造假,且明显不合常理;从资金的去向上看,没有大量资金进入A公司;从汤某所有现金来源上看,汤某对其资金来源的证据不足;大量事实和证据,均指向王某某与汤某恶意串通,捏造债权债务关系,由汤某提起民事诉讼,进而为获得被害人孙某某名下的土地,王某某构成虚假诉讼罪。后检察官积极依托检察官联席会,集思广益,最终联席会上大部分意见认为对王某某可以以虚假诉讼罪起诉,这也为日后汤某等人归案、王某某认罪伏法打下了坚实的基础。另外,在办理聂某某、郎某某虚假诉讼案过程中,检察官经过细致审查后发现聂某某、郎某某虽然参与了伪造借款合同等证据,但当时并不知道这些证据是用于虚假诉讼,二人只是构成伪证罪,最终将二被告人改变定性为伪证罪,起诉至法院后获得法院判决认可。

三、积极适用认罪认罚从宽,对被告人进行羁押必要性审查

在办理被告人汤某、聂某某、郎某某案件的过程中,在审查起诉阶段,检察官积极开展教育转化及认罪认罚从宽工作,在讯问汤某、聂某某、郎某某的过程中三人均能如实供述犯罪事实,并签署了认罪认罚具结书,考虑到被告人汤某、聂某某、郎某某有自首情节,同案犯谷某某已经到案,本案事实基本查清,证据已经收集固定完毕等情节,在羁押必要性审查部门的建议下,对三人变更强制措施为取保候审,后三人被法院判处缓刑。

四、充分发挥诉讼监督职能,全面提高办案效果

一是立足刑事诉讼监督,追诉漏罪漏犯。在办理王某某虚假诉讼案件过程中还发现了王某某一起诈骗罪的犯罪事实,并成功起诉,最终其因诈骗罪被判处有期徒刑4年。在办理被告人汤某、聂某某、郎某某案件过程中,在案件审查逮捕阶段,发现律师谷某某与王某某、汤某共同实施犯罪,为此向朝阳分局发出应当逮捕犯罪嫌疑人建议书,追捕被告人谷某某,并于2020年6月23日起诉至朝阳法院。

二是立足民事诉讼监督,积极移送民事诉讼监督线索。办理王某某虚假诉

讼案过程中，于 2019 年 5 月向本院民事检察部门移送民事诉讼监督线索，2020 年 2 月本院民事检察部门向朝阳法院发出再审检察建议书。

【指导意义】

本案是 2018 年最高人民法院、最高人民检察院《关于办理虚假诉讼刑事案件适用法律若干问题的解释》出台后朝阳区院办理的第一起虚假诉讼案件，也是朝阳区院近年来办理的虚假诉讼案中第一起被批捕、起诉、判决的案件，且系"零口供"案件，检察官通过发挥检察机关的主导作用，积极履行检察机关的审查引导侦查、诉讼监督、羁押必要性审查职能，实现了较好的政治效果、社会效果和法律效果，对今后办理类似案件具有较好的指导意义。

（撰稿人：北京市朝阳区人民检察院　宋迎新）

李某袭警案

——准确适用法律规定，维护人民警察执法权威

【关键词】

袭警罪　人民警察　警务辅助人员　扩大解释

【要旨】

《刑法修正案（十一）》增设的袭警罪，为依法惩治暴力袭警行为提供了充分的刑法依据，旨在维护人民警察执法的权威性，但对于袭警罪中"人民警察"概念的内涵与外延都需进一步规范性、体系性的解释，坚持从"职务"而非"身份"的角度进行认定，依法行使职权的警务辅助人员也应当属于"人民警察"的范畴，成为袭警罪的保护对象。

【基本案情】

2021年4月24日，被告人李某在北京市朝阳区地铁10号线芍药居站与他人发生纠纷后拨打110报警，在北土城站派出所民警现场核实李某身份信息过程中，李某拒不配合民警工作，拒不讲清身份，后用双手将正配合民警路某某执行公务的合同制辅警宋某某推倒在地，经鉴定宋某某的身体损伤为右侧腰部软组织挫伤，不构成轻微伤，后李某被当场抓获。被告人李某自愿认罪认罚。

【工作开展情况】

2021年4月24日，被告人李某因涉嫌袭警罪被北京市公安局朝阳分局刑事拘留，5月7日，经北京市朝阳区人民检察院批准被执行逮捕。7月14日，北京市朝阳区人民检察院以李某涉嫌袭警罪向北京市朝阳区人民法院提起公诉。同年7月22日，法院作出判决以被告人李某犯袭警罪判处其有期徒刑9个月。

一、发现争议焦点，寻找理论支撑

检察机关办理此案时正值《刑法修正案（十一）》施行不久，对于袭警罪

的适用在理论与实务界均存有争议。检察机关在受理该案后第一时间向公安机关核实被侵害对象宋某某的身份情况，并将该案定性的争议焦点锁定在警务辅助人员是否能成为袭警罪的犯罪对象问题上。对此问题学界存在两种不同认识，即"肯定说"与"否定说"。"肯定说"认为，袭警罪所保护的首要法益是警察的执法权而非人身权，是否具备人民警察身份并非认定袭警罪的关键。"否定说"则认为，辅警不具备执法主体资格，将辅警解释为人民警察有类推解释之嫌，且是不利于行为人的类推解释，有违罪刑法定原则。

二、坚持体系解释，分析立法目的与初衷

袭警罪中规定了"正在依法执行职务"的限制条件，可见本罪设立的立法初衷在于维护人民警察执法的权威与人身安全，其重点保护的不是人民警察的身份，而是人民警察合法的职务行为。当辅警协助人民警察依法行使职权时，二者存在不同分工，但行使的职权具有同一性，产生的法律效果具有同一性。行为人暴力袭击辅警反映出其在主观上无视民警的执法权威，对本罪所保护的法益具有侵害性，此时如果对两种不同身份的执法人员在出入罪上进行区别对待，将会导致刑法保护的不平衡。在对争议焦点进行充分论证后，本院认为应当将辅警的辅助执法行为是否依法、依正当程序作为其能否成为袭警罪犯罪对象的判断标准，而不是辅警是否具有职务身份。另外，将依法协助人民警察执法的辅警视为袭警罪的侵害对象是对"人民警察"内涵的扩大解释，不违反罪刑法定原则，符合袭警罪所保护的法益需求。

三、依法全面审查，准确适用法律规定

袭警罪的适用以行为人阻碍依法履职行为为前提条件，本院对该案证据进行了全面细致审查，并就辅警履职行为的合法性进行分析和论证。首先，有证据证实辅警宋某某在民警依法核查被告人李某身份信息的过程中，正手持执法记录仪进行记录拍摄，并不存在执法瑕疵，其履行职务的行为具有合法性。其次，辅警宋某某的履行职务行为在人民警察的指挥与监督之下实施，产生的相关法律后果应当由公安机关承担，其履职行为具有正当性。最后，本案出警民警与辅警均无着装、告权等方面的不规范之处，因此被告人李某在主观上应当能够认识到辅警宋某某是在辅助人民警察依法履行职务，被告人的行为具有主观方面的可谴责性。

【指导意义】

当警务辅助人员协助人民警察依法执行职务时，二者具有不可分割性，此时受到暴力袭击的辅警应当受到刑法的平等保护，将辅警排除在袭警罪的保护范围之外，不符合法律的基本正义观，也不符合社会治理的现实需要。本案是

《刑法修正案（十一）》施行以来，本院提起公诉的首例被侵害对象为辅警的暴力袭警案件，并获得法院有罪判决，为今后办理类似案件提供参考依据和判例指引。

（撰稿人：北京市朝阳区人民检察院　李亚威、陈玎玎）

丛某盗窃案

——由"薅羊毛"的盗窃小案挖出敲诈勒索18万余元的大案

【关键词】

线索排查　自行补充侦查　排除隐患漏洞　检察建议　刚性

【要旨】

该案本是一件"薅羊毛"式的盗窃超市商品的普通案件，细致审查发现疑点，检察官积极开展调查取证工作，夯实巩固办案成果，最终深挖出超市安保人员利用买赔机制敲诈勒索5名盗窃犯罪嫌疑人家属、涉案金额180177元的"大"案。针对办案过程中发现的被害超市在自助结账和买赔工作管理上的漏洞，向被害超市集团发出检察建议，排除隐患堵塞管理漏洞，案件办理实现了政治效果、法律效果和社会效果的有机统一。

【基本案情】

2019年4月10日、4月12日、4月20日、4月27日、5月9日，犯罪嫌疑人丛某在本市海淀区某连锁超市内，通过在自助结账时对部分商品不扫码或扫码不结账的方式，先后5次盗窃超市内商品，总价值共计人民币3379.6元。2019年5月10日，犯罪嫌疑人丛某被民警抓获，到案后如实供述了上述犯罪事实。案发后，丛某家属赔偿了被盗超市门店损失，门店出具了谅解书。

【工作开展情况】

2019年5月29日，北京市公安局海淀分局以丛某涉嫌盗窃罪提请批准逮捕，鉴于丛某认罪悔罪、买赔损失，北京市海淀区人民检察院于2019年6月5日以无逮捕必要不批准逮捕丛某。同年6月25日，北京市公安局海淀分局以丛某涉嫌盗窃罪移送审查起诉，因丛某到案后认罪认罚，家属积极配合司法机关深挖犯罪，北京市海淀区人民检察院于 2019 年 9 月 30 日对丛某依法作出相对不起诉处理决定。

在审查起诉过程中，检察官发现该超市三名安保人员以出具谅解书为要挟，敲诈勒索丛某家属 6.5 万元人民币的犯罪线索，并利用轻罪部门集中办理超市盗窃类案的优势，发现涉案人员还涉及多起类似敲诈勒索案件，经过前期一系列调查取证，向公安机关移送犯罪线索和基本证据材料，促使公安机关就该超市三名安保人员敲诈勒索案立案侦查，最终深挖出超市安保人员利用买赔机制敲诈勒索 5 名盗窃犯罪嫌疑人家属、涉案金额 180177 元的"大"案。

【指导意义】

一、细致审查发现疑点，缜密研判寻找突破点，锁定基本犯罪事实

该案本是一件"薅羊毛"式的盗窃超市商品的普通案件，检察官从细节处入手，通过一份被盗超市出具的未写明赔偿数额的谅解书发现案件疑点，在进一步调查询问后，发现安保人员、犯罪嫌疑人家属反常地对买赔金额三缄其口，经过深度研判，确定以犯罪嫌疑人家属为突破口，有效开展释法说理工作，争取犯罪嫌疑人和家属的积极配合，打消犯罪嫌疑人家属顾虑，最终犯罪嫌疑人家属和盘托出买赔过程中被超市安保人员勒索 6.5 万元的基本犯罪事实，并提供了当时的录音材料，为案件的进一步侦办打下坚实基础。

二、内外联动使取证事半功倍，深挖扩大犯罪线索

发现犯罪线索后，检察官积极开展调查取证工作。一方面，通过联系超市集团总部合规负责人和实地走访，了解被害超市自助结账运行模式和买赔制度，并直接获得涉案犯罪嫌疑人没有将买赔款入公司账户的证据材料，查清了犯罪事实，夯实了证据情况。另一方面，梳理检察官手中在办的该被害超市盗窃的其他案件，审查相关证据，询问相关犯罪嫌疑人家属，核实赔偿情况，深挖出多起该超市安保人员以出具谅解书为条件敲诈勒索盗窃超市犯罪嫌疑人家属的犯罪事实。

三、快速上报统一协调，积极引导侦查取证，确保精准取证，夯实巩固办案成果

确定了基本事实和证据，经向领导汇报统一部署，与侦查部门召开案件研讨会，对当前掌握的案件情况和下一步取证方向进行沟通，积极引导侦查取证，确保案件质量。后该超市邹某等三名安保人员因在 5 起盗窃案件中敲诈勒索共计 180177 元，已被依法提起公诉，深挖犯罪成果丰硕。

四、深入排隐患堵漏洞，发挥检察建议刚性，与超市集团负责人员座谈，取得良好社会效果

针对办案过程中发现的被害超市在自助结账和买赔工作管理上的漏洞，检察官向被害超市集团发出检察建议，引起集团领导高度重视，集团负责人主动来到北京市海淀区人民检察院与院领导进行座谈，通报问题整改情况，并送来锦旗表示感谢，案件办理实现了政治效果、法律效果和社会效果的有机统一。

（撰稿人：北京市海淀区人民检察院 李刚、霍雨佳、鞠澎）

李某诈骗案

——深挖犯罪线索，全面收集证据，
依法提出从轻建议促犯罪嫌疑人认罪认罚

【关键词】

刑期升档　全面取证　量刑协商　认罪服判

【要旨】

通过深挖犯罪线索，本案犯罪嫌疑人的法定刑由最初的3年以下有期徒刑升档为10年以上有期徒刑。为消除犯罪嫌疑人对预期刑期的心理落差，通过详细听取犯罪嫌疑人的意见和辩解，引导公安机关全面收集能够证实犯罪嫌疑人有罪或无罪、罪轻及罪重的证据，在追加其犯罪事实的同时，针对案发前已还款部分依法折抵涉案金额，使犯罪嫌疑人发自内心地感受到法律的公正，消除抵触心理，结合有针对性的释法说理，促使其认罪认罚；提出精准确定的量刑建议，对犯罪嫌疑人依法从轻处理，最终使犯罪嫌疑人认罪服判。

【基本案情】

2018年3月19日至2019年4月13日间，犯罪嫌疑人李某通过虚构身份、背景、工作单位、收入水平等内容，取得多名被害人信任并与之交往，以刷单、偿还欠款、垫付医药费等事由，骗取多名被害人财物共计人民币524521元。

【工作开展情况】

一、细致审查在案证据，深入挖掘案件线索，及时有效追诉犯罪，确保办案质效

本案在移送审查逮捕时仅陈某一名被害人，涉案金额为9.2万元，检察官在审查同步录音录像时发现犯罪嫌疑人在最初供述时所提被害人姓名并非陈

某，检察官结合婚恋诈骗的案件特点，认为本案可能存在其他被害人，后通过引导公安机关继续侦查，最终确定被害人共 8 名，涉案金额 50 余万元。

二、引导公安机关全面收集证据，夯实案件基础证据，通过有针对性的释法说理，促使犯罪嫌疑人认罪认罚

由于犯罪嫌疑人李某的法定刑由 3 年以下有期徒刑上升至 10 年以上，李某最初的表现并不配合，就诈骗金额问题常常以时间过去太久记不清为由进行规避，或者以钱款已经部分偿还被害人为由对具体诈骗金额提出异议。针对此情形，检察官通过补充侦查的方式引导公安机关全面调取相关转账记录，通过交叉比对的方式明确涉案金额，并依法对犯罪嫌疑人案发前的还款金额进行折抵，使其切实体会到办案的客观公正，同时通过向犯罪嫌疑人说明因其通过婚恋诈骗给被害人造成的精神痛苦和经济损失，使犯罪嫌疑人认识到自己行为的社会危害性和应受惩罚性，促使犯罪嫌疑人真诚地认罪悔罪。

三、提出精准量刑建议，对犯罪嫌疑人依法从宽处理，确保犯罪嫌疑人认罪服判

结合犯罪嫌疑人的犯罪事实和如实供述、认罪认罚等情节，检察官及时与值班律师在法律适用、量刑情节方面进行沟通协商，对犯罪嫌疑人依法提出从轻处理的精准量刑建议，李某最终认可检察机关认定的犯罪事实及量刑建议，一审宣判后，犯罪嫌疑人李某认罪服判。

【指导意义】

在适用认罪认罚从宽制度时，检察机关应细致审查在案证据，确保及时、全面、准确认定犯罪事实。追加犯罪事实后，当犯罪嫌疑人所判处刑期出现大幅度提升时，通过全面听取犯罪嫌疑人的意见和辩解，引导公安机关全面收集证据，在夯实证据基础的同时，根据新收集到的罪轻证据依法认定犯罪事实，使犯罪嫌疑人切实感受到司法的公正；同时结合案件事实有针对性地进行释法说理和教育转化，使犯罪嫌疑人确实认识到自己行为的社会危害性，消除其抗拒心理和刑期预期落差；通过量刑协商，准确适用法律，提出从轻的精准确定量刑建议，促使犯罪嫌疑人认罪服判。

（撰稿人：北京市海淀区人民检察院　李峥、魏伟）

穆某某等人敲诈勒索案

——积极参与社会治理，贡献检察力量

【关键词】

自行补充侦查　全面取证　认罪认罚　释法说理　社会治理

【要旨】

本案发生在农村基层组织自治过程中，既有刑事犯罪，又涉及村委会的自立救济。检察机关在办理该案的过程中，通过实地走访自行补充侦查，引导侦查追诉漏罪漏犯，准确定性依法起诉，制发检察建议书等，有力地打击了犯罪，引领村委会不断探索村域基层社会的治理方式。

【基本案情】

北京市丰台区K村长期存在外来车辆到该村倾倒垃圾的问题，2016年K村全面启动拆迁工程，该问题更加突出。2015年5月18日该村村委会召开会议讨论通过了"要管理大车乱倒乱撒工作，该扣的扣"的规定。2017年7月3日村委会召开会议，被告人穆某某提出"乱倒垃圾现象严重，应有明文规定"，村长彭某某提出"研究方案、统一口径，倒一车要清十车"，也得到参会人员的一致认可。2017年2月至2017年8月初，K村综治办主任穆某某组织其下属的联防队和保安队，在K村内蹲守准备倒垃圾或者正在倒垃圾的车主，并对其采取扣车罚款的措施。由张某甲负责指挥联防队员查扣车辆并将车辆开到K村的联防大队院内停放，并负责保管钥匙。扣押车辆后，穆某某以倒一车要清十车的标准缴纳"垃圾清理费"为由，向被害人索要500元至7000元不等的现金，均不予开具票据。穆某某勒索到"罚款"后，打电话给张某甲通知其放车，张某甲将车钥匙交还被害人。综治办副主任张某乙在办公室坐班，有被害人来处理扣车问题时，张某乙联系穆某某确定金额，有时也直接收取"罚款"。根据目前查找到的多名被害人陈述，所倒垃圾多为马桶、床头柜、木架等易清理物品，只有一人倾倒的是渣土。案发后，在穆某某的办公

室起获涉案赃款人民币1万元，在综治办会计龙某某办公室内起获涉案赃款人民币1.35万元。

2019年3月1日，北京市公安局丰台分局以穆某某等3人涉嫌敲诈勒索罪移送审查起诉。2019年8月18日，北京市丰台区人民检察院以敲诈勒索罪、寻衅滋事罪对穆某某提起公诉，以寻衅滋事罪对张某甲提起公诉。2020年3月10日，北京市丰台区人民法院对穆某某、张某甲作出判决。穆某某犯寻衅滋事罪，被判处有期徒刑1年6个月，犯敲诈勒索罪，被判处有期徒刑1年6个月，并处罚金人民币2000元，决定执行有期徒刑2年9个月，并处罚金人民币2000元；张某甲犯寻衅滋事罪，被判处有期徒刑1年3个月。一审判决后，穆某某、张某甲上诉后又撤回上诉。

【工作开展情况】

一、认真梳理证据，准确把握定性，开展释法说理完成教育转化工作

一是为村委会准确定位，明确村委会的自治范围。根据我国《村委会组织法》的规定"村民委员会是村民自我管理、自我教育、自我服务的基层群众自治组织"，可以协助乡镇政府开展工作，有准政府职能，但不是一级政府机构，其下设的综治办、保安队、联防队可以协助政府维护社会治安，但不能越权执法。而我国《行政处罚法》对行政处罚的设定机关、设定范围、实施机关均作出明确、严格的规定。扣押、罚款等决定属于法律中对公民财产权严厉的制裁，村委会既无制定权，也无执行权。因此，村委会"倒一车清十车"的决定超过了自力救济的范围，穆某某"扣车罚款"行为也不是合法的职务行为，"职务侵占行为"的辩护意见没有法律依据。

二是认真梳理案件证据，用案件细节论证主观心态。检察官细致地审查了案件全部证据，发现村委会通过了"扣车"的决定，但在是否指使穆某某"罚款"上证据并不充分。但穆某某在执行村委会的决定时，严重地"变形走样"：不区分车辆是否已经实际倾倒了垃圾，不论车辆是否倾倒的是较易清理的大件旧物，对受害人绝口不提清理垃圾而是直接强迫其交纳十车的清理费。结合涉案赃款最终由穆某某个人支配的事实，证实穆某某主观上并不想清理垃圾，而是一种以貌似合法的形式掩盖其非法占有目的的敲诈勒索犯罪。

三是耐心细致地释法说理，有效地开展教育转化工作，促使被告人认罪认罚。案件移送审查起诉后，穆某某及其辩护律师始终坚持穆某某的行为是职务侵占行为，数额尚未达到追诉标准，不构成犯罪的观点。检察官多次以开示关键性证据、释法说理等方式开展教育转化工作，均未见成效。为推动该案的认罪认罚工作，检察官积极转变工作思路，以辩护律师为突破口，打开了穆某某

的心理防线。辩护律师提交书面辩护意见后，检察官与辩护律师当面交换了意见，从证据分析、事实认定、法律适用等多方面论述了穆某某构成敲诈勒索罪的理由与依据，取得了辩护律师的认同。为最大程度地帮助穆某某获得从轻处罚，辩护律师主动配合检察机关开展教育转化工作，在提起公诉前，穆某某签署了认罪认罚具结书。该案一审判决后，穆某某以"事实不清"提出上诉，检察机关因穆某某认罪认罚获得从轻判决后上诉，提出抗诉。辩护律师又积极开展工作，向穆某某阐明其上诉的法律后果，后穆某某撤回了上诉。

二、细致引导侦查，成功追诉漏罪漏犯

在审查起诉阶段，北京市人民检察院在对涉恶案件犯罪嫌疑人的前科情况进行复查时，发现穆某某与张某甲在2014年曾因寻衅滋事罪被作出存疑不起诉处理。检察机关积极对案件展开复查，发现该案仍有可补充侦查的空间。在案发已过五年，部分证据灭失，被害人变更了住所和联系方式的不利条件下，检察官通过有效地引导侦查，补充了新的证据。根据新补充的证据，足以证实穆某某、张某甲、郝某某纠集官某某等十余人，借故生非，闯入被害人家中殴打被害人，致一人轻伤、二人轻微伤的事实。于是检察机关对穆某某、张某甲追加了寻衅滋事的犯罪事实，同时追诉郝某某、官某某。最终上述四人均获法院有罪判决。

三、联合法院公开送达司法建议，探索解决社会问题，提升村委会的社会治理水平

在案件办理过程中，检察官实地走访了K村，向村内主要领导干部了解拆迁中外来人员倾倒垃圾的频次、规模和造成的污染。经过工作，检察官了解到K村长期存在外来人员倾倒垃圾的现象，在拆迁工作启动后，该问题更加严重，且该问题属于各村在拆迁过程中遇到的普遍性难题。K村村委会在该问题出现以来，除了提出"扣车""倒一车清十车"这样粗暴的办法外，既没有上报，也没有与其他政府职能部门沟通协调。

【指导意义】

案件已经办结，但检察工作远没有结束，案件之外还有更多的社会问题亟待解决，如外来人员在拆迁村内倾倒垃圾的难题、农村基层组织治理方式的问题等。检察机关正在探索联合人民法院向K村村委会发出联合建议书。针对K村村委会在此案中暴露出的法律意识淡薄、公共事务管理能力不足、财务管理制度不健全等问题，提出切实可行的司法建议，建立预防犯罪的长效机制，不断提升村委会治理能力和治理水平。

（撰稿人：北京市丰台区人民检察院　李忆南）

李某某、康某盗窃案

——充分发挥精准量刑激励作用，
促进认罪认罚从宽工作顺利开展

【关键词】

共同犯罪　量刑情节　拒不认罪　教育转化　认罪认罚

【要旨】

共同犯罪中，应当加强对犯罪嫌疑人的释法说理，指明犯罪嫌疑人因分工不同、情节不同刑期会有差异的法律规定，分析其所具有从轻、从重处罚的量刑情节，并且以其认罪认罚后的量刑建议和不认罪的情况下可能判处的刑期来进行对比，激励其认罪认罚。

【基本案情】

2019年6月14日晚，被告人李某某伙同被告人康某驾驶五菱牌面包车悬挂他人车牌，从河北省易县康某家中出发至北京市石景山区，伺机盗窃摩托车。当日23时26分许，被告人李某某于某小区窃得被害人刘某某的两轮摩托车一辆，并将该车停放于石景山区某厂门口路边处。后李某某于15日2时24分许，于某小区单元门前窃得被害人关某某的两轮摩托车一辆，李某某将该车骑行至北京朝阳医院门口处时，民警先后将二被告人抓获。被盗的两辆摩托车均被起获，经价格评估，被盗的两辆两轮摩托车一辆价值人民币9330元，另一辆价值人民币8910元。现两辆摩托车均已发还被害人。

2015年3月31日1时许，被告人李某某于北京市西城区广安门外大街某小区楼下路边，采用砸车窗的方式窃得被害人高某某停在该处的凯迪拉克轿车内钱包1个，内有现金人民币6000余元及银行卡、身份证等物品。被盗财物未起获。

2019年6月15日，被告人李某某、康某分别被北京市公安局石景山分局民警抓获，同日因涉嫌盗窃罪被北京市公安局石景山分局刑事拘留；同年7月19日经北京市石景山区人民检察院批准，于同日被北京市公安局石景山分局逮捕，同年9月18日以盗窃罪将该案移送审查起诉。该案于同年11月15日获得法院判决支持。

【工作开展情况】

本案自批捕阶段，被告人康某即不承认自己明知李某某来北京系实施盗窃，称自己只是为李某某开车，按照李某某的要求在等待李某某的过程中被民警抓获。而本案抓获二人是分别抓获，李某某被抓获时正在转移盗窃所得的摩托车。李某某到案后对于康某明知其盗窃摩托车、开车为其转移赃物的情况能够如实供述，并表示愿意认罪认罚。通过对康某进行提讯，检察官发现康某不愿认罪的主要原因在于，李某某系累犯，自己也有违法犯罪的前科，其担心认罪后刑期过长。为此，检察官再次提讯康某，对其进行认罪认罚说服教育工作，解释共同犯罪中因分工不同、情节不同刑期会有差异的法律规定，分析其具有从轻、从重处罚的量刑情节，并且以其认罪认罚后检察机关提出的量刑建议和不认罪的情况下可能判处的刑期来进行对比，充分开展释法说理。经过反复衡量，康某最终如实供述了自己的犯罪行为并签署了认罪认罚具结书，对检察机关提出的量刑建议表示认可。

在庭审过程中，康某对事前明知李某某准备盗窃摩托车的主观明知如实供述，当庭认罪认罚，庭审效果良好。二人对量刑建议均无异议。法庭当庭宣判，李某某因盗窃罪被判处有期徒刑1年4个月，并处罚金；康某系从犯，判处有期徒刑10个月，并处罚金。二人均表示服判。

【指导意义】

在共同犯罪案件中，对于有不能如实供述、不愿认罪认罚的犯罪嫌疑人，应当通过讯问，掌握其不愿认罪的原因，充分利用愿意认罪认罚的犯罪嫌疑人提供的证据、对其提出量刑建议的情况，来对不认罪的犯罪嫌疑人进行说服教育转化工作。在以审判为中心的庭审程序中，认罪认罚从宽制度可最大化地节约司法资源，同时又能取得良好的社会效果。

（撰稿人：北京市石景山区人民检察院 崔岚）

龙某某、罗某某盗窃案

——不枉不纵，大数据锁定流窜犯；
多方策略，促成自愿认罪认罚

【关键词】

大数据　不枉不纵　证据开示　教育转化　司法公平

【要旨】

本案为入室盗窃案件，系两名外地常年流窜各地行窃的"惯偷"所为，公安机关未在案发现场提取到任何直接证明两人到过现场的有用痕迹，两人均拒不认罪。检察机关坚持"打击犯罪与疑罪从无"中做到不枉不纵，坚持"惩治罪犯与教育预防"中做到司法公平温度，发挥认罪认罚从宽制度效能，运用专业技术完善证据链条，多方策略促成"零口供"惯犯认罪伏法。

【基本案情】

2019年6月27日15时30分左右，被告人龙某某利用技术开锁手段进入本市门头沟区被害人刘某某家中，窃走主卧室内双人床床头西侧储物柜内白金戒指、黄金项链、黄金耳钉等首饰（均未能作价）。所盗赃物销赃得款人民币2000余元，赃款已挥霍。

2019年7月26日14时50分左右，被告人龙某某利用技术开锁手段进入本市门头沟区被害人陈某某家中盗窃，被告人罗某某在外望风。被告人龙某某将被害人放在衣柜中的现金人民币1000元左右及放在床头柜抽屉内的金戒指一枚盗走（未能作价）。现金被二人挥霍，所盗金戒指龙某某销赃得款人民币600元。

2020年1月24日两名犯罪嫌疑人被北京市门头沟区人民检察院批准逮捕，同年4月23日，本案提起公诉，同年5月19日，北京市门头沟区人民法院判决龙某某犯盗窃罪，判处有期徒刑 1 年 6 个月，并处罚金人民币 7000 元；判决罗某某犯盗窃罪，判处有期徒刑 10 个月，并处罚金人民币 3000 元。

【工作开展情况】

一、完善证据链，大数据锁定嫌疑犯

本案涉案二人均系外地流窜至北京作案，且有一定的入室盗窃经验和相当的反侦察意识，公安机关在其所出具的串并案说明中说明，案发时间前后被害人家中或所居住小区监控录像中龙某某脸部图像与证件照片比对率为93.54%，因此认定作案人为龙某某。但经过审查，检察机关发现该比对仅具有高度盖然性，即系大概率事件，但卷宗中显示还有多名其他人员此比对率高于龙某某。鉴于本案除监控录像并无类似于犯罪嫌疑人留于作案现场痕迹等其他直接证据，且龙某某、罗某某均拒不认罪，故检察机关要求公安机关补充了专业的人物图像一致性比对的司法鉴定意见书，认定了两名犯罪嫌疑人曾在案发时间前后出现在被害人家中或所居住小区，完善了证据链条，锁定了犯罪嫌疑人。

二、严把证据关，证据不够不凑不枉

检察官在办理此案中，发现公安机关认定的三次盗窃事实中其中一起证据不足，该起事实虽然与第一起事实发生在同一小区同一单元，但现场未提取到犯罪嫌疑人任何痕迹，被害人报称丢失现金，现金系无明显特征的财物，虽然被害人描述了现金的来源，但检察机关引导公安机关进一步核实后发现，被害人所称现金金额及来源前后矛盾，有多处出入。经过多次引导侦查取证，至起诉前公安机关仍未补充充分的证据，故检察机关未"带病"起诉该起事实，得到法院的肯定。

三、阶段性转化，促犯罪嫌疑人认罪伏法

在报请批捕阶段，两名犯罪嫌疑人均不认罪，检察机关运用"证据开示＋教育转化＋量刑协商"的多方位策略，促使主犯龙某某在审查批捕阶段认罪并指认同案犯罗某某。在公安机关移送审查起诉时，罗某某仍存在侥幸心理，拒不认罪，检察机关综合运用认罪认罚策略，促使两名犯罪嫌疑人均在审查起诉期间认罪认罚并签署具结书，检察机关提出确定刑量刑建议，最终得到法院认可，两人均未上诉。

【指导意义】

"零口供"案件要注重实质审查，坚持审查引导侦查。在遇到关键证据缺失的情况下，充分发挥专业技术优势，及时、规范、有效获取定案关键证据，为完善证据链条、查明案件事实发挥实质作用。以客观证据突破"零口供"案件,全链条打击犯罪。

(撰稿人:北京市门头沟区人民检察院 贺志如、项萌)

常某某妨害传染病防治案

——注重捕诉一体个性转化，多方协作促进认罪认罚

【关键词】

简易程序　审前主导　个性转化　捕诉一体　多方协作　认罪认罚　类案指引

【要旨】

实践中制约认罪认罚工作顺利开展的因素诸多，要抓住重点问题、关键环节。检察官要树立工作前移意识，坚持捕诉连贯、一体衔接，持续推进认罪认罚工作；及时固定证据，夯实认罪认罚工作基础；结合具体案件制定个性化教育转化方案，注重多方沟通形成合力，切实促进犯罪嫌疑人认罪认罚。本案是新冠肺炎疫情暴发以来北京市检察机关办理的首例妨害传染病防治案，案件办理时正处于疫情防控和复工复产的特殊时期，案件的及时、准确办理，认罪认罚工作的有效开展，对于强化疫情防控效果、维护社会稳定、有力震慑犯罪发挥了检察机关的应有作用。

【基本案情】

常某某系山西省太原市人，长期在湖北省武汉市居住。2020年1月23日凌晨，在武汉市即将实施新冠肺炎疫情管控措施前，常某某驾车带妻儿赶赴湖南省长沙市，后乘飞机抵达北京与其母、兄共同居住。在北京居住期间，常某某未报告武汉市居住史，未执行居家隔离措施，并多次出入超市、药店等公共场所。在其母亲出现咳嗽、低烧等症状后，常某某便安排妻儿另行租房居住。常某某之母于2020年2月16日被确诊为新冠肺炎患者，卫生健康部门在对其母进行流行病学调查的过程中，发现常某某有武汉居住史，后被隔离。常某某于2020年2月18日被确诊为无症状感染者（经卫生健康部门确认属于病原携带者），与其密切接触的28人被隔离观察。

【工作开展情况】

一、发挥主导作用，突出实质审查，夯实认罪认罚证据基础

一是及时介入引导侦查。本案发生后，在网络上引起热议、发酵，检察官保持政治敏锐性，主动作为、快速反应，第一时间介入引导侦查，就案件的流程进度、发展走向、基本案情等情况与公安机关进行沟通交流，做到对案件底数明、情况清、方向准。

二是有效固定关键证据。因妨害传染病防治罪之前在实践中适用较少，无类似案例可供参考，检察官认真研读了"两高两部"《关于依法惩治妨害新型冠状病毒感染肺炎疫情防控违法犯罪的意见》，反复学习最高检、最高法典型案例，围绕犯罪构成及时向侦查机关提出精准锁定行动轨迹、调取居住地区防控要求、严密查实因果关系、权威解读无症状感染者概念的取证思路，并明确具体取证范围、方式等，突出审查引导侦查实质性、捕诉一体连贯性，引导侦查机关及时固定关键证据，确保案件在移送审查起诉时即达到起诉标准，促使犯罪嫌疑人常某某在确凿的事实和证据面前自愿认罪、真诚悔罪。

二、找准问题症结，坚持捕诉一体，疏通认罪认罚心理堵点

一是捕诉一体持续推进。检察官在接触犯罪嫌疑人常某某前做好充分功课，使讯问有的放矢。在第一次讯问时便注意观察其言谈举止，其情绪低落，有意回避问题，呈现出认罪有顾虑、态度不稳定状态，检察官综合前期审查的其家庭情况、社会履历等，换位思考，与其交流，尝试开展认罪认罚。讯问后，检察官综合全案情况，找出了认罪认罚工作的症结所在，在批捕阶段就形成用证据说话、用共情转化、用法律教育的转化方案，并在批捕、起诉阶段一以贯之，取得了预期效果。

二是实现共情突破防线。案发时，犯罪嫌疑人常某某有一子，妻子二胎怀孕，渴望回归家庭既是其反复辩解的动机，也是打开其心门的钥匙。虽然疫情期间提讯难度加大，提讯对象又是无症状感染者，但检察官迎难而上，在与常某某的交谈中，不是居高临下坐堂问供，而是平静平和耐心倾听，最终使常某某放弃抵抗，敞开心扉，积极配合工作。

三是释明危害固化成果。犯罪嫌疑人常某某初期总觉得自己是为了妻子、孩子才从武汉回京，外出活动也是为了家庭生活，其行为是不得已、应该被理解。关注到这一点，检察官从其行为引起的种种后果入手，为其分析小家与大家、个人与国家的价值取舍，切实使常某某认识到自己的行为对他人的影响、对社会的危害，使其真诚悔罪。

三、形成多方合力，精准释法说理，发挥认罪认罚制度优势

认罪认罚工作不是各管一段，齐抓共管才能使制度优势充分发挥。针对犯罪嫌疑人常某某对适用罪名、认罪认罚从宽制度不清楚、不理解的情况，一方面，检察官耐心细致地为其讲解，释惑答疑，把法律规定、认罪认罚政策讲明白、讲透彻，增强常某某对检察工作的认同，树立检察权威。另一方面，注重形成公安、检察、律师的多方合力，重点加强与辩护律师的沟通，主动联系辩护律师，为其阅卷提供便利，主动跟进听取意见，就重点、关注问题与辩护律师进行充分沟通，主动就认罪认罚工作与辩护律师协商，就工作方式、节奏等达成共识，及时、有效的检律合作切实促进了认罪认罚工作开展。

四、主动宣传发声，固化个案经验，助力首都疫情防控大局

一是及时回应社会关切。高度重视舆情动态，及时发布案件批捕等重要节点信息，微信稿件被人民日报、新华社、最高检、北京日报等多家权威媒体转载，办案的引导力、影响力、公信力显著增强，同时以案示警，有力地震慑了犯罪，实现了办案政治效果、社会效果、法律效果的"三效合一"。

二是切实助力类案办理。作为北京市首例妨害传染病防治案，及时总结个案经验，对于有力打击同类犯罪、推动首都疫情防控有着重要意义。检察官结合办理该案的经验、感受，撰写了《妨害传染病防治罪证据指引》，报送至市检察院研究室，为类案统一执法标准、提升办案质效贡献力量。

【指导意义】

一、找准症结、个性转化，打通认罪认罚最后一公里

犯罪嫌疑人不认罪、不认罚的表象下隐含着各种不同的影响因素，检察官要透过现象看本质，找准问题症结，研究不同问题的解决方案，采取个性化方式实现教育转化，对强词狡辩的可以尝试证据开示，用证据促其认罪伏法；对心有顾虑的可以换位思考消除其心理障碍；对态度摇摆不明的可以严肃阐明认罪认罚与否的差异等，使认罪认罚工作有温度、有深度、有力度。

二、多方沟通、形成合力，促进认罪认罚从宽制度落地生根

认罪认罚工作需要多方协作，检察官单打独斗往往效果会打折扣，形成合力往往会事半功倍。检察官要注重与律师、侦查人员、审判人员等的交流沟通，紧紧围绕重点、关键问题突破，避免眉毛胡子一把抓，要耐心听取意见建议，尽力消除认识分歧，着力形成认罪认罚工作合力，同时在认罪认罚工作中提升检察公信力。

三、捕诉一体、循序渐进，推动认罪认罚持续发力

捕诉一体工作机制使得一个案件的批捕、起诉由一名检察官办理，这为认罪认罚工作的开展提供了有利契机。检察官要树立工作前移意识，树立批捕、起诉连贯性思维，从批捕阶段讯问犯罪嫌疑人起就开展认罪认罚工作，通过第一次"亲密接触"及时分析掌握犯罪嫌疑人思想动态、认罪认罚工作重点，突出捕诉连贯、一体衔接，在办案全过程中持续推进认罪认罚工作。

（撰稿人：北京市房山区人民检察院　陈丽英、孙子晶）

石某某故意伤害案

——发挥捕诉一体办案模式优势，开展好引导侦查和教育转化工作

【关键词】

捕诉一体　审查引导侦查　认罪认罚　刑事和解

【要旨】

检察机关充分利用好捕诉一体办案模式，积极引导侦查机关调查取证，在证据不充分的情况下稳步推进引导侦查取证工作，形成检侦合力，最终形成完整的证据锁链证明指控的犯罪事实清楚，并引导侦查机关追诉遗漏犯罪嫌疑人，使案件得以全面侦破。同时，在办案过程中注重依法推进认罪认罚从宽制度适用，加强教育转化工作和刑事和解的促成，减少不必要的诉讼环节，贯彻落实恢复性司法理念，提升人民群众满意度。

【基本案情】

2019年2月12日22时30分许，被告人石某某驾驶汽车载运被害人王某某和潘某某过程中，被告人石某某与潘某某因行车问题产生纠纷（王、潘二人均醉酒，对引发纠纷的矛盾有过错）。后被告人石某某纠集被告人苏某甲（另案处理，石某某的姐夫）、苏某乙（另案处理，苏某甲的哥哥）赶至北京市房山区某宾馆南侧辅路，三人与被害人王某某、潘某某互殴，造成王某某右侧眼眶内壁及下壁骨折、上颌窦内积液等。经北京市房山区公安司法鉴定中心鉴定，王某某身体损伤程度属于轻伤一级。案发后，双方已达成刑事和解。

2019年9月12日，北京市房山区人民检察院以石某某犯故意伤害罪向北京市房山区人民法院提起公诉，综合考察石某某的认罪态度、刑事和解情节、犯罪危害后果、被害人过错等原因，建议从宽处罚石某某，并建议适用速裁程序审理本案。2019年9月24日，经北京市房山区人民法院适用认罪认罚从宽

简易程序对本案开庭审理，判处被告人石某某有期徒刑1年，缓刑1年。后同案被告人苏某甲、苏某乙分别被判有期徒刑8个月缓刑1年和有期徒刑10个月缓刑1年。

【工作开展情况】

一、果断批准逮捕，积极引导侦查，体现检察担当

一是充分发挥出审查逮捕和审查起诉不同职能作用，对案件得以侦破起到关键作用。石某某案提请批准逮捕阶段，在案证据仅有被害人陈述、伤情鉴定意见、现场勘验笔录、被害人使用滴滴网约车的记录等，因被害人及证人均是高度醉酒，案发时间为冬季深夜，被害人对现场参与打架事件人员的描述十分模糊，甚至有的方面还存在误导侦查的情况，如被害人称现场有一名四五十岁的女性，后经查证，现场的女子为被告人石某某的姐姐，是一名三十多岁的女子，该陈述在侦查初期误导了侦查人员对石某某社会关系的排查。另外案发现场因为有积雪，且在马路边，属于比较开阔的地方，除了被告人血迹，没有发现任何有价值的痕迹物证；石某某驾驶的机动车案发后已经出售、手机号码变更、滴滴公司案发时间的录音已经被覆盖等因素导致本案并没有太多有价值的客观证据，加上被告人不认罪，本案是一个典型的有案发事实但暂时无法证明是谁所为的事实不清、证据不足的案件。检察官经审查证据、提讯石某某、向侦查人员了解办案经过，认为石某某有作案时间、作案动机、作案条件，且其称遭遇抢劫后呼救，乘车人员被路人殴打时自己逃离现场的辩解不具有合理性，检察官内心确信犯罪行为系其所为，并且另有两名嫌疑人在逃。

基于上述情况，应当采取何种强制措施成为首先需要面对的问题。若不批准逮捕，串供、毁证的可能性极高，本案的侦破将没有希望，对被害人而言是不公平的，也起不到刑法惩罚犯罪、预防犯罪的作用；若批准逮捕，本案的证据缺失严重，后续诉讼对于检察机关而言有较大的诉讼风险，捕后不诉的概率极大。检察官认为，对犯罪嫌疑人是否应采取强制措施、应采取何种强制措施，应从以下几个方面进行考量：其一，是否足以防止犯罪嫌疑人、被告人逃避侦查、起诉和审判；其二，是否足以防止可能妨害诉讼、阻碍查明案情的情形发生；其三，是否足以防止犯罪嫌疑人、被告人继续实施犯罪活动；其四，是否足以震慑犯罪分子。在这个诉讼价值和目标的追求下，司法者必然要承担一定的诉讼风险。就本案而言，犯罪嫌疑人家属虽然已经赔偿被害人经济损失，但是石某某拒不认罪，其他犯罪嫌疑人尚未到案，相关线索和证据还在调取过程中，从司法实务上分析，如果对石某某不采取强制措施或者对其取保候审，本案的侦破可能性将大大降低甚至成为不可能，尽管本案已经不存在被害

人方面的涉检信访风险，但是将导致犯罪人得不到相应的惩罚和教育，这将会是一个"坏账"案件，检察机关案子结了，但事情并没有了结。综上，检察官决定先对石某某批准逮捕。

二是审查引导侦查，逐步完善证据链条。其一，多沟通、常交流，互给信心、彼此"施压"。检察官在决定对本案批准逮捕后，主动联系了本案的法制员和侦查人员，详细沟通了后续侦查的思路和需要具体开展的工作，彼此通过各自的司法职能给对方信心；在两个月侦查期限内，检察官每周给侦查人员、法制员打电话了解情况，适时调整引导方案，对新调取的证据及时查阅，掌握侦查活动的进度和效果，检侦办案人员互相理解信任，也共同承担压力。其二，引导措施具体，方向明确。检察官经审查发现本案系偶发因素导致的犯罪行为，但是被告人却在十几分钟之内锁定了作案地点，纠集了二男一女到现场，因滴滴公司不能提供录音，所以其纠集过程只能靠现有证据予以推定，因此检察官要求侦查人员对其全部的通讯记录进行逐一调取，并重点审查案发时间段的通话、短信、微信、视频、语音等记录；并对石某某的社会关系进行排查，以案发地为中心查找与石某某及其家庭有关的社会人员信息；同时加大对石某某的审讯工作，以期通过其口供得到更为直接的案件信息和证据线索。在侦查期间，侦查人员按照公安、检察机关沟通的方向，调取了石某某使用过的两个手机号码通讯详单，并通过其家庭成员在本区居住地分布的情况，锁定其姐姐及其家人有重大作案嫌疑。其三，适时出击，同案犯落网，关键证人到案。经过近两个月的工作，本案的证据有了较大突破，但是尚未形成确实、充分的证据体系，因距离案发时间较长，很多客观证据和被害人陈述无法调取或者有价值信息不足，经过与侦查人员共同研判案件，检察官决定对石某某的姐姐及其丈夫苏某甲进行传唤，获得了石某某姐姐的证言，案件有了很大转机，经过外围宣传，苏某乙主动投案，至此，本案的证据锁链初见雏形。

二、耐心教育，转化犯罪嫌疑人态度，实现认罪认罚

检察官在审查批捕阶段提讯石某某发现其并非是一个主观恶性大、无故生非的年轻人，石某某的表现体现出其内心的纠结和对司法机关的畏惧和侥幸心理，加之还有其他同案犯，其有很大的精神压力和顾虑。对此，检察官从批捕阶段就开始从多个角度对其开展教育转化工作，希望能够实现本案的认罪认罚。

一是利用好提讯时机，了解情况，摸查犯罪嫌疑人基本信息和状态。提讯中，检察官与其对话时故意放慢语速避免其过度紧张，询问其成长经历和近年来的就业情况，了解其社会交往和性格特征，发现该人社会经历简单、性格内向不善言谈、新婚不久、与父母同住，对家庭依赖感强，但是谈论本案时闪烁

其词，欲言又止，心理包袱沉重。检察官在审查逮捕阶段仅对其介绍了认罪认罚从宽制度的相关规定，鼓励其能够如实供述得到轻缓处罚，早日回归社会，鉴于其表现出的巨大压力，检察官控制对其讯问时长，建议他回到监室后冷静思考，随时通过看守所监管民警联系侦查人员或者检察人员。

二是发挥好辩护人的诉讼作用，共同促进刑事和解和认罪认罚。石某某的家属在侦查阶段为其委托了辩护律师，检察官和辩护人进行了电话沟通，并建议辩护人能够在法律框架内积极履行职责，促成双方和解和犯罪嫌疑人认罪。考虑到其他在逃人员可能是石某某亲属，检察官也建议辩护人能够对其近亲属做好释法说理的工作，敦促在逃人员主动投案，有利于石某某案快速审结、从宽处理。

三是协同侦查人员在提讯中加强认罪认罚从宽制度的宣讲，鼓励犯罪嫌疑人尽早认罪。随着侦查工作的进展，本案的证据逐渐丰富，考虑到犯罪嫌疑人、被告人供述仍是本案的重要证据之一，检察官结合自己提讯时的感受和认知，引导侦查人员在讯问中反复宣讲认罪认罚从宽的法律规定，鼓励石某某放下心理包袱，尽快认罪认罚，争取从宽处理，经过侦查人员多次提讯，其终于承认自己纠集他人殴打被害人的基本事实，详细陈述了案发原因，但是对于另外两名同案犯的具体行为和作用仍避重就轻，不肯详细陈述。

四是趁热打铁、紧密衔接，审查起诉阶段继续深入开展教育转化工作。前期侦查取得了质的飞跃，但是检察官仍不想放弃对本案适用认罪认罚从宽程序，遂于审查起诉阶段继续耐心释法。其一，在辩护人阅卷前检察官及时提讯，并在法律允许的范围内适当开示证据，包括对其指控犯罪的有利证据和被害人对其谅解的从宽处罚证据，让其认清现实、放弃侥幸心理。其二，提讯时融法于情，继续讲解认罪认罚从宽制度等相关法律规定和刑事政策，并具体介绍了他可能面临的处罚结果，让他更加清楚该制度的适用情况，以方便其作出权衡和判断。其三，晓之以情、动之以理。经过交谈，检察官了解到其之所以不肯主动交代同案犯的情况，是自己内心十分愧疚，认为犯罪因他而起，却连累了自己的姐夫和姐夫的哥哥，唯恐对他们的家庭，尤其是孩子造成伤害，检察官告知他任何人都将为自己的犯罪行为负责，这是不可回避的现实，而当错误发生后，尽力去将错误造成的后果缩小和修复才是正确的做法，逃避和抗拒只能让被伤害的人增多。最终，石某某作出完整有罪供述，认罪悔罪，并表示自己不会翻供，也清醒地认识到自己的错误，以后会冷静处理问题。获取到了石某某的认罪笔录后，检察官也没有放松对证据标准的要求，仍继续核实其他客观证据，坚持认罪认罚从宽制度办理的案件，不能降低犯罪的证明标准，而是在坚持法定证明标准的基础之上，力图更为科学地构建从宽评价机制，在程序上作出相应的简化，最终实现公正和效率的统一。

五是及时对犯罪嫌疑人的强制措施进行审查和变更，让犯罪嫌疑人信任检察机关，并帮助其尽快回归社会。审查起诉阶段，石某某认罪悔罪并自愿签署具结书，经羁押必要性审查，检察机关对其变更强制措施为取保候审，并对其进行了社会调查，在提请公诉时建议对其判处有期徒刑缓刑。这一做法，一方面是对轻伤害刑事案件被告人认罪认罚的鼓励，另一方面也为本案中另一名不认罪的犯罪嫌疑人作出示范，经教育，同案被告人苏某甲在审查起诉阶段也转变态度，供认犯罪行为，使得本案在法庭审理时全部适用认罪认罚程序，取得了良好的法律效果和社会效果。

【指导意义】

在捕诉一体办案模式下，检察机关办案人员要利用好不同诉讼阶段的职能，积极发挥主导作用，主动引导侦查机关调查取证，传导证据标准，完善证据锁链；对于拒不认罪但有可能被教育转化的犯罪嫌疑人、被告人，检察机关办案人员要合理安排办案节奏，耐心细致开展工作，利用好诉前程序同辩护人、侦查人员协作开展教育转化工作，主动作为，鼓励犯罪嫌疑人、被告人真诚悔罪，促成认罪认罚从宽制度适用，实现恢复性司法理念落地见效。

（撰稿人：北京市房山区人民检察院　隗立娜）

李某甲故意伤害案

——充分听取犯罪嫌疑人意见，发挥主导作用促转化，提升轻罪案件认罪认罚从宽制度适用率

【关键词】

被害人过错　共同犯罪　主导作用　教育转化

【要旨】

检察机关要将认罪认罚从宽制度是保障被追诉人的权利作为基点，找准提出认罪认罚从宽制度适用的最佳时机，充分听取犯罪嫌疑人的意见，针对其提出的被害人存在过错、司法不公等问题要进行核实补证，积极发挥主导作用，将基础性工作做牢、做实，让犯罪嫌疑人真切感受到司法的公平正义，体会到认罪认罚带来的"实惠"，让认罪认罚从宽制度的适用"水到渠成"。

【基本案情】

被告人李某甲与李某乙（殁年33岁）系堂兄弟关系，被害人周某甲与周某乙系兄弟关系。2019年4月2日7时许，在本市房山区某幼儿园附近，被告人李某甲与被害人周某甲因行车问题发生口角，被害人周某甲先动手引发二人互殴，后李某乙与被害人周某乙到达现场，四人发生互殴，其间被害人周某甲持械参与互殴，被告人李某甲与李某乙对被害人周某甲、周某乙拳打脚踢致使被害人周某甲双侧肋骨骨折、周某乙双侧肋骨骨折，被告人李某甲头外伤、皮肤擦伤。经鉴定，被害人周某甲、周某乙二人身体所受损伤程度均为轻伤一级。被告人李某甲身体所受损伤程度为轻微伤。

被告人李某甲主动报警，到案后如实供述自己的罪行，分别对周某甲、周某乙进行赔偿，双方达成和解协议。

【工作开展情况】

一、细致审查事实证据，确定工作方向及重点

公安机关以李某甲涉嫌故意伤害罪移送检察机关审查起诉，属于"取保直诉"案件，受理案件后检察官仔细审查全案证据，认为现有证据能够认定李某甲构成故意伤害罪，并且李某甲在刑事拘留期间，其家属已经代为向被害人周某甲、周某乙进行了赔偿。本案对于认罪认罚从宽制度的适用有很好的基础、很大的适用空间，从而确定接下来的工作方向就是积极对犯罪嫌疑人进行教育转化，促成认罪认罚从宽制度的适用。

二、充分听取犯罪嫌疑人意见，找准症结所在

审查起诉阶段应依法对犯罪嫌疑人进行讯问，从犯罪嫌疑人在侦查阶段供述与辩解的内容来看，虽然对被害人进行了赔偿，但言词中流露出对整个事件的不满，对被害人的指责，透过案卷检察官感受到了犯罪嫌疑人的怨气与委屈，对案件处理颇有微词。故检察官认为首先要做的是依法对犯罪嫌疑人进行讯问，其次核实案件详情与细节，充分听取犯罪嫌疑人对案件处理的意见。整个讯问历时两个小时，检察官给了犯罪嫌疑人充足的时间进行阐述，认真记录提出的问题与意见，讯问过程中检察官并未急于提出案件适用认罪认罚的意见，而是告知犯罪嫌疑人已经充分听取提出的意见及问题并详细记录，相关情况需要进一步核实，待检察官进一步核实后再与其沟通。

讯问一结束检察官就对犯罪嫌疑人提出的意见进行归纳和总结，犯罪嫌疑人认为：一是案件起因系被害人无事生非；二是被害人先动手，互殴过程中持械；三是伤情鉴定有问题，自己出手没那么重；四是自己非本地人，两被害人均为本地人，存在处理不公。通过梳理，找准了症结所在。

三、积极发挥主导责任，一一打通关节

认罪认罚从宽制度的法律属性本质上是赋予被追诉人的权利，要在实质上保证被追诉人选择适用的自愿性，不能为了适用而适用，检察机关要积极发挥主导责任，从保障被追诉人权利的角度出发，将基础性工作做实做牢，让被追诉人在检察机关认定的事实、适用的法律面前心悦诚服，真切地感受到适用认罪认罚从宽制度所能带来的"实惠"。

通过对本案犯罪嫌疑人李某甲提出相关意见的梳理，主要涉及被害人具有过错问题以及共同犯罪问题，被害人具有过错是对犯罪嫌疑人酌定从轻的情节，共同犯罪涉及李某乙的责任认定问题，解决以上问题有利于准确认定案件事实，查明量刑情节，打消犯罪嫌疑人司法不公的顾虑。

核实被害人过错问题，关键词是"无事生非""先动手""持械"。对于

被害人一方先动手以及持械情节，在案证据中犯罪嫌疑人供述、两被害人陈述、证人证言能够相互印证，故检察官在听取被害人意见的过程中核实了其在侦查机关陈述的真实性、自愿性，针对关键性细节再次询问。对于案发起因系被害人无事生非，犯罪嫌疑人停放车辆的位置并不妨碍被害人铲车的通行，被害人无故对犯罪嫌疑人进行辱骂、殴打问题。检察官将侦查机关移送的案发时民警出现场执法记录仪录像进行仔细观看和研究，发现在犯罪嫌疑人汽车停放的情况下，民警指挥被害人开走铲车时，当时路面情况是铲车能够顺利通行，且铲车左侧还有对向社会车辆通过。故检察官要求侦查机关补充现场勘验笔录，在现场勘验图中标记犯罪嫌疑人汽车停放位置、被害人铲车停放位置、双方车辆在路面具体的相对位置、相距的距离以及车辆两侧的距离。

针对本案共同犯罪中李某乙的责任认定问题，在案证据仅李某甲的供述中提到李某乙在案发后因意外死亡，故检察官要求侦查机关补充移送涉案人员李某乙的情况，包括死亡证明书，核实其死亡的时间、原因等情况，补充移送案发后侦查机关是否对李某乙立案、采取强制措施以及目前对李某乙的处理情况。

四、耐心释法说理，促成教育转化

在进一步调查核实、补充完毕相关证据的情况下，检察官再次传唤犯罪嫌疑人，对其提出的问题进行答复，告知其经过补证核实，案件确系因被害人一方而起，被害人存在先动手、持械等情节，这些情节都会在检察机关起诉书的事实认定中予以体现，量刑上也会对其从轻处罚。针对犯罪嫌疑人提出的自己出手没那么重、鉴定的伤情过重的问题，检察官耐心向其解释，伤情鉴定是具有法定资质的鉴定机构依法定程序作出，鉴定意见从形式和实体上均无问题，案件本系李某甲与其堂哥李某乙共同犯罪，即便犯罪嫌疑人真的出手不重，但根据共同犯罪原理——"部分行为全部责任"，对于双方造成的危害结果依法应承担刑事责任，因李某乙在侦查机关立案前意外身亡，故司法机关不再追究其刑事责任，但对于犯罪嫌疑人完全承担了二名被害人赔偿责任，检察机关也会在量刑中予以考量适当从宽。

检察官的释法说理于法有据、于情有理、于民有益，打消了犯罪嫌疑人认为存在司法不公的想法，犯罪嫌疑人自愿认罪认罚，最终在值班律师的见证下签署了认罪认罚具结书。检察机关指控的事实、罪名以及提出的量刑建议获得法院判决支持。

【指导意义】

本案的办理具有两点指导意义：一是积极发挥检察机关引导侦查取证职

能,尊重当事人诉讼主体地位,让当事人充分、能动地参与刑事诉讼,注重修复社会关系,化解社会矛盾。二是充分发挥检察机关在认罪认罚中的主导作用,不断提升认罪认罚从宽制度的适用率。

(撰稿人:北京市房山区人民检察院　吕雅迪、董莹)

刘某危险驾驶案

——做到审查、追诉、监督三效统一

【关键词】

自行补充侦查　侦查监督　补充移送起诉　认罪认罚

【要旨】

从细枝末节中求解，见微知著，检察官短短5天内开展自行补充侦查工作，向2名证人取证，调取各类书证5份、调取现场监控及执法记录仪录像4份，结合补侦情况综合把握办案节奏，变更审查程序，综合考虑二人的主观恶性和行为违法性进行裁量，最终侦查机关移送审查起诉的犯罪嫌疑人被不起诉，追诉的犯罪嫌疑人获有罪判决，针对侦查机关取证违法发出检察建议取得实效，在一件小案件中解剖麻雀，深入调查，最终实现了审查、追诉、监督三项职责的统一。

【基本案情】

2019年4月17日23时许，王某在未取得机动车驾驶证并饮酒的情况下驾驶自己所有的大众牌小型轿车（含内乘人员刘某）沿北京市朝阳北路行驶至邓家窑桥附近时，为逃避前方民警检查，在明知刘某（另案处理）饮酒的情况下，将自己驾驶的车辆交予坐在副驾驶座位的刘某，并指使刘某换到驾驶座位驾驶车辆至民警检查地点，后刘某被民警当场查获。

侦查机关以刘某涉嫌危险驾驶罪于2019年4月26日向检察机关移送审查起诉，检察机关于2019年5月17日对刘某作出相对不起诉决定。

检察机关于2019年5月7日向侦查机关发出对王某补充移送起诉通知书，侦查机关于2019年5月11日对王某采取刑事拘留强制措施，并于2019年5月15日向检察机关移送审查起诉。2019年5月17日，检察机关以王某犯危险驾驶罪向法院提起公诉，2019年8月16日，法院以王某犯危险驾驶罪，判处拘役2个月，罚金2000元。

【工作开展情况】

一、细致审查见疑点

侦查机关以刘某涉嫌危险驾驶罪向本院移送审查起诉。检察机关受理后，认真审查了案件材料，刘某酒后驾驶机动车被民警查处，经血液酒精检测已构成危险驾驶罪，证据确实充分。但刘某的供述与一名叫王某的证人所做证言中提到的一个情况引起了检察官的注意，二人均提及，案发当晚两人共同饮酒，后王某先驾车行驶，在发现前方道路拥堵车辆行驶缓慢后，王某意识到前方可能有设卡拦截查处酒后驾车的民警，遂让刘某换到驾驶位置继续驾车，自己坐到车辆后排，刘某驾车行驶几百米后被民警查获。根据王某的证言，其确实提到让刘某驾驶车辆的言语。检察官认为王某的行为可能存在教唆他人犯罪的情况。

所谓危险驾驶的共同犯罪，并没有司法解释的规定，而是基于《刑法》第29条中关于共同犯罪的规定进行理解和适用，我国的司法判例中，主要包括三种情形：一是明知驾驶员必须驾车出行而劝酒或胁迫刺激其饮酒，且不为其找代驾；二是明知驾驶员饮酒，教唆、胁迫或命令其驾驶机动车；三是车辆所有人明知借车人已经醉酒且要求驾驶机动车时，仍将车辆借给其使用。本区尚无一例危险驾驶共同犯罪的判例，查阅全国同类判例后，检察官坚定了自己的判断：本案中王某作为车辆所有人，在明知刘某饮酒的情况下在遇到检查时将自己驾驶的车辆交予坐在副驾驶座位的刘某，让刘某换到驾驶座位驾驶车辆，其行为应当认定为唆使他人产生醉驾犯意并实施醉驾行为的教唆犯，亦要受到刑事处罚。

二、自行补证露端倪

检察官阅卷后发现在案证据情况不够扎实，侦查机关仅重点调取了刘某的有罪证据，对于王某的行为，仅有言词证据予以证明，若要追究王某的刑事责任，必须充分考虑后期王某若全部否认，仅有刘某一人的言词证据，不足以认定王某的行为，必须进行补充侦查，寻找证人、监控录像、书证等直接或客观证据去印证刘某供述的真实性。考虑到速裁程序案件办案期限仅10天，为了保证侦查效果和效率，检察机关开展了自行补充侦查。

本案事实中的二人共同饮酒、王某酒后驾车、王某唆使刘某换到驾驶座位这三个关键环节是补充证据的关键。

检察官首先到事发当晚二人共同饮酒吃饭的饭店进行取证，时隔近一个月，店内的监控已经被覆盖，订餐系统又刚好在事发后几天进行更新置换，电脑里也没有点餐记录了，检察官辗转通过114找到了原来订餐系统的研发公司及系统后台的登录方式,又向饭店老板调取了登录密码,最终找到当晚点餐记录,显示二人果然在事发当晚点了一瓶一斤装的牛栏山二锅头。检察官又调取了老板提供的微信付款记录及刘某女朋友当晚与刘某的微信聊天记录,以上证据均能够印证二人共同饮酒的情况。

为查找王某前期驾车的证据,检察官与侦查机关办案人员自饭店门口沿着二人当晚行车路线逐一寻找监控设备,村委会、雪亮工程、咖啡馆的监控录像逐一摸排,不放过任何一个可能查找到线索的细节,最终找到了一个不足2秒钟的镜头,能够看到王某的车辆一闪而过的镜头,最重要的是镜头中能够隐约看到驾驶人穿着浅色衣服,而事发当晚,被查获的刘某穿的是黑色衣服,获得了证明王某开车的直接证据。

为查找王某唆使刘某换到驾驶位的证据,检察官辗转找到了刘某的女朋友,在刘某女朋友的微信聊天记录里找到了刘某向其汇报出门、与王某喝酒、二人一共喝了一整瓶白酒、喝完王某开车送自己回家,直到最后一条说自己被王某坑了。根据女朋友的线索,检察官又调取了刘某本人的聊天记录,发现刘某被民警抓获后还在与王某微信联系。微信聊天记录的发现再一次印证了刘某所述事实的真实性。

三、依法不诉有章法

通过大量取证工作,王某的有罪证据已达到确实、充分的标准,检察官综合把握全案办案节奏,并未一味图快,及时将刘某危险驾驶案变更为普通程序办理,向侦查机关果断发出对王某的《补充移送起诉通知书》。在王某被依法刑事拘留后,也是刘某被羁押一个月时,检察官对到案后始终认罪认罚、犯罪情节较轻微的刘某作出不起诉决定,对追诉的王某依法提起公诉。

四、侦查监督有力度

案件审查中,检察官发现对于王某饮酒后驾车的情节,刘某在被抓获后曾经向某支队民警反映过情况,但民警并未引起重视,执法记录仪中能够看到王某当时下车后并未立即离开现场,但民警没有向其调查取证进行酒精检测,导致案件的关键性证据灭失,第二天再取证时已经无法检测到王某的酒精指标,无法直接以饮酒后驾车追究其责任。检察机关最终针对侦查机关在执法过程中暴露出来的证据意识不强等问题,对某支队发出了书面检察建议。

【指导意义】

认罪认罚从宽制度落实中出现的难点堵点需要检察机关深挖细查,对症下药,强化工作举措。在审查逮捕和审查起诉阶段,充分发挥检察主导作用,引导公安机关补强证据,全面还原客观事实,积极向犯罪嫌疑人做好释法说理工作，对检察机关认定事实、量刑和建议法院适用程序进行充分释明；通过证据与制度的灵活运用，彻底打消犯罪嫌疑人侥幸脱罪的心理，促使犯罪嫌疑人真正认罪服法，实现办案"三个效果"有机统一。

(撰稿人：北京市通州区人民检察院　孙红枫)

付某某诈骗、抢夺案

——引导补正关键瑕疵证据，准确追诉漏罪，
针对繁杂电子数据探索证据开示制度，开展认罪认罚

【关键词】

证据载体　释法说理　认罪认罚　刑事诉讼监督

【要旨】

轻罪案件不能因为案情简单、审限短就草率结案。对于不认罪认罚的犯罪嫌疑人，应当在全面审查证据的基础上，引导犯罪嫌疑人对案件关键情节多次供述，寻找漏洞与矛盾点，方能有的放矢。本案中，检察官对在案证据进行了全面细致的审查，通过开展"三步走"，补正关键证据瑕疵、准确确定定罪量刑，开示证据教育转化，最终通过平等协商引导被告人认罪认罚。

【基本案情】

被告人付某某，住河北省承德市平泉县，通过微信群招揽生意，驾驶丰台凯美瑞轿车专门从平泉县城到北京城区运送办事、看病的人员赚取车费。

2018年1月至2019年5月，在通行京承高速北京段过程中，被告人付某某驾车以倒换电子标签和纸质通行卡的方法，隐瞒真实行驶里程，多次向被害单位逃避缴纳过路费人民币1.4万元。具体方式：倒换电子标签和纸质通行卡。电子标签（即ETC），是按照入站和出站之间的距离缴费，ETC预留信息24小时内有效；纸质通行卡，是从收费站领取的纸质凭条，上未写明站口名称和通行时间，凭纸质通行卡统一缴费10元。付某某在从京承高速金山岭收费站或穆家峪收费站进京时预留ETC刷卡信息，之后运送乘客去目的地出高速收费站时使用之前保存的纸质通行卡缴费10元。运送乘客出京时先领取纸质通行卡进入京承高速，在与距离进京时预留ETC信息站口相近的站口出高速，导致ETC扣减的为两个近距离站口之间的费用。往返一次，少缴高速费

150 元到 180 元不等。

2018 年 11 月 21 日至 12 月 18 日，被告人付某某在京承高速北京段机场北线出口 4 次公然闯杆逃避向被害单位缴纳过路费。具体方式：如忘记预留纸质通行卡，或者送不同乘客到不同地点已使用完纸质通行卡，次日进京时预留 ETC 信息，无纸质通行卡用于出高速，为少缴高速费，付某某选择车流量小、栏杆不易损坏的机场北线出口强行闯杆，仅录像清晰记录的就有 4 次。

2019 年 9 月 24 日，北京市顺义区人民检察院以付某某涉嫌诈骗罪、抢夺罪适用认罪认罚简易程序提起公诉，建议法院以诈骗罪判处被告人付某某有期徒刑 1 年至 1 年 6 个月，并处罚金；以抢夺罪判处被告人付某某有期徒刑 6 个月至 8 个月，并处罚金，可以适用缓刑。法院采纳检察机关全部定罪量刑意见。一审判决后，付某某认罪服判。

【工作开展情况】

一、引导补正关键证据，整合转化电子数据为开示证据打基础

本案核心证据为被害单位提供的逃费电子数据记录和被告人供述。被害单位提供的逃费电子数据按照出入口车辆牌照信息不符、出入口间隔时间明显超出合理里程时间、仅有单一入口或出口信息等可疑情形分类列明，列明数据分散为上千条，零碎、复杂、晦涩、枯燥，与被告人供述的每次完整行程规律不能完成对接，无法实现清晰印证，将不利于后续的证据开示和教育转化。检察官先询问被害单位负责人核实原始电子数据的存储、访问权限、保存期限等情况，后引导被害单位按照每 24 小时为一完整逃费周期，按照应缴纳费用和实际缴纳费用列明具体逃费金额，在公安机关及鉴定人参与下重新提取、整合电子数据，使每次逃费记录均可展现为完整、清晰的逃费线路，最终确认了 248 次完整逃费记录。

二、对比研判他山之石，海量数据支撑为准确定罪量刑做准备

对于倒换电子标签和纸质通行卡，隐瞒真实行驶里程少缴高速费的行为认定为诈骗罪一般没有争议。但就强行闯杆行为的定性，既往判例少且结论不一，理论上存在盗窃罪、诈骗罪、寻衅滋事罪、抢夺罪多个罪名争议，通过对全国各地既往审判信息进行大数据收集，对比逃避缴纳餐费、加油费、跟杆逃费等相近案例，准确抓取案例中可能影响认定罪名的关键性因素，分析论证本行为与倒换电子标签和纸质通行卡行为的异同，综合评判行为手段间的关联性、恶劣程度、司法评价态度，最终决定以多次抢夺构成抢夺罪追加认定 4 次强行闯杆行为，同时基于之前的大数据分析结果对两罪确定了合理的幅度量刑建议。

三、充分落实程序保障，耐心开示证据教育转化适用认罪认罚

查明全部犯罪事实并准确追加认定罪名后，为使电子数据清晰、具体、易于核对，在妥善保存电子数据的同时转化为书证备份，传讯被告人条分缕析开示证据，将全部248次逃费记录交给被告人一一进行核对，同时要求其针对248次逃费记录分门别类进行再次说明，保障被告人知情权，使得付某某回忆起多个特殊细节性、隐蔽性情节，迅速通过讯问笔录形式予以固定加强证据体系的严密性，核对完成后付某某对电子数据逃费记录全部认可。针对诈骗罪、抢夺罪分别提出量刑建议，并在值班律师在场的情况下与被告人进行平等协商，向其说明所涉罪名的法定刑、影响量刑的法定酌定情节以及检察机关确定量刑幅度的理由，被告人当即完全同意检察机关的量刑建议并签署认罪认罚具结书。

【指导意义】

刑事诉讼法修改确立的认罪认罚从宽制度，是典型的发挥检察官主导作用、落实检察官主体责任的诉讼制度设计，是在坚持客观公正基础上的繁简分流、提高效率。坚持客观公正始终是检察机关各项工作的首要任务，具体体现在实体公正、程序公正两个方面。对于关键性证据存在瑕疵的，即使被告人认罪认罚，也不能人为降低证据标准，应当主动引导补正瑕疵证据以查明犯罪事实，确保案件质量标准不放松。同时通过变换证据载体和表现形式，完成与被告人记忆规律、表达习惯之间的对接，能够让被告人看得明白、说的清楚，充分保障被告人的知情权和参与权。通过全面开示关键性证据，积极开展释法说理，使被告人对自身的犯罪行为有清晰认识、切实认罪认罚，增强其对量刑建议的认可度和接受度，确保签署认罪认罚具结书的自愿性，提高检察机关开展认罪认罚从宽制度的透明度，最终维护刑事司法的严肃性和权威性。发现遗漏罪行的，重点研判，通过大数据借鉴他山之石准确追加认定漏罪，同步推进刑事诉讼监督。

（撰稿人：北京市顺义区人民检察院　何晴、刘志敏、王亚坤）

芦某某等人伪造国家机关证件案

——立足检察职能助力基层社会治理，精准施策提升办案质效

【关键词】

类案标准　量刑建议　诉讼监督　办案质效

【要旨】

因伪造结婚证目的在于骗取京籍户口，案件牵涉到民政部门、户籍民警、法院、村镇干部、鉴定机构，涉及面较广，案情较为重大复杂。本案涉案时间较长、涉及人员较多，社会影响较大，为充分体现"以审判为中心"原则和证据裁判要求，公、检、法三机关召开联席会议，就案件疑点难点、关键证据把握及类案共性问题进行深入研讨，力求达成共识。同时，在个案把握上，注重与公安、法院的沟通交流，充分保障案件质量，努力实现"三个效果"的统一。

【基本案情】

2015年至2019年间，犯罪嫌疑人芦某某伙同吴某某、杨某等人，伪造了多人的虚假结婚证件以及房屋产权证共计20余本，在北京市大兴区利用户籍管理制度中夫妻投靠的方式，为数十人骗取了京籍户口，对梳理出的29起事实进行证据分析后认定犯罪嫌疑人芦某某获利800余万元。牵线搭桥，居间介绍，提供"一条龙"包办服务；冒充局长，花样迭出，落户政策竟成"摇钱树"。

【工作开展情况】

2019年，北京市公安局大兴分局在工作中发现犯罪嫌疑人杨某、吴某某等19人涉嫌伪造国家机关证件一案，并分别立案侦查，经侦查发现此类案件系有组织的团伙案件，故并案处理，犯罪嫌疑人杨某、吴某某等人于2019年8月22日至8月29日先后被抓获，犯罪嫌疑人姚某某等人主动投案。2019年9月20日，北京市公安局大兴分局以杨某等19人涉嫌伪造国家机关证件罪移

送北京市大兴区人民检察院审查逮捕。经审查，杨某一案在案证据可梳理为10起事实，而每一起事实均指向在逃人员芦某某。2019年10月12日，犯罪嫌疑人芦某某被抓获，公安机关于2019年11月11日提请批准逮捕。截至2019年年底，公安机关陆续移送审查逮捕耿某案等9个案件共计16名犯罪嫌疑人，移送审查起诉张某案等3个案件共计8名犯罪嫌疑人，该系列案件所涉及的犯罪嫌疑人除王某某等人，已基本抓获归案。经过审查逮捕和审查起诉阶段，陆续移送法院提起公诉。

【指导意义】

一、立足办案标准，加强"上下游"沟通协作

一是强化与公安机关沟通，完善个案证据。在公安机关移送审查逮捕、审查起诉的数十个伪造国家机关证件系列案件中，部分案件经审查，存在事实不清、证据不足的问题。基于此，检察官在办案过程中积极与办案民警沟通，在审查逮捕阶段引导公安机关侦查取证，以确保案件符合逮捕和起诉的证据标准，同时提高工作效率和案件质量。例如，在北京市大兴区人民检察院受理的伪造结婚证等国家机关证件骗取北京户籍的系列案件中，杨某等19人案作为公安机关向北京市大兴区人民检察院移送审查逮捕的第一个案件，办案组在审查57册案卷材料之后，依次讯问19名犯罪嫌疑人，将案件证据情况梳理为十起事实。每一起事实证据链条完整程度不同，19名犯罪嫌疑人的参与程度各异，此案的处理结果将为后续案件提供有力借鉴。据此，检察官在反复比较考量证据情况并请示领导之后，对于多次参与伪造证件、可能判处徒刑以上刑罚并存在串供可能的犯罪嫌疑人批准逮捕；对于非多次参与、基本事实已查清、逃跑及串供可能性不大的犯罪嫌疑人以无逮捕必要不捕；对于所参与事实缺乏结婚证鉴定等关键证据的犯罪嫌疑人以证据不足不捕，并将不捕理由与补充侦查提纲与办案民警直接沟通。又如，芦某某案在批捕阶段批准逮捕的情况下，对28起事实提出补侦意见并在公安机关移送起诉前对案件证据采集提出指导意见。上述案件明确了后续移送案件的证据标准，引导公安机关尽可能在侦查阶段将关键证据收集完毕，提高了指控犯罪的效率和质量。

二是积极与法院交流，明确量刑建议。精准量刑是推进与落实认罪认罚从宽制度的重要环节，量刑建议被法院采纳意味着检察机关认罪认罚工作的有效落实，而提高量刑建议采纳率要求检察机关进一步完善与审判机关的沟通协调机制。秉持着业务做精做细的办案理念及办案即办他人人生的谨慎态度，检察官积极与法院沟通，明确量刑规范，在移送法院提起公诉的第一个伪造结婚证案件中，对3名犯罪嫌疑人均提出了精准量刑建议，在被法院采纳后对后续案

件进行参照处理，以提高精准量刑采纳率，并在最大限度上节约司法资源。

二、立足诉讼监督，全方位提升办案实效

在这些案件中，部分犯罪嫌疑人除涉嫌伪造结婚证件外，还涉嫌伪造身份证和出生医学证明、虚假诉讼；部分案件有重大作案嫌疑的人员未到案；部分案件有证据表明鉴定机构存在开具虚假亲子鉴定意见的可能性；等等。上述情况需要办案人员充分发挥诉讼监督职能，及时向公安机关和民事检察部门发送各类诉讼监督线索，确保涉及的犯罪嫌疑人和犯罪事实应诉尽诉无遗漏，打击犯罪无死角。经统计，伪造结婚证、房产证骗取京籍户口系列案件共计向公安机关和北京市大兴区人民检察院民事检察部门发送线索移交函 7 件 9 次（其中 2019 年发送案件 3 件 4 次，2020 年发送案件 4 件 5 次，北京市大兴区人民检察院民事检察部门据此已向区法院发出再审检察建议 4 份），追加起诉虚假诉讼罪 4 件 8 人（目前获法院判决认可 3 件 6 人），追加犯罪事实 7 件 11 起（其中 2019 年追加案件 2 件 3 起，2020 年追加案件 5 件 8 起，目前已获法院判决认可 5 件 9 起），追诉嫌疑人 2 名（2019 年、2020 年分别向公安机关发送线索追诉 1 名，目前均已到案），向公安机关发送补充移送起诉通知书 3 件（其中针对 2019 年发送 2 件，针对 2020 年发送 1 件）。例如，检察官通过查阅案卷材料、讯问犯罪嫌疑人后发现部分犯罪嫌疑人在伪造结婚证件实现夫妻投靠落户北京之后，在犯罪嫌疑人芦某某的示意和安排下，明知无真实婚姻登记而到法院提起离婚诉讼，意在将自始不存在的婚姻关系利用法院调解诉讼转化为法律文书记载的真实关系，涉嫌虚假诉讼罪，严重妨害司法秩序，破坏司法公信力。针对上述情况，检察官根据在案证据情况，或向公安机关发出补充移送起诉通知书，或向民事检察部门发送线索移交函，并向法院追加起诉虚假诉讼罪。及时发现诉讼监督线索并处理体现了检察机关在刑事诉讼过程中切实履行监督职能，并为准确有效执行法律法规、全面精确打击违法犯罪提供了有力保障。

三、立足教育转化，促使犯罪嫌疑人认罪认罚

一方面，轻罪部门案件数量大、多数案情较为简单的特点决定了轻罪案件在办理上应从简从快；另一方面，办案同时注重释法说理，而非机械适用法律，令犯罪嫌疑人口服心也服，才能真正做到案结事了、定分止争，取得较好的办案效果。在这些案件中，有的犯罪嫌疑人存在侥幸心理，认为自己被抓获纯属"倒霉"；有的犯罪嫌疑人在讯问室痛哭，认为自己虽然知道行为违法，但也是上当受骗的"被害人"；有的犯罪嫌疑人尚在孕期或哺乳期，担心被判处实刑……对此，检察官针对每一名犯罪嫌疑人的不同心理开展说服教育工作，对于心存侥幸的，向其表明在案证据充分的情况下，所有犯罪分子都难逃法网；对于存在认识错误的，教育转化的重点则为解释伪造证件骗取京籍真正受损害的是国家制度公信力和法律尊严，因一己私欲而罔顾规则、破坏秩序就应当承担责任；对于因怀孕或哺乳而产生心理负担的，则安抚犯罪嫌疑人过重的焦虑情绪、打消其认罪认罚的顾虑，并根据现有法律政策向其收集医院诊断等相关证明，起诉时随卷提交法院。通过以上有针对性的说服教育工作，2019年办结的多个案件的犯罪嫌疑人均自愿签署认罪认罚具结书，并适用速裁程序快速审理，收到判决后均认罪伏法，案件办理努力实现政治效果、法律效果和社会效果的有机统一。

四、立足社会治理，积极延伸检察职能

因伪造结婚证目的在于骗取京籍户口，案件牵涉到民政部门、户籍民警、法院、村镇干部、鉴定机构，涉及面较广，案情较为重大复杂，检察官在办案之余，及时对已办案件进行细致的梳理和总结，撰写内宣信息和外宣推送，不仅是对检察机关职能的主动延伸，同时也期待为填补社会治理制度疏漏增加助力，为建设法治中国首善之区贡献检察力量。检察官撰写内宣信息《假结婚 真骗籍 套取户口红利 伪造结婚证非法买卖户口乱象亟待严肃惩治》一文，细数伪造结婚证系列案件发掘出的社会治理问题，例如户籍管理、婚姻登记跨省审核存在的漏洞等，力求在参与并完善社会治理上表明态度、提出建议，该信息在内网发布后被市院转发并获市领导批示。根据掌握的案件情况和证据，被作为迁往北京"跳板"的河北省某县民政局、本人不必到场也可出具亲子鉴定意见的鉴定机构、负有核实落户材料真伪义务的户籍民警和村镇干部等均存在不同程度的问题，针对以上社会治理中可能存在的漏洞，检察官拟向上述有关单位制发检察建议，并持续跟进落实情况。

（撰稿人：北京市大兴区人民检察院　王昊、官佳佳、王菲）

夏某甲盗窃案

——严把证据标准适用认罪认罚，
制发检察建议促进社会综合治理

【关键词】

双重户籍　证据标准　引导补充侦查　精准量刑　检察建议　社会治理

【要旨】

2019年10月24日"两高三部"下发的《关于适用认罪认罚从宽制度的指导意见》第3条要求，坚持证据裁判原则。办理认罪认罚案件，应当以事实为根据，以法律为准绳，严格按照证据裁判要求，全面收集、固定、审查和认定证据。坚持法定证明标准，侦查终结、提起公诉、作出有罪裁判应当做到犯罪事实清楚，证据确实、充分，防止因犯罪嫌疑人、被告人认罪而降低证据要求和证明标准。同时，人民检察院办理认罪认罚案件，一般应当提出确定刑量刑建议。

【基本案情】

2019年9月5日，被告人夏某甲在昌平区某大厦门前，看到被害人徐某停放在此的电动车储物格内有一部手机，便趁四下无人将该手机拿走并带回住处，经鉴定该手机价值人民币2900元。后夏某甲因涉嫌盗窃罪被公安机关查获。夏某甲在侦查阶段供述其曾因盗窃在山东省被刑事拘留，但是卷宗中的电话查询记录单显示，夏某甲违法犯罪记录的信息为"不掌握"，全国违法犯罪人员系统也未能检索到夏某甲的前科信息。

案件移送检察院后，检察官注意到这一问题，如果夏某甲所作供述属实，那么其可能因有犯罪前科而从重处罚。经检察官多次讯问，夏某甲终于供述其曾有过一个内蒙古户口，但已被注销。随后，检察官锁定了补充侦查方向，并逐条列明向户籍地派出所、曾服刑过的监狱及其近亲属核实等方面补充侦查提纲后,将案件退回公安机关,并引导补充侦查。

经调查核实,夏某甲同时拥有两个有效户籍身份,分别为户籍地在山东省的"夏某甲"和户籍地在内蒙古自治区的"夏某乙",并且夏某甲曾以内蒙古的户籍身份"夏某乙"犯盗窃罪,被山东省某法院判处拘役3个月15天,并处罚金人民币5000元。因此,当公安机关以山东省的户籍查询其前科时才会显示"不掌握"。

2019年12月30日,检察机关对本案提起公诉,法院于2020年1月20日以盗窃罪判处夏某甲有期徒刑6个月,并处罚金人民币3000元。

2020年1月9日,北京市昌平区人民检察院向办理"夏某乙"户籍和身份证件的内蒙古呼伦贝尔市鄂伦春自治旗大杨树森林公安局制发检察建议,建议注销"夏某乙"的内蒙古户籍信息及公民身份证件号码,加强单位辖区内居民户籍管理。

2020年3月31日,北京市昌平区人民检察院收到内蒙古呼伦贝尔市鄂伦春自治旗大杨树森林公安局的回函,该局表示采纳检察建议并积极整改。

【工作开展情况】

一、在审查逮捕阶段开展针对性的教育转化,发现关键量刑证据存在漏洞引导侦查取证

在本案审查逮捕阶段,检察官全面审查案件事实,发现犯罪嫌疑人夏某甲表示愿意认罪认罚,但是其供述拥有两个户籍和身份证件,姓名分别为"夏某甲""夏某乙","夏某乙"存在被刑事处罚的前科,此情况与公安机关出具的关于网上比对的工作说明、违法犯罪情况电话查询记录等材料证明未查到犯罪嫌疑人夏某甲违法犯罪前科的内容不相符。检察官决定在讯问犯罪嫌疑人夏某甲时重点核实其前科情况。在讯问中,犯罪嫌疑人夏某甲回答关于前科情况的讯问时,支支吾吾、神色异常,检察官立即开展认罪认罚的教育转化工作,说明"认罪"不仅应当供述本次涉嫌盗窃犯罪的事实,还应当供述前科等重要信息,才能表明认罪悔罪的态度,获得从宽处罚。经工作,犯罪嫌疑人夏某甲供述存在另一个身份证件"夏某乙",因犯盗窃罪在2008年被山东司法机关判处刑罚的前科。基于以上情况,检察官认为犯罪嫌疑人夏某甲虽已赔偿被害人、获得谅解,但犯罪前科信息存疑,为有效查明案件事实,为认罪认罚精准量刑夯实证据基础,决定对其批准逮捕,不予变更强制措施,并制作逮捕案件继续侦查取证意见书引导公安机关调取其违法犯罪前科材料。

二、在审查起诉阶段不因犯罪嫌疑人认罪认罚降低证据标准，退回补充侦查完善量刑证据

在案件进入审查起诉阶段后，检察官仔细梳理全案证据，犯罪嫌疑人夏某甲关于本次盗窃犯罪的事实供述稳定，认罪认罚的态度较好，但其供述曾经拥有姓名分别为"夏某甲""夏某乙"的两个户籍证件，且"夏某乙"存在盗窃犯罪前科，公安机关在逮捕犯罪嫌疑人夏某甲后开展侦查取得证据无法对其供述的两个户籍证件信息进行核实，其前科情况仍属于事实不清的状态。检察官严格根据"两高三部"《关于适用认罪认罚从宽制度的指导意见》第3条的要求，坚持证据裁判原则和法定证明标准，不因犯罪嫌疑人夏某甲认罪而降低证据要求和证明标准，作出补充侦查决定，将案件退回公安机关，制作补充侦查提纲，详细列明开展补充取证工作的要点，要求公安机关对犯罪嫌疑人夏某甲的两个户籍证件信息、前科材料等关键量刑证据开展进一步的调查取证，确保以高标准完成认罪认罚从宽制度的适用。

三、充分发挥审查引导侦查的机制优势，精准量刑实现诉判一致

在本案办理过程中，检察官充分发挥检察机关的审前主导作用，常态化与办案民警沟通，引导侦查取证。在审查逮捕阶段发现犯罪嫌疑人前科信息存疑时，制作逮捕案件继续侦查取证意见书，并向民警仔细说明工作要求。在作出退回侦查决定前，通过电话沟通的方式向公安机关详细说明认定犯罪嫌疑人夏某甲涉嫌盗窃罪的证据已经较为完善，但认定其拥有两个户籍的证据仍有待完善，并详细解释下一步取证的重点方向，并制作补充侦查提纲，逐一列明补充取证工作的要点。在补充侦查期间，多次与办案民警电话沟通，及时掌握侦查活动的进度，适时调整引导侦查方案，确保取得较好取证效果。退回补充侦查阶段结束，再次受理本案后，检察官认真审查本案定罪、量刑的关键证据，综合考虑案件事实，经控辩协商后，精准提出确定刑量刑建议，犯罪嫌疑人夏某甲表示认可并签字具结。案件进入审判阶段后，法院采纳检察机关指控的罪名与提出的量刑建议，实现诉判一致。

【指导意义】

一、审查逮捕阶段开展实质审查，在认罪认罚案件中严把证据标准，加大引导侦查力度

在本案审查逮捕阶段，检察官全面审查在案证据，前往看守所讯问犯罪嫌疑人时，犯罪嫌疑人夏某甲对前科情况的供述存在支支吾吾、闪烁其词的情况，检察官发现这一情况后，及时开展认罪认罚的教育转化工作，向犯罪嫌疑人夏某甲说明"认罪"就是应当向司法机关如实供述一切与犯罪相关的事实，身份信息、前科情况都属于重要的信息，必须如实供述。经过工作，犯罪嫌疑人再次供述曾经存在盗窃犯罪前科，与公安机关出具关于网上比对的工作说明、违法犯罪情况电话查询记录等证据证明未查到犯罪嫌疑人违法犯罪前科不符。尽管犯罪嫌疑人夏某甲对盗窃犯罪的事实如实供述，并表示愿意接受司法机关处罚，由于其供述的盗窃犯罪前科属于重要的量刑情节，影响认罪认罚具结书中精准量刑的提出，不能因犯罪嫌疑人认罪认罚降低对量刑证据的调取。检察官发挥检察机关在刑事诉讼中的主导作用，立即与公安机关取得联系，阐述违法犯罪前科证据的重要性和调取证据的具体细节，通过制作逮捕案件继续侦查取证意见书，引导公安机关进一步核实犯罪嫌疑人夏某甲的前科情况。

二、强化证据审查，利用补充侦查揭露双重户籍真相，完善精准量刑证据

案件进入审查起诉阶段后，检察官全面审查在案证据，目前证据可以认定犯罪嫌疑人夏某甲以非法占有为目的，实施了窃取他人手机的行为，已构成盗窃罪。但在审查证据中发现犯罪嫌疑人夏某甲供述拥有两个公民身份证件，一个公民身份证件在山东省乐陵市办理登记，身份证上的姓名为夏某甲，另一个在内蒙古自治区鄂伦春自治旗办理登记，身份证上的姓名为夏某乙，且调取的刑事判决书中法院认定被告人夏某乙犯盗窃罪，并判处拘役刑罚。在身份信息存疑、犯罪前科难以认定的情况下，检察官严把证据标准，将案件退回公安机关补充侦查，并制作补充侦查提纲，为办案民警释明补充取证方向，要求民警前往山东省乐陵市、内蒙古自治区鄂伦春自治旗核实夏某甲、夏某乙是否为同一人，夏某乙户口注销情况。经过补充侦查，发现夏某甲、夏某乙确为同一人，夏某乙的户籍信息是内蒙古自治区鄂伦春自治旗某镇派出所违规办理，刑事判决书中认定"夏某乙"实施的盗窃犯罪行为实际为本案犯罪嫌疑人夏某甲实施，其具有盗窃犯罪前科。检察官综合全案事实、证据，对本案犯罪嫌疑人夏某甲盗窃案精准提出有期徒刑6个月的确定刑量刑建议，在判决书中得到法院认可。

三、促进沟通协商常态化，充分发挥审查引导侦查机制优势，全面提升办案质效

检察官在本案审查逮捕阶段，在全面审查在案证据的基础上，注重加强与公安机关办案民警的沟通，就讯问犯罪嫌疑人发现其供述的犯罪前科情况与网上查询记录不符的情况，主动联系本案的法制员和侦查人员，了解原因并要求再次查询犯罪嫌疑人违法犯罪记录。在对本案作出批准逮捕决定时，详细沟通下一步侦查的思路和需要具体开展的工作，要求取证时既注重调取涉嫌盗窃犯罪的证据，又要重点核实、调取关于犯罪嫌疑人犯罪前科的证据，两者都要兼顾。本案进入审查起诉阶段，检察官细致审查证据后认为需要退回公安机关补充侦查，全面核实犯罪嫌疑人户籍情况，并在补充侦查提纲中详细列明前往山东、内蒙古两地开展侦查取证的方向和重点，并通过电话沟通的方式进行逐一说明。在补充侦查期间，检察官多次给侦查人员、法制员打电话了解情况，适时调整引导侦查方案，对新调取的证据及时查阅，掌握侦查活动的进度和效果，有效发挥检察引导侦查的效能，为认罪认罚从宽制度的适用和精确量刑建议的提出夯实了证据基础，有效提升办案质效。

四、注重发挥检察监督职能，及时制发检察建议，助力社会治理能力提升

检察官在案件办理中严格落实"在办案中监督，在监督中办案"思路，积极践行双赢多赢共赢监督理念，坚持依法监督、标本兼治，根据案件事实，认为夏某甲出生地为山东省乐陵市黄夹镇并已办理户籍登记，其另一户籍地为内蒙古的身份信息是为办理城镇户口而违规申报。夏某甲在山东省乐陵市注册的身份信息应为其唯一公民身份，夏某甲同时拥有两个有效身份信息违反了《居民身份证法》的规定。出现这一问题一定程度上说明内蒙古呼伦贝尔市鄂伦春自治旗某公安局从事户籍管理工作的干警审核把关不严、业务水平有待提高。检察官坚持问题导向，严格遵循检察建议规范化流程，及时向内蒙古呼伦贝尔市鄂伦春自治旗某公安局制发检察建议，充分论述说理，帮助该单位堵塞户籍管理漏洞，把检察建议做成刚性，进而促进行业领域法治建设，实现"办理一案，治理一片"的社会效果，提升了检察机关公信力。最高检微信公众号、检察日报、北京日报等权威媒体报道本案制发检察建议办案过程，有效展现新时代检察官司法办案求极致、让公平正义更可感的高水平履职常态，取得了较好的宣传效果。

（撰稿人：北京市昌平区人民检察院　赵磊、王琪璘）

耿某甲故意伤害案

——充分开展羁押必要性审查，
推动公开审查，促成三效合一

【关键词】

民间纠纷　积极教育转化　羁押必要性审查　公开审查

【要旨】

检察机关办理因民间纠纷尤其是邻里纠纷引发的故意伤害刑事案件，除了依法办理刑事案件实现法律效果之外，更应积极开展教育转化，参与矛盾化解，促进刑事和解，充分开展羁押必要性审查，推动公开审查"减压阀"作用，有效修复社会关系，促进政治效果、法律效果和社会效果的有机统一。

【基本案情】

2016年7月3日7时许，犯罪嫌疑人耿某甲在北京市平谷区某村因琐事与邻居张某某、耿某乙发生纠纷。后耿某甲对张某某、耿某乙进行殴打，经鉴定耿某乙身体所受损伤程度不构成轻微伤，张某某身体所受损伤程度属轻伤二级。

2019年7月3日民警于平谷区某村现场将涉嫌殴打他人的耿某甲口头传唤到该村派出所接受询问。

犯罪嫌疑人耿某甲因涉嫌故意伤害罪，于2019年9月2日被北京市公安局平谷分局刑事拘留，同年9月12日经本院批准，于同日被北京市公安局平谷分局逮捕。2019年10月9日北京市公安局平谷分局以耿某甲涉嫌故意伤害移送审查起诉。

北京市平谷区人民检察院于2019年11月22日决定对耿某甲作相对不起诉处理。

【工作开展情况】

犯罪嫌疑人耿某甲因琐事与邻居张某某、耿某乙发生纠纷,后对张某某、耿某乙进行殴打,并致张某某身体造成损伤程度轻伤二级,耿某甲构成故意伤害罪。

一、深入开展认罪认罚,积极教育转化

充分发挥认罪认罚从宽制度优势,积极开展教育转化,明确告知犯罪嫌疑人认罪认罚从宽制度的相关规定,因邻里纠纷引起的偶发矛盾,积极赔偿被害人、获得被害人谅解并积极认罪悔罪,可以对其从宽处罚。通过承办人的释法说理,犯罪嫌疑人对于犯罪事实供认不讳,并表示认罪认罚,愿意赔偿被害人损失,希望与被害人达成和解,获得从宽处罚,为促成矛盾化解奠定基础。

二、深入开展公开审查,促成矛盾化解

经审查,双方当事人已在 2019 年 9 月 27 日达成和解,后被害人将该房卖给他人,因犯罪嫌疑人家属认为赔偿后犯罪嫌疑人尚未被取保,故多次拨打 12345 举报被害人房子违建,被害人多次联系承办人,称此前与犯罪嫌疑人家属和解的前提是其不再找被害人麻烦,故不同意和解,并提供之前被害人因建房犯罪嫌疑人阻拦的证据。因盖房涉及是否违建,承办人于 2019 年 11 月 4 日邀请该村土地科科长、镇包村干部、村治保主任、村支委以及犯罪嫌疑人家属、被害人、买房第三人等人对该案进行公开审查,后双方达成补充协议,被害人不再对犯罪嫌疑人伤害一事追究法律责任,犯罪嫌疑人及其家属不再追究被害人因建房引起的任何纠纷(包括拨打 12345 举报对方违建),双方对之前因建房发生的纠纷互不追究。邀请社会各界多方参与,深入开展公开审查,有力推动邻里纠纷矛盾化解。

三、深入开展羁押必要性审查,确保少捕慎诉

为全面贯彻少捕慎诉原则,结合本案实际,对耿某甲开展羁押必要性审查,本案中犯罪嫌疑人耿某甲的行为构成故意伤害罪,但耿某甲系初犯、偶犯,且双方系邻里矛盾引发,后耿某甲赔偿被害人 4 万元,获得被害人谅解,社会危害性较小。检察机关于 2019 年 11 月 7 日依法对耿某甲变更为取保候审强制措施。后承办人去被害人和犯罪嫌疑人住处回访查看双方协议落实情况,经实地查看,双方矛盾已和平化解,后检察机关于 2019 年 11 月 22 日对犯罪嫌疑人作出相对不起诉处理。

【指导意义】

检察机关办理的故意伤害案件,多因民间纠纷激化升级,转化为刑事案件，尤其在农村地区，轻伤害案件占比突出。为妥善化解矛盾纠纷，做到案结事了，要求检察机关在办理邻里纠纷引发的故意伤害案件时，除了依法收集定罪事实证据，追求法律效果的同时，更应着重仔细查明邻里双方发生矛盾的原因及症结所在，从根源化解矛盾纠纷，以进一步实现社会效果的统一。

一、充分推动刑事和解

刑事和解既要有法律的尺度，也要有司法的温度，严格把握刑事和解的范围和条件，依法审查、区别对待、规范操作，达到通过办案既警示和教育犯罪嫌疑人，又安抚被害人及其家属，对维护社会稳定、修复社会关系、促进社会和谐起到积极作用。

二、充分运用公开审查"减压阀"作用

为增强检察工作透明度，有效满足当事双方对检察工作的知情权、参与权、表达权和监督权，通过邀请相关执法部门、民调组织多方协作，共同参与案件公开审查，使其发挥解疑答惑、释法说理、法制教育、协助调解、和解见证等作用，消除误解及偏见，确保双方充分听取意见、达成实质性和解，实现矛盾实质性化解，从而提高案件质效，有效降低"案－件比"。

三、充分利用认罪认罚从宽制度优势，深入开展羁押必要性审查

轻伤害案件大多由偶发矛盾引发，但是刑罚对犯罪嫌疑人的影响却是深远的，且由于双方系邻里关系，进行刑罚也不利于关系的修复。因此，对于达成和解协议的邻里纠纷引起的轻伤害案件，加大从宽力度，尤其是对认罪态度诚恳、积极悔罪，被害人表示谅解，确无社会危险性的犯罪嫌疑人，应当积极开展羁押必要性审查，符合条件的，应作出相对不起诉处理。这样既能体现依法执法、公正司法的理念，也有利于贯彻宽严相济的刑事政策。

（撰稿人：北京市平谷区人民检察院　黄魁）

张某某盗窃案

——综合运用教育转化手段，促"零口供"犯罪嫌疑人认罪退赔服判

【关键词】

零口供　证据开示　量刑比对　认罪认罚刑事和解　认罪服判

【要旨】

"零口供"案件的犯罪嫌疑人多数具有多次犯罪经历、熟悉司法办案流程、具有较强的对抗心理。综合运用证据开示手段，打破其妄图脱罪的心理，使其认识到全案客观证据足以认定其构成犯罪；综合运用量刑预判和量刑比对手段，使其明确认罪与不认罪的具体量刑差异，促使其向认罪认罚方向转变；阐明退赔被害人经济损失和取得被害人谅解在量刑幅度上的从轻比例，促使其主动退赔被害人经济损失；以精准确定的量刑建议，固定教育转化成果，使犯罪嫌疑人彻底认罪服判。

【基本案情】

犯罪嫌疑人张某某于2019年12月17日17时许，在北京市怀柔区某商场东南门扒窃被害人钟某某华为牌（Mate 20 Pro，6+128GB）手机一部。经认定，被盗的华为牌手机价值人民币2600元。犯罪嫌疑人张某某到案后拒不认罪，在公安机关的八次讯问中均否认来过案发现场，否认实施盗窃行为。后经教育转化，犯罪嫌疑人张某某自愿认罪认罚，并通过其家属代其赔偿被害人钟某某经济损失人民币2000元，取得被害人的谅解。

【工作开展情况】

一、对"零口供"案件犯罪嫌疑人心理进行预判，制定综合教育转化方案

犯罪嫌疑人张某某具有多次盗窃前科，熟悉司法办案流程，从其在公安机

关的八次辩解来看，其具有很强的对抗心理，具有通过拒不供认进行脱罪的企图。针对其到案后的无罪辩解，承办人重点审查在案客观证据，从监控录像、乘车数据入手，拆穿其辩解。同时制定以证据开示和量刑比对为手段的教育转化方案，通过三次专门讯问，动摇其对抗决心。

二、以证据开示为突破口，对"零口供"案件犯罪嫌疑人形成强大心理攻势

针对其妄图脱罪的心理，承办人在第一次讯问时重点开示案发现场监控录像和其乘车数据轨迹，证实犯罪嫌疑人于案发当日出现在案发现场，并且实施了扒窃行为。明确告知犯罪嫌疑人即便没有其本人供述，在案客观证据足以认定其行为构成盗窃罪，从根本上动摇其对抗心理。

三、以量刑比对为着力点，使"零口供"案件犯罪嫌疑人产生内心转变

通过持续对其进行认罪认罚从宽制度宣讲，在第二次讯问时明确计算出其认罪与不认罪的量刑数据差异，通过显而易见的量刑比对结果，促使其作出认罪认罚的心理转变。在其产生动摇后，承办人持续追问，最终犯罪嫌疑人供认了扒窃手机的全过程。

四、以刑事和解为落脚点，促使"零口供"案件犯罪嫌疑人积极赔偿被害人经济损失以争取最大的从宽处理

犯罪嫌疑人张某某如实供述犯罪经过后，承办人继续对其进行认罪认罚从宽教育，向其阐明积极赔偿被害人经济损失取得被害人的谅解，在量刑上的从轻幅度。如果其能够通过家属赔偿被害人经济损失，将能极大抵消其累犯的从重情节，可以争取最大化的从宽处理。犯罪嫌疑人张某某表示希望检察机关联系其妻子代为赔偿。后承办人与犯罪嫌疑人张某某的妻子联系，向其阐明积极赔偿对张某某量刑的重要意义。最终在检察官的主持下，犯罪嫌疑人张某某的妻子赔偿被害人钟某某人民币 2000 元，取得了被害人的谅解。

五、以精准确定的量刑建议为抓手，固定认罪认罚效果，确保犯罪嫌疑人认罪服判

在犯罪嫌疑人张某某的妻子代其赔偿被害人经济损失后，承办人向犯罪嫌疑人张某某详细阐明其所具备的如实供述、认罪认罚、积极赔偿被害人经济损失并取得谅解、累犯等从轻从重量刑情节及计算经过，最终提出有期徒刑 9 个月，并处罚金的量刑建议。同时明确告知其同意检察机关量刑建议后，如无正当理由恶意上诉，检察机关将依法提起抗诉，以其无认罪认罚的量刑情节，重新提出量刑建议。一审宣判后，犯罪嫌疑人张某某认罪服判。

【指导意义】

一、注重利用捕诉一体机制，持续宣讲认罪认罚从宽制度精神

捕诉一体办案机制的确立，使检察官能够在审查逮捕环节了解到案件的全貌和犯罪嫌疑人的认罪认罚态度。检察官能够充分运用捕诉阶段提讯的时机，持续对犯罪嫌疑人进行认罪认罚从宽制度精神宣讲，持续对其进行认罪认罚教育转化工作，能够使犯罪嫌疑人更早地面对现实，消除其脱罪的侥幸心理。

二、注重综合运用教育转化手段，打好认罪认罚教育转化组合拳

通过适当的证据开示，使犯罪嫌疑人意识到即便顽抗到底也会面临定罪判刑的结局；通过强烈的量刑比对，使犯罪嫌疑人意识到认罪认罚如实供述才是最终出路；通过促使案件双方当事人和解，使犯罪嫌疑人意识到积极赔偿被害人经济损失也能争取从轻处罚。

三、注重精准量刑的释法说理，确保犯罪嫌疑人认罪服判

犯罪嫌疑人认罪退赔后更关注自身的量刑问题，通过详细向犯罪嫌疑人阐明认罪认罚、如实供述、积极退赔取得谅解、累犯等影响刑罚最终多少的量刑情节及其从轻从重处罚依据，使其真正认可检察机关提出的量刑建议。同时亦要向其阐明认罪认罚后，无正当理由恶意上诉的后果，使犯罪嫌疑人能够彻底自觉地认罪服判。

（撰稿人：北京市怀柔区人民检察院　王玉柱）

马某某故意伤害案

——依托检察职能化解社会矛盾，全面提升轻罪案件办理质效

【关键词】

不起诉公开听证　认罪认罚　释法说理　社会治理

【要旨】

为积极参与社会治理，针对延庆区一起偶发性的双方互为犯罪嫌疑人及被害人的轻伤害案件，检察机关充分发挥柔性司法，举行不起诉公开听证会。

【基本案情】

2020年11月20日13时许，在北京市延庆区某小区南门公交车站，因乘坐Y7路公交车发生拥挤，马某某与王某某互殴，后王某某儿子王某生到场也对马某某进行殴打。马某某、王某某均受伤。经北京市延庆区公安司法鉴定中心鉴定，二人身体所受损伤程度均属轻伤一级。2021年6月17日双方达成和解，互相谅解。

【工作开展情况】

一、公开审查，将不起诉权置于阳光之下

在邀请人大代表、侦查机关代表、区委宣传部、被害人、值班律师参加公开审查并充分发表意见，犯罪嫌疑人互致歉意，握手言和，表示吸取教训。听证员当面向犯罪嫌疑人询问了赔偿和谅解的真实性，并提出公开审查是检务公开的有效举措，对于此类案件作不起诉处理有利于化解社会矛盾、维护社会和谐稳定的意见。

二、落实认罪认罚从宽制度、实现审前案件分流

相对不起诉制度是贯彻宽严相济刑事政策、提升办案效率效果的重要方法，更是让人民群众在案件中感受到司法的力度与温度的必然选择。既符合法律政策的要求，又避免了刑事犯罪记录对犯罪嫌疑人工作、生活造成不良影响。

三、多措并举，形成对被不起诉人教育改造的"组合拳"

对于相对不起诉案件，不能仅仅将被不起诉人"一放了之"，而是要根据具体案情，秉着"治病救人"的精神，依托不起诉公开听证机制，综合运用训诫、责令具结悔过、赔礼道歉、赔偿损失等多种措施。本次听证会特别邀请了区委宣传部工作人员在评议环节结束后对三名犯罪嫌疑人进行批评教育，并发放了倡导和促进文明行为，提升公民文明素养和社会文明程度宣传材料。

四、强化说理，为司法公信力保驾护航

在不起诉决定书中充分阐明案件处理结论的理由和依据，做到既"办得准"又"说得清"。将不起诉决定的理由和依据置于当事人和侦查机关的审视下，以过硬的案件质效赢得当事人和侦查机关的理解与信服。既防止对犯罪情节严重的案件适用相对不起诉，又防止将事实不清、证据不足甚至不构成犯罪的案件作相对不起诉处理。

【指导意义】

本案的办理具有以下几点指导意义：一是立足出发点，依托检察职能，充分发挥公开审查机制作用，提升相对不起诉机制的公开透明度。二是聚焦着力点，及时转变司法理念，把以人民为中心融入司法办案中，提升人民群众获得感。三是找准切入点，充分发挥"柔性司法"，提升相对不起诉教育挽救、预防犯罪的积极效果。四是把握关键点，强化不起诉决定书释法说理，提升相对不起诉决定的信服力。

（撰稿人：北京市延庆区人民检察院　袁思朝、尤润文）